L'opéra

Thierry BENARDEAU
Marcel PINEAU

sommaire

● Histoire

La naissance de l'opéra 4
Sous l'influence italienne 6
Les premières écoles italiennes 8
L'opéra baroque
   dans les pays germaniques 10
L'opéra au XVIIIe siècle 12
France : l'opéra au siècle des Lumières 14
L'opéra classique :
   le rôle des pays germaniques 16
La réforme de Gluck 18
Entre classicisme et romantisme 20
France : l'opéra après la Révolution ... 22
L'âge d'or du bel canto 24
L'opéra en Italie au XIXe siècle 26

● Tradition et renouveau

Le romantisme dans l'opéra 28
Du romantisme à nos jours
   dans les pays germaniques 30
L'opéra anglais 32
Réalisme et vérisme 34
La Russie au XIXe siècle 36
L'opéra russe au XXe siècle 38
De l'opéra à l'opérette 40
Opéra et sentiment national 42
L'opéra national tchèque 44
L'opéra en Pologne et en Hongrie 46
L'opéra en Espagne 48
L'opéra en Scandinavie 50
L'opéra sur le continent américain ... 52
Vers l'opéra moderne 54
Atonalité et dodécaphonisme
   dans l'opéra 56
L'opéra à l'aube du XXIe siècle 58

● Modèles et techniques

L'opéra : qui fait quoi 60
Des termes communs à l'opéra
   et à l'orchestre 62
Structures 64
La voix (1). Les voix féminines ... 66
La voix (2). Les voix masculines . 68
Formes vocales 70
Livret (1). Paroles et musique 72
Livret (2). Sur le modèle antique 74
Livret (3). Légendes, littérature
   et théâtre 76

La traduction du livret 78
L'orchestre dans l'opéra 80

● L'univers lyrique

Histoire du livret 82
Les librettistes 84
Librettistes et compositeurs 86
Publics et répertoire 88
Architecture 90
Divas 92
Mise en scène et décors 94
Théâtre nô, opéra de Pékin 96
Opéra et cinéma 98

● Formes

Intermezzo, opéra bouffe 100
Opera seria 102
Singspiel 104
Opéra-comique 106
Opéra de chambre 108
Opérette 110
Opéra-ballade 112
Le drame 114
La comédie musicale 116
Le ballet dans l'opéra 118

● Grandes œuvres

C. Monteverdi, *La Favola d'Orfeo* ... 120
H. Purcell, *Le Roi Arthur* 122
J.-P. Rameau, *Les Indes galantes* 124
W. A. Mozart, *Don Giovanni* 126
G. Rossini, *Le Barbier de Séville* ... 128
G. Verdi, *La Traviata* 130
C. Gounod, *Faust* 132
G. Bizet, *Carmen* 134
R. Wagner, *Parsifal* 136
M. Moussorgsky, *Boris Godounov* ... 138
R. Strauss, *Le Chevalier à la rose* .. 140
G. Puccini, *Tosca* 142
C. Debussy, *Pelléas et Mélisande* 144
A. Berg, *Lulu* 146
B. Britten, *Peter Grimes* 148
G. Gershwin, *Porgy and Bess* 150

Guide pratique 152
Index 156

© Éditions Nathan 2010 - ISBN 978-2-09-182480-1
© Éditions Nathan 2010 - ISBN 978-2-09-161444-1

mode d'emploi

**Divisé en six parties, l'ouvrage s'organise par doubles pages.
Chaque double page fait le point sur une notion.**

à gauche
Une page synthèse apporte toutes
les informations pour comprendre
le sujet de la double page.

à droite
Une page explication développe
un point particulier qui illustre
et complète la page de gauche.

*Le menu aide à repérer
les six parties du livre.*

*Le titre annonce le thème
de la double page.*

*L'introduction
cerne le sujet.*

*Le titre
de la page de droite
met en lumière
un point particulier.*

Histoire
Tradition et renouveau
Modèles et techniques
L'univers lyrique
Formes
Grandes œuvres

Opéra et cinéma

Depuis sa naissance, le cinéma rêve d'opéra. L'opéra filmé est une représentation, à l'écran, d'un spectacle qui se déroule sur scène.
Le film-opéra est un prétexte pour raconter une histoire. La musique de bon nombre d'opéras illustre souvent les images de films dont les scénarios n'ont pas grand-chose à voir avec les livrets des œuvres utilisées.

● L'opéra filmé
Le premier opéra filmé est *Carmen* (1915), en version muette accompagnée par un musicien qui joue du piano au-dessous de l'écran. La musique de Georges Bizet est rarement interprétée, au profit de faux airs espagnols destinés à soutenir l'image. *Don Quichotte* de Jules Massenet (1933), avec à l'écran Féodor Chaliapine, baryton-basse, est une réussite du genre.
Quelques années plus tard, Maria Callas donne toute sa dimension à l'opéra filmé par son immense talent de comédienne : *Médée*, réalisé par Pier Paolo Pasolini et projeté en janvier 1970 au Palais-Garnier, ouvre définitivement la voie à l'opéra filmé. Parmi les réalisations qui marquent cette période, on retient *La Flûte enchantée* de Mozart par Ingmar Bergman (1978), au regard plus détaché, *Don Giovanni* de Mozart sous la direction de Joseph Losey (1979), qui fait entrer de plain-pied le spectateur dans Venise et sa lagune, sortant du décor fermé de la scène lyrique.
Les réalisations de Francesco Zeffirelli (*La Traviata*, 1982, *Otello*, 1986), de Götz Friedrich (*Elektra*, 1981) sous la direction du grand chef Karl Böhm, sa toute dernière direction, *Macbeth* de Verdi réalisé par Claude d'Anna (1987), ou *Carmen* par Francesco Rosi (1984) jettent un éclairage cinématographique original sur des œuvres fétiches de la scène lyrique.

● Le film-opéra
Alexandre Nevski (1938) et *Ivan le Terrible* (1945) de Serge Eisenstein, sur une musique de Serge Prokofiev, sont, selon leur réalisateur, un spectacle total alliant son, lumière et formes. Parallèlement, de nombreux films sont structurés comme de véritables opéras : *Senso* (1954), *Les Damnés* (1970), *Ludwig* (1973) de Luchino Visconti font suite à la grande époque de l'opéra mélo porté à l'écran par Gallone et Mario Costa, dont les héros avaient pour nom Verdi, Puccini, Bellini. Même si les airs d'opéras étaient mal portés à l'écran et la synchronisation imparfaite, ces films attiraient un public toujours plus nombreux vers l'opéra : citons *Paillasse* et *Folie per l'opera* de Costa (1948), *Puccini* de Gallone (1948).

● Opéra et cinéma
Parfois, la bande sonore est aux antipodes du sujet traité à l'écran : *L'Honneur des Prizzi* (1985) utilise des extraits de Rossini, Bellini et Verdi, tandis que *Diva* (1980) de J.-J. Beneix raconte un fait divers sur la musique de *La Wally* de Catalani. *Fitzcarraldo* (1982), avec Klaus Kinski, retrace l'histoire d'un fou d'opéra qui veut l'implanter dans la jungle d'Amazonie. Le réalisateur, W. Herzog, avait d'abord choisi *La Walkyrie* pour la fin de son film, puis il préféra Bellini, alors que F.F. Coppola, dans *Apocalypse now* (1979), n'hésite pas à faire surgir ses escadrons de la mort au Vietnam sur les accents de Wagner.

98

CINÉMA ET OPÉRA : UN MARIAGE HEUREUX ?

▪ La caméra indiscrète
Des premières réalisations muettes aux superproductions récentes, le cinéma est fasciné par l'opéra. Il rêve de montrer au public ce qu'il n'a jamais vu : la caméra se glisse sur la scène du drame, la beauté des décors apporte sa part de rêve, la mise en scène connaît une parfaite liberté de mouvement. La caméra place tout près de la diva un spectateur qui, assis dans le théâtre, ne pouvait avoir malgré ses jumelles qu'une vision plus détachée de son idole. Pourtant, on peut se demander si le spectacle a réellement besoin de tels artifices. Surtout, la grand-messe entre public, chef d'orchestre et interprètes a disparu au cinéma. Pire, avec le magnétoscope, l'opéra filmé est reproduit sur une étroite fenêtre cathodique tandis que la musique s'échappe de haut-parleurs dont la qualité laisse souvent à désirer...

▪ Le cinéma, faire-valoir de l'opéra
On pourrait penser que ces arguments portent un préjudice définitif au film d'opéra ; pourtant on se souvient de l'année 1987, lorsque le festival de Cannes avait consacré une journée aux opéras filmés. Claude Samuel, dans *Le Monde de la musique*, avait alors écrit : « La nouvelle vedette musicale annexée par le festival de Cannes s'appelle l'opéra. » La passion pour les films d'opéra culminait avec les projets du producteur Daniel Toscan du Plantier qui, après le succès de *Don Giovanni*, *Carmen* et *Parsifal*, envisageait plusieurs superproductions aux distributions prodigieuses. L'engouement pour l'opéra au cinéma semble s'être relativement calmé, mais si ce mariage a choqué les puristes, le cinéma aura été l'occasion pour beaucoup de rencontrer – fut-ce partiellement – la magie de l'opéra.

▪ Bergman ou l'opéra enchanté
« Comme nous n'allions pas jouer *La Flûte enchantée* sur une scène, mais devant des micros et une caméra, nous n'avions pas besoin de grandes voix. Il nous fallait, par contre, des voix chaleureuses, sensuelles, qui aient de la personnalité. Il était, en outre, absolument décisif pour moi que la pièce fût jouée par des interprètes jeunes, naturellement proches des sauts vertigineux entre la joie et la douleur, le sentiment et la passion. »

Ingmar Bergman, *Images*,
trad. C.G. Bjurström et L. Albertini.
© éd. Gallimard.

La Flûte enchantée, d'Ingmar Bergman (1978)

99

---

*Les sous-titres
permettent de saisir l'essentiel
en un coup d'œil.*

*L'encadré apporte
une précision,
un détail inattendu.*

*L'illustration apporte
un complément au texte.*

Histoire

Tradition et renouveau

Modèles et techniques

L'univers lyrique

Formes

Grandes œuvres

La naissance de l'opéra

Si l'on peut dire que les origines du genre remontent à la Grèce antique, il s'est élaboré au cours de la période médiévale avec les spectacles liturgiques et lyriques. Enfin les Italiens, en lui donnant son nom, « opéra » (œuvre), l'ont modernisé et perfectionné.

Les origines

Incontestablement, les Grecs de l'Antiquité pratiquaient dans leurs spectacles une forme d'« opéra ». Même si l'on ne connaît pas bien leur musique, on peut tirer de leurs écrits un certain nombre d'informations : ainsi, on sait que le drame grec était chanté ou parlé de façon à ce que le texte soit parfaitement compris.

La mélodie vocale était strictement réglée sur la métrique du vers. Dans les œuvres qui nous sont parvenues, la mélodie du mot ou de la phrase est toujours respectée ; les rythmes de la musique sont quasi identiques à ceux de la poésie.

Ainsi, bien avant la naissance de l'opéra en Italie, les Grecs en avaient élaboré un des principes essentiels : la relation constante et nécessaire entre musique et texte.

À partir des spectacles lyriques et liturgiques du Moyen Âge

Les drames musicaux liturgiques, les mystères (c'est-à-dire la représentation de textes liturgiques, chantés selon les formules de l'Église et de ses cérémonies) et surtout les pastorales, pièces de théâtre en musique inspirées de thèmes champêtres comme *Le Jeu de Robin et de Marion* d'Adam de la Halle (vers 1245-vers 1288), contiennent les germes du futur opéra. Cette dernière œuvre, transposition dramatique d'un genre très en vogue, la pastourelle, est du reste souvent considérée comme le premier opéra-comique français.

Les compositeurs notent un type de chant dans lequel les mots sont chantés et conservent leur déclamation naturelle. Un élément vient néanmoins perturber l'édifice : les instruments, qui accompagnent le chanteur et élargissent ses possibilités d'harmonie expressive. Celui-ci prend alors conscience qu'il peut s'exprimer avec plus de virtuosité. Cette tendance s'imposera au détriment du texte et de la relation étroite qui l'unissait à la mélodie dans l'art grec et sera déterminante pour l'évolution de l'opéra.

La naissance officielle de l'opéra

Au XVIᵉ siècle naît en Italie une musique liée aux situations et aux sentiments, sur laquelle s'exprime un texte fondé sur le principe du dialogue et chanté dans un style nouveau : le récitatif (déclamation chantée qui respecte les inflexions du langage parlé).

Chez un aristocrate florentin, le comte Bardi, se réunit vers la fin du siècle un cénacle de poètes et de musiciens, la Camerata fiorentina, qui s'illustre entre 1576 et 1582 en s'interrogeant sur les formes musicales de la Grèce antique et en cherchant une forme de chant qui rétablisse les anciennes valeurs du drame lyrique.

« Le dramma per musica » (drame pour, ou en musique) est abordé par Jacopo Peri (1561-1633), dans une pastorale entièrement chantée, *Dafne* (1598), dont seul le livret (c'est-à-dire le texte) nous est parvenu. Mais Peri est surtout célèbre pour avoir réalisé le premier ouvrage dramatique entièrement en musique avec récitatifs, *Euridice* (1600).

LE PREMIER OPÉRA CONNU : *EURIDICE* DE JACOPO PERI

Jacopo Peri (1561-1633)

Musicien à la cour des Médicis, Peri est une personnalité dominante du cercle d'artistes réunis chez le comte Bardi, la Camerata fiorentina. À l'âge de douze ans, il est chanteur au monastère de Sant'Annunziata à Florence, puis dans plusieurs églises et monastères. Il apprend le contrepoint et son talent se révèle surtout dans la composition de musique dramatique. En 1583, il participe à la composition d'un ensemble d'« intermezzi » (intermèdes orchestraux séparant les tableaux d'un opéra) donnés lors des célébrations du mariage de Ferdinand Ier de Médicis avec Christine de Lorraine. L'histoire retiendra de lui son *Euridice*, considérée comme le premier opéra. Il meurt peu après l'apparition de la peste qui ravage Florence en 1633.

Un style personnel

Euridice de Jacopo Peri fut représentée le 6 octobre 1600 à Florence à l'occasion du mariage de Marie de Médicis et d'Henri IV de France. Excellent ténor, Peri tenait le rôle d'Orphée, comme s'il n'avait voulu laisser à personne d'autre cet honneur redoutable. Sur un livret d'Ottavio Rinuccini (1564-1621) – qui a résumé l'œuvre d'Ange Politien (1454-1494) en un poème de 790 vers –, il a composé une ligne mélodique rigoureuse. Rejetant les complexités de la polyphonie pour bien faire comprendre les paroles, il s'est efforcé d'exprimer au plus près les sentiments et les émotions de ses personnages. Le récit de la nymphe Daphné est ainsi d'une grande beauté : la ligne mélodique du chant, constamment variée, rend d'une manière expressive les différents moments de la tragédie dont Euridice a été la victime. Le rythme se précipite pour énoncer l'arrivée du serpent. Une cadence souligne l'ombre qui vient ternir le bonheur d'Orphée, et on entend jusqu'au soupir mortel de la jeune femme... Les références au chant grec (un des principes essentiels de la Camerata) n'ont pas empêché Peri de se laisser aller parfois à quelques virtuosités vocales. Les relations étroites entre texte et musique accentuent l'impression de vérité. La partition ne précise que la partie vocale et des indications de basse continue. Lors de la première représentation, l'orchestre était composé d'un clavecin, d'un chitarrone (sorte de luth), d'une grande lyre et d'un luth placés derrière la scène.

Jacopo Peri, dans le rôle d'Orphée, lors de la création.

Histoire

Tradition et renouveau

Modèles et techniques

L'univers lyrique

Formes

Grandes œuvres

Sous l'influence italienne

Rome, Naples, Venise… L'opéra se propage dans toute l'Italie d'abord, mais aussi dans le reste de l'Europe. Seule la France tente de résister à cette déferlante.

Encore l'Italie

Claudio Monteverdi (1567-1643), musicien du duc de Gonzague à Mantoue, veut rivaliser avec la Camerata fiorentina. Le 24 février 1607, son *Orfeo* éclipse toutes les tentatives précédentes. Monteverdi a composé une musique accomplie qui deviendra la référence de toute production lyrique. Les récitatifs y alternent avec les « arias » (petites pièces vocales à caractère mélodique, en général solo) et des chœurs à plusieurs voix.

Ce premier chef-d'œuvre de l'opéra institue une dramaturgie qui va, deux siècles durant, reposer sur la voix asexuée du castrat. Contrairement à la Camerata fiorentina, qui avait réduit au minimum l'accompagnement instrumental, Monteverdi utilise un orchestre remarquable par le nombre des instruments et la variété des timbres.

Vers l'Angleterre

Sous le règne d'Élisabeth Iʳᵉ en Angleterre, le théâtre fait aussi une large place à la musique et au chant dans les masques (voir p. 33), dont un célèbre créateur, Inigo Jones (1573-1652), après un voyage en Italie, s'enthousiasme pour l'opéra qu'il adapte à ses spectacles. Si l'influence italienne pénètre ainsi outre-Manche, le terme « opéra » n'apparaît qu'à la création du *Siège de Rhodes* (1656) de Matthew Locke (1621-1677).

C'est Henry Purcell (1659-1695), avec *Didon et Énée* (1689), qui est le plus proche des caractéristiques de l'opéra telles qu'elles existent dans les œuvres de Monteverdi. Mais sa mort et l'implantation à Londres des premières troupes italiennes, bientôt soutenues par G.-F. Haendel, vont freiner pour longtemps la création d'un opéra de langue anglaise.

La résistance française

Tandis que l'Italie crée l'opéra, la France en reste au ballet de cour (composition dramatique à l'action réglée par une chorégraphie). Dès 1643, Mazarin tente de sensibiliser la cour au nouvel opéra italien, mais les spectacles sont reçus sans enthousiasme. Les musiciens français refusent de se conformer au récitatif italien, dont les inflexions musicales leur paraissent exagérées.

La création de l'Académie royale de musique et de danse (1669) esquisse un théâtre lyrique national grâce au Français d'origine florentine Jean-Baptiste Lully (1632-1687) qui en acquit le privilège en 1672. Lully adapte le récitatif italien au rythme de la langue française. Il donne sa forme définitive à l'ouverture à la française et insère des chœurs et des danses dans l'action.

La domination de Lully sur l'opéra français étouffe la quasi-totalité de la concurrence. Ni M.-A. Charpentier (1643-1704), dont seule *Médée* fut donnée à l'Opéra en 1693, ni A. Campra (1660-1744) n'ont pu vraiment faire connaître leurs œuvres. J.-P. Rameau (1683-1764), qui prend le relais au XVIIIᵉ siècle et impose un nouveau style, éclipse de nouveau tous ceux qui avaient été écrasés par la toute-puissance de Lully.

VENISE, CAPITALE DE L'OPÉRA ITALIEN

Venise, un centre important de l'opéra italien aux XVIIe et XVIIIe siècles

En 1637 s'ouvre à Venise le teatro San Cassiano, qui inaugure une saison d'opéra pour la première fois ouverte au public avec entrée payante, ce qui constitue une nouveauté importante : l'opéra n'est plus, désormais, l'initiative d'un prince pour divertir quelques courtisans, mais un spectacle qui cherche l'approbation du public. Entre 1637 et 1641, près de soixante théâtres voient le jour.

À la fin du XVIIe siècle, Venise compte environ 130 000 habitants et six troupes d'opéra !

De l'ouverture du San Cassiano à la fin du siècle, on peut estimer à quatre cents le nombre d'ouvrages lyriques représentés dans la Sérénissime ; tout au long du XVIIIe siècle, Venise produira chaque saison un nombre exceptionnel d'opéras.

Les œuvres

Parmi les premiers opéras vénitiens se distinguent les œuvres des compositeurs suivants :

– Francesco Manelli (1600-1667), *Andromeda* (1637),
– Pier Francesco Cavalli (1602-1676), *La Didone* (1641),
– Claudio Monteverdi, *Arianna* (1640), *Il Ritorno d'Ulisse* (*Le retour d'Ulysse*, 1641),

L'Incoronazione di Poppea (*Le Couronnement de Poppée*, 1651).

Dans ces ouvrages, le rôle du chœur est assez limité et c'est l'orchestre plus que le clavecin qui soutient le récitatif.

Vers 1650, l'opéra vénitien est parvenu à imposer dans l'Europe entière les compositeurs italiens comme maîtres du genre, privilège qu'ils conserveront au moins jusqu'à Giuseppe Verdi (1813-1901).

Le goût des lourdes machineries

L'opéra, tel qu'il avait été importé de Rome ou de Florence, rencontre à Venise un succès colossal dû à plusieurs facteurs : tout d'abord, les lieux spécialement construits à son intention rivalisent de somptuosité et de luxe. Ensuite, il s'agit d'un spectacle fastueux. L'action s'accompagne généralement d'une succession déroutante de changements de tableaux qui créent des contrastes fantastiques et utilisent les effets éblouissants de machines ingénieuses pour la mise en scène de batailles, de naufrages, de conflagrations et de toute sorte d'événements surnaturels et spectaculaires. Certaines œuvres exigent un nombre invraisemblable de changements de tableaux (on en a répertorié jusqu'à vingt-quatre) et durent près de huit heures en continu, avec assez souvent des divertissements non musicaux.

Théâtre di san Samuele, Venise, Italie.

Histoire

Tradition et renouveau

Modèles et techniques

L'univers lyrique

Formes

Grandes œuvres

Les premières écoles italiennes

Au début du XVIIᵉ siècle, la mode de l'opéra envahit toute l'Italie. Trois centres se disputent la gloire : Rome, Venise et Naples. Dans ce renouveau artistique, personne n'est indifférent au genre, l'aristocratie, le peuple et même l'Église.

L'école romaine

De 1620 à 1660, c'est l'apogée de l'opéra de Rome. Luigi Rossi (1598-1653) compose des mélodies graves et mélancoliques. Il est entouré de Stefano Landi (1587-1639), de Domenico Mazzocchi (1592-1663) et de son frère Virgilio (1592-1655).

Les caractéristiques de l'opéra romain tiennent à sa manière de traiter le récitatif et l'orchestre. Le « recitativo secco » (récitatif rapide avec très peu de soutien instrumental) n'a aucun contour mélodique autre que celui des inflexions de la voix.

L'orchestre se compose de cordes et d'un clavecin pour la basse continue. Les ouvertures sont en général à introduction lente, proches du style « à la française » de Lully. Enfin, l'usage des chœurs, rares à Florence et parfois totalement absents à Venise, est une particularité romaine.

L'école vénitienne

L'opéra est d'abord un spectacle populaire. Les sujets, pour la plupart mythologiques ou épiques, sont émaillés de pages sentimentales ou burlesques ; ils font souvent allusion à l'actualité. Les mises en scène grandioses (on assiste à des naufrages, des batailles et même des miracles) utilisent un grand nombre de personnages secondaires et des machineries invraisemblables. Les rôles principaux sont généralement confiés aux voix aiguës (castrats). La voix de contralto reste une curiosité et la voix de basse ne trouve sa place que dans les airs bouffes (airs comiques).

L'école vénitienne est animée par Francesco Cavalli et P. Antonio Cesti (1623-1669) qui écrit une centaine d'opéras dont une douzaine seulement nous sont parvenus. Contrairement à Cavalli, Cesti sépare l'aria du récitatif et développe l'« aria da capo » (voir p. 62) ainsi que l'air à variations : *Orontea* (1649), *Il Pomo d'oro* (*La Pomme d'or*, 1668).

Venise compte à l'époque plus de cinquante compositeurs, dont Giovanni Legrenzi (1626-1690) et Alessandro Stradella (1645-1682). Le rayonnement des opéras vénitiens entraîne la migration des compositeurs italiens vers d'autres pays d'Europe.

L'école napolitaine

Dès 1670, le genre s'empare de Naples, qui dérobe à Venise son titre de capitale de l'opéra. Les sujets s'adaptent aux penchants, à l'exubérance, aux goûts et aux plaisirs des Napolitains.

Parmi les maîtres, Francesco Provenzale (1627-1704), dont nombre de manuscrits sont perdus, et Alessandro Scarlatti (1660-1725), auteur de cent quinze opéras (trente-six sont conservés intégralement), mais aussi de deux cents messes et six cents cantates. Sa facilité d'écriture le pousse à composer prodigieusement, mais les Napolitains s'en écartent peu à peu car ses opéras sont de plus en plus compliqués. Oublié, Scarlatti cesse d'écrire pour le théâtre dans les dernières années de sa vie.

L'INFLUENCE DES ÉCOLES ITALIENNES AU XVIIIe SIÈCLE

▪ Le triomphe des castrats et des « prime donne »

À l'origine, cette expression (pluriel de « prima donna », première dame) désignait la principale chanteuse d'un opéra, mais elle s'est généralisée pour désigner une chanteuse de premier plan, également appelée « diva ». Au XVIIIe siècle, on ne vient à l'opéra que pour entendre les airs chantés par les castrats ou les prime donne de renom : ils sont écoutés dans un silence d'extase, entrecoupé de sanglots et de cris de bonheur. Mais, à l'exception de ces airs, le public n'écoute rien du reste de l'opéra. Cette situation se retrouve dans toute l'Italie.

▪ L'inspiration napolitaine

Tous les opéras représentés en Italie à cette époque sont de facture et d'inspiration napolitaine :
• les sujets sont nobles (fables, histoire ancienne) ;
• il n'y a pas de scène sanglante ;
• les scènes se répartissent entre récitatifs et arias ;
• chaque chanteur se produit au moins une fois par acte ;
• aucun chanteur n'a le droit de chanter deux arias à la suite ;
• sacrifiés aux arias, les ensembles et les chœurs disparaissent ;
• certains sujets reviennent sans cesse ;
• il est courant qu'un compositeur mette en musique cinq à six fois le même texte ;
• on intervertit l'ordre des morceaux, celui des actes, on remplace un air par un autre écrit le jour même ou provenant d'un autre opéra ;
• une œuvre subit des variantes selon qu'elle est chantée à Bergame, Florence, Rome ou Venise ;
• chaque aria da capo doit contenir au moins trois cadences improvisées, la dernière étant la plus longue et la plus brillante.

On assiste à la naissance d'un véritable culte de la voix fort éloigné de l'art polyphonique puisque, à ses débuts, la polyphonie exigeait des chanteurs une discipline de groupe.

▪ Quelques grandes figures italiennes du XVIIIe siècle

Leonardo Leo (1694-1744) **Leonardo Vinci** (1696-1730) **Francesco Feo** (1691-1761)	Auteurs chacun d'une cinquantaine d'ouvrages dont on n'a que peu de traces	*Demophon* (1735) *Didone abbandonata* (1726) *Ipermnestra* (1728)
Baldassare Galuppi (1706-1785)	A composé une centaine d'opéras	*Le Philosophe de campagne* (1754)
Giovanni Battista Pergolèse (1710-1736)	Son opéra bouffe déclencha la querelle des Bouffons en 1752	*La Serva padrona* (1733)
Giovanni Battista Bononcini (1670-1747)	Réside à Londres sept ans et rivalise avec Haendel	*Alessandro in Sidone* (1737)
Nicolà Porpora (1686-1768)	Réside à Londres, Dresde et Vienne où il donne des leçons à Haydn	*Ariane à Naxos* (1733)
Antonio Caldara (1670-1736)	Compose 97 opéras	*Dafne*
Niccolo Jommelli (1714-1774)	Réside à Stuttgart de 1753 à 1769	*L'Errore amoroso* (1734)

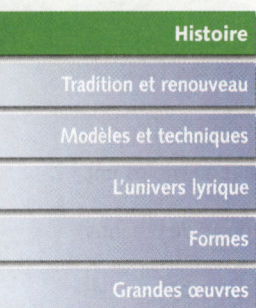

Histoire

Tradition et renouveau

Modèles et techniques

L'univers lyrique

Formes

Grandes œuvres

L'opéra baroque dans les pays germaniques

La mode de l'opéra gagne les pays germaniques grâce notamment à Heinrich Schütz. De nombreux compositeurs italiens s'installent dans les cours et y brillent par leurs œuvres. Cette domination italienne ne permet pas aux pays germaniques d'imposer leur opéra.

Toujours l'influence de l'Italie

Le compositeur allemand Heinrich Schütz (1585-1672), après un séjour de trois ans à Venise à l'école de Giovanni Gabrieli, introduit l'opéra en Allemagne à l'aube du XVIIe siècle. Réalisant alors une synthèse parfaite entre l'esthétique vénitienne et l'art rigoureux et sévère de la tradition germanique, il met en musique *Dafne* d'Ottavio Rinuccini (1564-1621) traduite par Martin Opitz, le plus grand poète allemand de l'époque.

L'œuvre, première tentative de transposition en Allemagne de ce mélodrame, est représentée en 1627 au château Hartenfels de Torgau, à l'occasion du mariage de Georges de Hesse-Darmstadt et de Sophie de Saxe. Cette manifestation ouvre la voie, dans toute l'Europe centrale, au genre de l'opéra fortement influencé par les compositeurs italiens. Aucune cour princière n'échappe à la mode : des quantités d'ouvrages sont montés en peu de temps, avec des moyens colossaux.

L'opéra de cour

Entre 1618 et 1648, la guerre de Trente Ans, qui se termine par le traité de Westphalie, signifie le morcellement irrémédiable de l'Allemagne en une multitude de monarchies plus ou moins étendues. Désirant posséder une cour brillante, chacun de ces véritables petits États entretient des compositeurs et ouvre des théâtres. Les cours de Vienne, Munich et Dresde manifestent rapidement leur penchant pour l'opéra italien.

Antonio Cesti (1623-1669), qui obtient un succès sans précédent avec *Il Pomo d'oro*, représenté dans un luxe invraisemblable de décors pendant les fêtes du mariage de Léopold Ier, et Johann Josef Fux (1660-1741), le célèbre auteur du traité *Gradus ad Parnassum*, se partagent les faveurs des Viennois.

Johann Kaspar Kerll (1627-1693), qui étudie à Rome avec Giacomo Carissimi (1605-1674), et Agostino Steffani (1654-1728), qui fait ses études à Padoue et devient l'élève de Kerll en 1672, triomphent à Munich.

À Dresde, on entend les opéras de Carlo Pallavicino (1630-1688) ; à la cour de Berlin, Attilio Ariosti (1666-1729), maître de musique de l'électrice de Brandebourg, domine la vie artistique avant de s'attacher à la cour de Vienne.

Vers un opéra typiquement national

Une affirmation difficile

À Braunschweig, et à la cour de Weissenfels, avec Johann Philipp Krieger (1649-1725), on voit poindre quelques tentatives pour créer un art national et lutter contre l'invasion de l'art italien. Successivement, Hambourg (théâtre du Marché aux Oies) en 1678, puis Hanovre, Brunswick et Leipzig ouvrent des théâtres où sont représentés les ouvrages de Krieger et de Reinhardt Keiser (1674-1739). La trop abondante production des musiciens allemands et la pauvreté des livrets ne peuvent convaincre le public. L'opéra allemand s'effondre, étouffé par les triomphes étrangers. Malgré tout, Hambourg tient toujours sa place, grâce aux opéras de Johann Mattheson (1681-1764) et de Georg Philipp Telemann (1681-1767), alors qu'à Dresde et à Berlin les compositeurs allemands continuent à écrire de nombreux opéras, mais restent fidèles aux principes italiens.

Heinrich Schütz (1585-1672)

La domination des musiciens italiens dans les pays germaniques

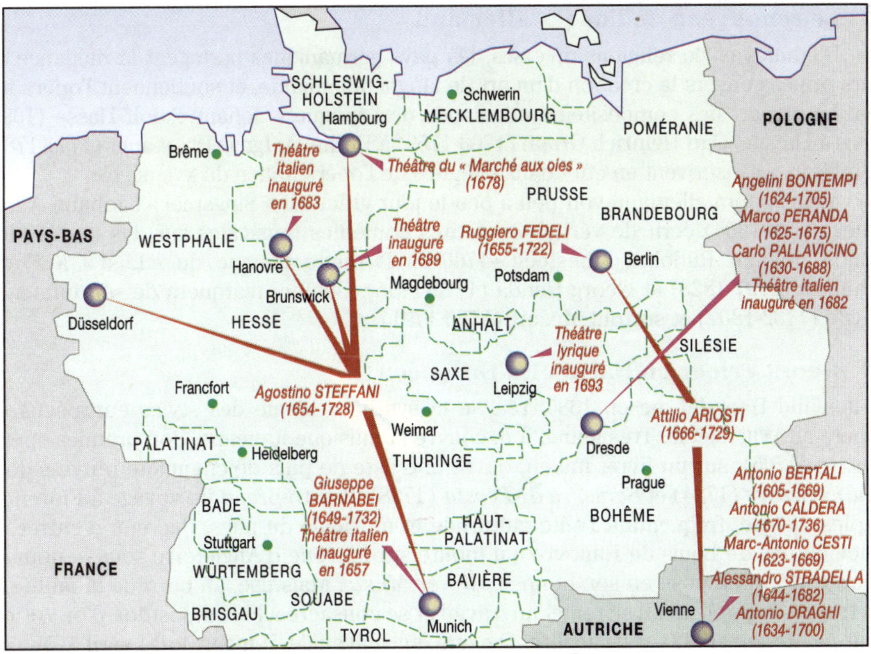

SCHLESWIG-HOLSTEIN
Hambourg
Schwerin
MECKLEMBOURG
POMÉRANIE
POLOGNE
Brême
Théâtre italien inauguré en 1683
Théâtre du « Marché aux oies » (1678)
PRUSSE
BRANDEBOURG
Angelini BONTEMPI (1624-1705)
Marco PERANDA (1625-1675)
Carlo PALLAVICINO (1630-1688)
Théâtre italien inauguré en 1682
PAYS-BAS
WESTPHALIE
Théâtre inauguré en 1689
Ruggiero FEDELI (1655-1722)
Berlin
Hanovre
Magdebourg
Potsdam
Brunswick
Düsseldorf
HESSE
ANHALT
Théâtre lyrique inauguré en 1693
SILÉSIE
SAXE
Leipzig
Francfort
Agostino STEFFANI (1654-1728)
Weimar
Dresde
Attilio ARIOSTI (1666-1729)
PALATINAT
Heidelberg
THURINGE
Prague
Antonio BERTALI (1605-1669)
Antonio CALDERA (1670-1736)
Marc-Antonio CESTI (1623-1669)
Alessandro STRADELLA (1644-1682)
Antonio DRAGHI (1634-1700)
BADE
Giuseppe BARNABEI (1649-1732)
Théâtre italien inauguré en 1657
HAUT-PALATINAT
BOHÊME
Stuttgart
FRANCE
WÜRTEMBERG
SOUABE
BAVIÈRE
Vienne
BRISGAU
Munich
AUTRICHE
TYROL

Histoire

Tradition et renouveau

Modèles et techniques

L'univers lyrique

Formes

Grandes œuvres

L'opéra au XVIIIe siècle

En France, le grand opéra naît sous l'impulsion de Jean-Philippe Rameau. En Allemagne, il prend sa véritable identité nationale grâce au « Singspiel », tandis que l'Angleterre accueille Haendel.

De l'opéra à la française au grand opéra français

À la mort de Lully, la mode de l'opéra évolue entre les partisans de la musique française et ceux de la musique italienne. André Campra (1660-1744) et Michel-Richard Delalande (1657-1726) tentent de renouveler la tragédie lyrique. Les livrets s'inspirent de la mythologie comme dans l'opéra baroque. L'action est souvent compliquée et les personnages sont généralement traités comme des figures allégoriques. Seuls Marin Marais (1656-1728) avec *Alcyone* (1706) et Michel Pignolet de Montéclair (1666-1737) avec *Jephté* (1732) renouent avec la tradition lullyste.

Jean-Philippe Rameau (1683-1764) est le grand maître de l'opéra français sous toutes ses formes : tragédies lyriques (*Hippolyte et Aricie*, 1733 ; *Castor et Pollux*, 1737), opéras-ballets (*Les Indes galantes*, 1735), pastorales héroïques (*Zaïs*, 1748) et comédies lyriques (*Platée*, 1745). Son imagination d'harmoniste et de coloriste lui fait manier l'orchestration avec une telle inventivité que, surprenant les défenseurs de la tragédie lyrique traditionnelle, il est taxé d'italianisme et provoque une vaine querelle entre lullystes et ramistes, la querelle des Bouffons (1752).

Le renouveau de l'opéra allemand

D'ethnies et de religions diverses, les pays germaniques partagent la méfiance de leurs princes envers la création d'un art de langue allemande, et soutiennent l'opéra italien. La plupart des compositeurs allemands de l'époque – Johann Adolf Hasse (1699-1783) à Dresde, Carl Heinrich Graun (1703-1759) à Berlin ou Ignaz Holzbauer (1711-1783) à Stuttgart – s'inscrivent en effet dans la lignée de l'opéra italien du XVIIe siècle.

Mais l'opéra allemand voit peu à peu le jour grâce au « Singspiel » : Johann Adam Hiller (1728-1804) écrit de véritables petites comédies musicales sur des textes allemands. Johann Rudolph Zumsteeg (1760-1802) ouvre la voie du « Lied » à Franz Schubert (1797-1828) et Georg Benda (1722-1795). Celui-ci marquera de son influence Haydn (1732-1809) et surtout Mozart (1756-1791).

Georg Friedrich Haendel, l'Européen

L'Allemand Haendel, né en 1685, réalise la synthèse idéale des styles européens de l'opéra au XVIIIe siècle. Très jeune, il découvre la musique italienne. Son premier opéra, *Almira* (1705), sur un livret italien, ouvre une liste de plus de cinquante œuvres dont *Giulio Cesare* (1724) et *Serse, re di Persia* (1738). Il entreprend un voyage à Florence, Naples, Venise, fréquentant l'élite culturelle et musicale du pays. Parvenu à entrer en grâce auprès de Louis de Hanovre qui monte sur le trône d'Angleterre sous le nom de George Ier, il compose en son honneur *Water Music*. Mais usé, au bord de la faillite, il est frappé d'apoplexie. Il se remet au travail et se consacre à la composition d'oratorios, dont *Le Messie* (1742), puis *Jephta*. Devenu quasi aveugle, il meurt le 14 avril 1759.

LA QUERELLE DES BOUFFONS

La petite histoire

En 1752, une troupe de chanteurs italiens, les « Bouffons », interprète un opéra de Giovanni Battista Pergolèse (1710-1736), *La Serva padrona* (*La Servante maîtresse*). Le succès est immense. Aussitôt se forme un « parti italien » réuni autour de Diderot, Grimm, Rousseau et les encyclopédistes, qui soutient avec ferveur cette musique légère et spontanée contre le lourd appareil de l'opéra français. Le conflit gagne la cour. Deux clans s'y constituent : celui de la reine, italien, et celui du roi, français. La musique devient prétexte à une querelle qui la dépasse. La somme d'imprimés publiés à l'époque pour ou contre la musique française ou italienne dépasse l'imagination : huit ouvrages en janvier 1753, dix en février, treize en mars… le plus célèbre étant la *Lettre sur la musique française* de Jean-Jacques Rousseau. Au total, plus de soixante écrits polémiques, scientifiques, philosophiques ou satiriques auront été imprimés.

Une charge contre Rameau

Cette querelle est également appelée « guerre des Coins », car les défenseurs de l'opéra français se regroupaient autour de la loge du roi et ceux de l'opéra italien autour de la loge de la reine. Les reproches adressés à la musique française sont en réalité destinés à Rameau. Dès la première de son *Hippolyte et Aricie* (1733), on avait crié au scandale et opposé son opéra à celui de Lully. Or, ceux-là mêmes qui ont critiqué Rameau font volte-face quelques années plus tard et le saluent comme l'héritier de la tradition française de l'opéra et le fils spirituel de Lully !…

Coin du roi	Arguments du parti français
Le roi Mme de Pompadour L'aristocratie Rameau	• La musique française est rationnelle. • La musique française est universelle. • La musique française est diverse : ballets héroïques, pastorales héroïques, comédies et tragédies lyriques… • Il n'y a pas de héros dans l'opéra italien.
Coin de la reine	**Arguments du parti italien**
La reine Rousseau D'Alembert Diderot Les encyclopédistes	• L'opéra français est un faux genre où rien ne rappelle la nature : on cite la pompeuse niaiserie des livrets, l'abus de la mythologie, l'absence d'action dramatique, le poids des machineries, les éclats vocaux et les gesticulations. • L'italien possède une meilleure musicalité. • Les partitions françaises sont trop chargées et fatigantes à suivre. • On entend plusieurs chants simultanément. • Les musiciens n'ont pas le temps d'éternuer…

Histoire

Tradition et renouveau

Modèles et techniques

L'univers lyrique

Formes

Grandes œuvres

France : l'opéra au siècle des Lumières

En France, les hommes de lettres s'intéressent de près à la musique, et plus particulièrement à l'opéra. Lully, Gluck, Rameau apportent au théâtre lyrique innovations, changements, réformes, au milieu de querelles incessantes parmi les encyclopédistes eux-mêmes.

Les hommes de lettres et l'opéra

Sous l'Ancien Régime, l'opéra français est marqué par l'art de Lully, de Rameau, de Christophe Willibald Gluck (1714-1787), et par les remous de la querelle des Bouffons. La question de la moralité du spectacle, de sa légitimité et de sa conformité avec les règles de la poétique, de la place de la musique dans le système des beaux-arts, a été évoquée par tous les meilleurs esprits. Opéra et théâtre sont en concurrence : ils se ressemblent trop. C'est ainsi que Racine, comme Molière et Corneille, sont finalement amenés à travailler avec la musique, inventant même des genres mixtes : comédies-ballets, tragi-comédies, ballets…

Les effets de la musique italienne (la troupe des « Bouffons ») vers 1752, la réforme de Gluck dix ans plus tard, les innovations harmoniques de Rameau et la persistance des principes de Lully sont autant de prétextes à d'interminables débats animés par les philosophes.

L'opéra à la cour

Lorsque Lully est nommé surintendant de la musique en 1661 par Louis XIV, les frontières se ferment et un nationalisme musical s'instaure. Collaborant avec Molière, Lully écrit la musique et règle les danses des comédies-ballets *Le Mariage forcé*, *L'Amour médecin*, *Les Amants magnifiques*, *Le Bourgeois gentilhomme*. En 1672, recevant le monopole de tout le théâtre en musique, il se brouille avec Molière et interdit la cour à tous les musiciens qui transgressent ses principes.

Deux ans après sa mort, Michel-Richard Delalande succède à Lully. Une autre génération de musiciens entre à la cour et tente de réunir les goûts français et italien déjà opposés. En réaction à la solennité lullyste, leurs opéras multiplient les revues à grand spectacle, les apothéoses sonores.

Mais avec sa première œuvre, *Hippolyte et Aricie* (1733), dans la tradition de Lully, Rameau reprend le style du récitatif français (plus chantant que celui des Italiens), inscrit les airs et les chœurs dans des mélodies plus riches et raffinées. Après Rameau, la cour et la société éclairée se partagent entre l'influence italienne de Niccolo Piccinni (1728-1800) et les innovations de Gluck.

D'une querelle à l'autre

Alors qu'en 1752 s'opposaient les conceptions conservatrices et révolutionnaires, les protagonistes de la nouvelle querelle née autour de Gluck sont issus du courant des Lumières. Ils se divisent à présent autour des notions de charme et de plaisir musical. La musique doit-elle plaire, provoquer du plaisir, soutenir la vérité d'une situation, ou doit-elle être le reflet de l'expression des sentiments ? Grand connaisseur de l'opéra de Lully et de Rameau, s'inspirant de l'esprit des encyclopédistes, Gluck élabore sa réforme à partir de sa très grande expérience de l'opéra italien, évitant ainsi d'emblée tout ce qu'on reprochait depuis la querelle des Bouffons à l'opéra français.

LES PHILOSOPHES ET L'OPÉRA AU XVIIIᵉ SIÈCLE

◼ Sur les décors, les machineries, l'aspect général du spectacle d'opéra

« Les chars des Dieux et des Déesses sont composés de quatre solives, encadrés et suspendus à une grosse corde en forme d'escarpolette, entre ces solives est une planche en travers sur laquelle le Dieu s'assied, et sur le devant pend un morceau de grosse toile barbouillée, qui sert de nuage à ce magnifique char. […] Comme les chars sont la partie la plus considérable des machines de l'opéra, sur celle-là vous pouvez juger les autres. La mer agitée est composée de longues lanternes angulaires de toile ou de carton bleu, qu'on enfile à des broches parallèles, et qu'on fait tourner par des polissons. Le tonnerre est une lourde charrette qu'on promène sur le cintre, et qui n'est pas le moins touchant instrument de cette agréable musique. […] La foudre est un pétard au bout d'une fusée. »

Rousseau, *La Nouvelle Héloïse.*

◼ Sur les rapports du texte et de la musique

« C'est que la musique, ou plutôt les notes, y sont prodiguées pour l'ordinaire sur des paroles vides de sens, et incapables de rien inspirer à l'artiste : c'est toujours l'amour qui vole, qui règne, ou qui triomphe. […] La musique manque son but quand elle déploie ses richesses en pure perte et sur des syllabes. Le chant français a le défaut le plus contraire à l'expression. Alors que le grand mérite des morceaux [de musique italienne] est d'être liés à la situation et d'en augmenter l'intérêt. »

D'Alembert, *De la liberté de la musique.*

« En France, un mauvais poème y tue la musique la plus délicieuse ; un excellent poème y soutient la musique la plus mauvaise. »

Diderot, *Écrits sur la musique.*

◼ Sur une éventuelle réforme de l'opéra français

« Ne serait-il pas possible, en conservant le genre de notre opéra tel qu'il est, de faire par rapport à la musique des changements qui le rendraient bien supérieur à l'opéra italien ? »

D'Alembert, *De la liberté de la musique.*

Jean-Philippe Rameau (1683-1764)

Histoire

Tradition et renouveau

Modèles et techniques

L'univers lyrique

Formes

Grandes œuvres

L'opéra classique : le rôle des pays germaniques

À l'époque classique, les compositeurs germaniques prennent le pas sur les italiens. Jean-Chrétien Bach, Haydn et Mozart marquent de leur style l'opéra du XVIIIᵉ siècle finissant.

L'exception germanique en Angleterre : Jean-Chrétien Bach

Jean-Chrétien Bach (1735-1782) avait quinze ans à la mort de son père, le grand Jean-Sébastien (1685-1750). Il poursuit ses études musicales en Italie avec le père Giovanni Battista Martini (1706-1784), savant, pédagogue et compositeur. En 1762, il part pour Londres où il devient compositeur attitré du King's Theatre. Ses opéras prennent très exactement le relais de ceux de Rameau : *Orione* (1763) lui permet d'obtenir le poste de maître de musique de la reine d'Angleterre.

Dans ses ouvrages, une importance nouvelle est donnée à l'orchestre : grande veine mélodique, sensualité, facilité apparente, caractérisent son style qui annonce celui de Mozart qu'il rencontre à Londres en 1764. Bien orchestrée (il y introduit la clarinette), sa musique d'opéra connaît un immense succès populaire. Surnommé « le Bach de Londres », c'est un germaniste qui exerce sur la vie musicale anglaise une domination comparable à celle de Haendel.

Joseph Haydn ou l'opéra oublié

Joseph Haydn (1732-1809) a trente-cinq ans lorsqu'il compose ses premiers opéras. Au château d'Esterhaz, près d'Eisenstadt, réside la richissime cour de Hongrie, qui tente de rivaliser avec les théâtres de Naples, Milan, Vienne et Paris. En 1762, Nicolaus Esterhazy commande à Haydn un festival d'opéras. Après l'immense succès de *La Canterina* en 1767, le prince décide la construction d'un théâtre d'opéra destiné particulièrement à l'opera seria et à l'opera buffa de type italien, puis d'un théâtre de marionnettes (en 1773) pour le Singspiel.

Haydn aborde à la fois l'opera seria (*Armida*, 1784) et l'opera buffa (*La Canterina*, 1767 ; *Lo Speziale*, 1768 ; *Il mondo della luna*, 1777). Certaines de ses œuvres lyriques tendent aussi à juxtaposer, voire à mélanger les deux genres : *L'Infedelta delusa* (*L'Infidélité déçue*, 1773) et *La Vera costanza* (1779), qu'il destine à l'opéra de Vienne. Respectueux de la tradition italienne de l'opera buffa dans *La Canterina*, il prend en compte les thèses de Gluck dans *Armida* (1784) en s'essayant pour la première fois à l'opera seria. Jusqu'en 1790, Haydn fait jouer ses propres œuvres, bien sûr, mais dirige aussi des créations et des arrangements d'ouvrages lyriques d'autres auteurs.

L'oubli relatif dans lequel sont tombés aujourd'hui ses opéras est dû au manque certain de diffusion, mais aussi au succès colossal des opéras de Mozart qui les ont fortement éclipsés. Pourtant, ils contiennent de fort belles pages, et l'expérience que Haydn acquiert dans le domaine lyrique lui permet d'enrichir le contenu émotionnel de sa musique instrumentale. Des thèmes de ses ouvrages lyriques réapparaissent de fait assez souvent dans ses partitions symphoniques.

WOLFGANG AMADEUS MOZART (1756-1791), LE GÉNIE FAIT OPÉRA

L'enfant prodige

Quand Mozart compose *Bastien et Bastienne*, en 1768, il a douze ans et fait déjà preuve d'une maîtrise exceptionnelle. L'œuvre respecte strictement la forme du Singspiel. Un an après, il aborde l'opera buffa avec *La Finta Semplice*. En 1770, Mozart affirme ses débuts dans l'opera seria en produisant *Mithridate, re del Ponte*, opéra dans lequel les arias ont été composées strictement en rapport aux qualités des chanteurs qui le créèrent. Dans *La Finta Giardiniera* (1775), Mozart innove en divisant ses rôles entre sérieux et bouffes. En prélude à *L'Enlèvement au sérail*, il s'essaie dans le genre de la turquerie avec un Singspiel, *Zaïde* (1779). Dans *L'Enlèvement au sérail* (1782), les timbales, le triangle, les trompettes, les petites flûtes et les cymbales sont employés pour créer une atmosphère exotique à la mode depuis les *Lettres persanes* de Montesquieu.

Da Ponte

Avec *Les Noces de Figaro* (1786) commence la fructueuse collaboration entre Mozart et son librettiste Lorenzo da Ponte. Comme chez Beaumarchais, les personnages incarnent ici les forces antagonistes d'une époque de troubles sociaux : l'aristocrate qui se retient au passé et l'astucieux représentant du tiers état en pleine ascension.

Don Giovanni, en 1787, va plus loin encore. Jamais la musique de Mozart n'avait été aussi vraie, aussi réaliste, aussi sombre. Jamais il n'avait exprimé aussi brutalement le contraste entre les douces effusions de l'amour et l'horreur de la mort.

L'action de *Così fan tutte* (1790) est très simple, dépourvue d'épisodes inutiles, et la musique joue cyniquement avec des personnages qu'elle refuse de prendre au sérieux. Les duos des couples inversés sonnent, à la fin de l'opéra, comme un retour à la réalité et une invitation à quitter ses illusions : la nature humaine est fragile, instable, sans défense...

Le testament

La Flûte enchantée (1791), dernier opéra de Mozart, tiré d'un conte oriental remanié par son ami et frère de loge Emmanuel Schikaneder, peut se lire à plusieurs niveaux : conte de fées, aventures extraordinaires, opéra initiatique maçonnique... Mozart réussit par sa musique à donner une unité à l'ensemble, et, comme dans un testament, laisse au monde un vibrant appel aux idéaux de l'humanité.

Portrait inachevé de Wolfgang Amadeus Mozart par son beau-frère, Joseph Lange, 1782-1783.

Histoire

Tradition et renouveau

Modèles et techniques

L'univers lyrique

Formes

Grandes œuvres

La réforme de Gluck

En France, le compositeur autrichien C. W. Gluck élabore une réforme
de l'opéra qu'il rend plus rigoureux et plus simple.
Curieusement, ce n'est ni à l'Italie, ni à la France que profitent
ses innovations mais au reste de l'Europe : Allemagne, Espagne,
et même Russie.

Christoph Willibald Gluck (1714-1787)

Né en Autriche, le chevalier von Gluck s'initie très tôt au violon, à l'orgue et à la composition. Élève du symphoniste Sammartini (1700-1775), il est fortement influencé par le style italien. Il devient conseiller musical du prince de Saxe-Hildburghausen en 1750 et premier violon de son orchestre, puis directeur du Burgtheater de Vienne (1754).

En France, il rencontre en 1761 le poète Ranieri de'Calzabigi (1714-1795) qui, afin de rendre à l'opéra italien sa dignité, lui écrit des livrets rigoureux et dramatiques (*Orphée et Eurydice*, 1762 ; *Alceste*, 1767). L'accueil est peu enthousiaste, de même pour *Iphigénie en Aulide* (1772). Gluck se met alors (1774) sous la protection de Marie-Antoinette, son ancienne élève à Vienne. *Iphigénie en Aulide* triomphe à Paris ainsi qu'*Orphée* et *Alceste*, réécrits sur des livrets français, et un nouvel opéra, *Armide* (1777).

La querelle des Bouffons rebondit, opposant Gluck aux amateurs de musique italienne regroupés derrière le Napolitain Niccolo Piccinni (1728-1800). Les deux compositeurs se lancent alors le défi d'écrire une *Iphigénie en Tauride*. Gluck triomphe en 1779 : on reproche à Piccinni une veine dramatique plus limitée.

Les innovations de Gluck

Formé à la technique de l'opera seria (on oppose en général le grand opéra sérieux à l'opera buffa, aux sujets plus légers et plus proches de la comédie), Gluck dénonce dans sa Préface du « Manifeste d'Alceste » (1767) les abus dus à la vanité des chanteurs et au laisser-aller des musiciens.

Il pense d'abord au spectacle, et ses innovations sont nombreuses : il dépouille la forme de déclamations musicales pour la rendre plus naturelle ; les mélodies prennent une tournure plus simple et les airs de bravoure disparaissent. Il abandonne l'alternance recitativo secco et aria da capo, accordant une grande importance aux chœurs, aux danses et à l'orchestre. Enfin, l'ouverture prend sa forme définitive : elle informe de l'action et de l'argument qui va être développé.

L'influence de Gluck sur l'opéra moderne

Avec Gluck, l'opéra acquiert une pureté, une vigueur et un poids qui vont marquer sa destinée. Son approche impose à toute l'Europe un réveil de l'art national.

Sa gloire à Paris incite plusieurs Italiens à s'y produire. Antonio Salieri (1750-1825), déjà romantique, triomphe avec *Les Danaïdes* (1784) et *Médée* (1787), laissant loin derrière lui les maîtres français : André-Modeste Grétry (1741-1813), François-André Danican Philidor (1726-1795) et François-Joseph Gossec (1734-1829), consacrés à l'opéra-comique.

Ainsi, au moment même où Gluck parvient à réunir les goûts français et italien, leurs théâtres respectifs s'essoufflent. Mais le reste de l'Europe bouge désormais, adoptant ses innovations tout en incorporant les coutumes et les goûts propres à chaque nation.

Le « MANIFESTE D'*ALCESTE* »

Des principes novateurs

Gluck fait représenter *Alceste* en 1767 au Burgtheater de Vienne. Il y reçoit un accueil mitigé, certains trouvant sa musique trop pathétique et trop lugubre. La partition d'*Alceste* est publiée en 1769. Dans la Préface, ou Épître dédicatoire, Gluck expose ses intentions. C'est ce que nous connaissons aujourd'hui sous le nom de « Manifeste d'*Alceste* ».

Christoph Willibald Gluck (1714-1787)

Quelques extraits

« J'ai imaginé que la *sinfonia* [l'ouverture] devait prévenir les spectateurs de l'action qui est à représenter, et en former pour ainsi dire l'argument... »

« Mon intention est de réduire la musique à sa véritable fonction, celle de seconder la poésie pour fortifier l'expression des sentiments et l'intérêt des situations, sans interrompre l'action et la refroidir par des ornements superflus... »

« Je n'ai donc voulu ni arrêter un acteur dans la plus grande chaleur du dialogue pour lui faire attendre une ennuyeuse ritournelle, ni le retenir au milieu d'une parole sur une voyelle favorable, soit pour faire parade dans un long passage de l'agilité de la voix, soit pour attendre que l'orchestre lui donne le temps de reprendre haleine pour une cadence... »

Histoire

Tradition et renouveau

Modèles et techniques

L'univers lyrique

Formes

Grandes œuvres

Entre classicisme et romantisme

Outre-Rhin se met en place un art spécifiquement germanique grâce aux œuvres de Weber et de Beethoven. En France, la Révolution de 1789 perturbe le courant novateur : l'opéra balbutie entre un style national hérité de Gluck, Rameau et Lully et le style italien.

Carl Maria von Weber (1786-1826), l'initiateur

Le lien familial de Weber avec Mozart (sa cousine Constance est l'épouse de Mozart) se double d'un lien artistique : *Abu Hassan* (1811), d'après les *Mille et Une Nuits*, s'apparente à *L'Enlèvement au sérail*. En 1821, le Singspiel *Der Freischütz* remporte un succès considérable. Appelé à Vienne où il monte *Euryanthe* (1823) et à Londres où il donne *Oberon* (1826), il meurt bientôt de tuberculose.

Par ses théories et ses trouvailles orchestrales, qui influenceront Hector Berlioz (1803-1869) et Richard Wagner (1813-1883), Weber annonce de grandes transformations dans le théâtre lyrique : nouveauté dans la forme, expression, audace de l'harmonie, imagination, vivacité du ton, profondeur des intentions.

La couleur orchestrale, qu'il traite avec soin, s'applique à une idée ou à un sentiment plus qu'à un personnage (c'est presque le leitmotiv wagnérien). Weber aura en Wagner un héritier qui, lui aussi, cherchera des sujets purement allemands et l'essence d'un véritable folklore spirituel.

Ludwig van Beethoven (1770-1827), ou l'hymne à la liberté

Attiré par le théâtre, Beethoven compose, sur un livret de Jean-Nicolas Bouilly (1763-1843), *Léonore ou l'amour conjugal*, un opéra intitulé *Fidelio*. La première est un fiasco : la mauvaise qualité des chanteurs et la présence de nombreux officiers français ignorant l'allemand en sont sans doute la cause. L'œuvre est reprise en 1806, sous le titre de *Léonore*, au Theater an der Wien : ce n'est qu'un demi-succès. Huit ans plus tard, Beethoven reprend la partition sur un nouveau livret adapté par Treitschke.

Son originalité se manifeste dans les grands airs de Florestan et de Léonore. Le chœur final de l'œuvre (remaniée en *Léonore III*) en fait une belle apologie de la liberté. L'orchestre, devenu indépendant des voix, tient dans le drame un rôle nouveau dont Wagner s'inspirera largement. Mais l'influence de Beethoven dans l'opéra reste peu discernable car *Fidelio* reste plutôt de l'ordre du « rêve solitaire » (Leibovitz).

Une rupture pour l'opéra : la Révolution de 1789

Le théâtre lyrique en France, dans les dernières années du XVIIIᵉ siècle, est illustré par François-Joseph Gossec (1734-1829) et par l'Italien Luigi Cherubini (1760-1842), auteur de *Médée* (1798).

Les innovations lancées par Gluck sont vite arrêtées par la Révolution, tandis que Gasparo Spontini (1774-1851) triomphe avec *La Vestale* (1807) et que Giovanni Paisiello (1740-1816) gagne les faveurs de Napoléon Iᵉʳ.

De 1806 jusqu'aux années 1830 se font entendre des musiciens qui louvoient du classicisme au romantisme, du grand opera seria à l'opéra-comique, notamment François-Adrien Boieldieu (1775-1834), l'auteur de *La Dame blanche* (1825).

DER FREISCHÜTZ, OU L'ESPRIT GERMANIQUE DANS L'OPÉRA

Der Freischütz de Carl Maria von Weber, avec Paul Frey (Max)

■ L'œuvre

Der Freischütz (*Le Franc-Tireur*), opéra en trois actes de Carl Maria von Weber sur un livret de Friedrich Kind (1768-1843) d'après *Le Livre des esprits* d'Apels et Laun, fut créé à Berlin, au Schauspielhaus, le 18 juin 1821. Kind, le librettiste de Weber, était le chef de file d'un cercle romantique, le Liederkreis. Le livret s'intitula d'abord *Le Coup d'essai*, puis *La Fiancée du chasseur*, avant de prendre son titre définitif.

La première de l'opéra reçut un accueil peu enthousiaste, Weber se heurtant aux défenseurs de l'opéra italien rassemblés autour de Gasparo Spontini. Mais, quatre mois plus tard, sa représentation à Vienne fut un triomphe. La présence de toute la tradition germanique (l'héroïsme des personnages, la nature sauvage, le surnaturel…) fit du *Freischütz* un archétype de l'opéra romantique allemand. Cet opéra se présente comme un Singspiel, associant aux dialogues parlés la forme du Lied comme base du chant. Quelques-uns de ces Lieder d'opéra sont désormais entrés dans le répertoire populaire. Avec un orchestre hérité de Beethoven, Weber met en valeur de nouveaux registres dans des combinaisons instrumentales tout à fait inédites.

■ Le livret

Max, un jeune chasseur, est malchanceux au tir. Son ami Kaspar lui propose d'utiliser des balles ensorcelées pour gagner un concours et obtenir ainsi la main d'Agathe, dont il est épris. Les deux hommes préparent donc sept balles avec l'aide de Samiel, le Chasseur noir, suppôt de Satan. Le jour du tournoi, la septième balle atteint Kaspar et le tue. Max est néanmoins gracié et peut épouser Agathe.

Histoire

Tradition et renouveau

Modèles et techniques

L'univers lyrique

Formes

Grandes œuvres

France : l'opéra après la Révolution

Si les compositeurs français continuent de produire en servant bien souvent le pouvoir en place, les Italiens dominent encore les premières années du XIXᵉ siècle. Il faudra attendre 1830 et Berlioz pour assister aux premiers pas d'un nouvel opéra national.

Les dernières années de l'Ancien Régime

Sous l'Ancien Régime finissant, la tradition classique est maintenue par des compositeurs italiens : Niccolo Piccinni (1728-1800) avec *Didon* (1783), Antonio Sacchini (1730-1786) avec *Dardanus* et Antonio Salieri (1750-1825) avec *Les Danaïdes*.

Les compositeurs parisiens – M. Grétry, F.-J. Gossec, N.-M. Dalayrac, F.A. Danican Philidor – ne s'écartent guère des modèles établis par Lully et Rameau. Leurs œuvres, *Richard Cœur de Lion* de Grétry (1784) ou *Nina ou La Folle par amour* de Dalayrac (1786), diffèrent peu de celles que donne l'Opéra-Comique.

De la Révolution au Directoire

Sous la Révolution et le Directoire, l'Opéra de Paris fait l'apologie du pouvoir en place. En 1792, on y joue *L'Offrande à la Liberté*, musique de Gossec, ou *Le Triomphe de la République* (1793). Pourtant, en 1807, paraît une œuvre majeure : *La Vestale* de Gasparo Spontini (1774-1851).

De son côté, l'Opéra-Comique produit *Guillaume Tell* de Grétry (1791). Jean-François Lesueur (1760-1837) s'inspire, pour *La Caverne* (1793), d'un épisode du *Gil Blas* de Lesage. Ce type d'opéras de brigands aura une belle postérité, notamment dans le *Fra Diavolo* (1830) de Daniel François Esprit Auber (1782-1871).

Étienne-Nicolas Méhul (1763-1817) est l'auteur de vingt-cinq opéras dont son chef-d'œuvre, *Joseph* (1807), revient aux sources bibliques qui gardent encore la faveur des musiciens français. On doit à Henri Montan Berton (1767-1844) quelques ouvrages lyriques dont un opéra très populaire et déjà romantique, *Les Rigueurs du cloître* (1790).

La génération de Luigi Cherubini (1760-1842)

L'Italien Cherubini arrive en France en 1788. Après des opéras inspirés de Gluck, le succès de *La Vestale* de Spontini le pousse vers l'enseignement. Comblé d'honneurs, membre de l'Institut, commandeur de la Légion d'honneur et directeur, à partir de 1822, du Conservatoire de Paris, admiré de Beethoven, cet homme rigoureux et préromantique passe bientôt pour un musicien attardé et grincheux. Cette mauvaise réputation précipite son œuvre dans l'oubli. Il a servi plusieurs régimes politiques : il compose l'*Hymne du Panthéon* (1794) en l'honneur de Marat, mais aussi un *Requiem* (1816) à la mémoire de Louis XVI et la *Messe du sacre de Charles X* (1825).

Contemporain à la fois de Mozart et de Berlioz, Cherubini est un incompris. Napoléon Iᵉʳ le hait et Berlioz se heurte souvent à lui. Sa *Médée* (1797) fut exhumée en 1953 par Maria Callas.

Enfin, les compositeurs délaissent les sujets mythologiques au profit d'intrigues, de situations et de héros entièrement nouveaux empruntés aux mélodrames de Mélesville, de Germain Delavigne ou d'Eugène Scribe ainsi qu'aux drames de Victor Hugo.

HECTOR BERLIOZ (1803-1869)
LES PREMIERS PAS D'UN NOUVEL OPÉRA FRANÇAIS

La musique française rejoint le romantisme

Hector Berlioz choisit de se consacrer à la musique plutôt que de suivre des études de médecine. C'est une représentation d'*Iphigénie en Tauride* de Gluck qui lui révèle sa véritable vocation. La *Symphonie fantastique* (1830) marque une étape importante non seulement dans la vie du compositeur mais aussi dans l'histoire de la musique française, car elle marque l'entrée de cette dernière dans l'art romantique.

Les opéras de Berlioz

Dès l'*Ouverture des Francs juges*, le projet d'un opéra était formé. Il ne trouvera sa réalisation complète que dans *Benvenuto Cellini* (1838), *La Damnation de Faust*, (1846), *Béatrice et Bénédict* (1862) et *Les Troyens* (1863). *Benvenuto Cellini* est un échec retentissant lors des premières représentations, à l'exception de l'ouverture qui est largement appréciée. D'inspiration méditerranéenne, elle contient l'un des morceaux les plus célèbres du répertoire de Berlioz, le *Carnaval romain*, souvent exécuté séparément. L'idée de mettre en musique le *Faust* de Goethe vient à Berlioz en 1828 alors qu'il brûle d'une ardente passion pour l'actrice shakespearienne Harriett Smithson qui deviendra sa femme. *La Damnation de Faust*, qu'il dédie à Franz Liszt (1811-1886), subit un échec lors de sa première représentation. L'œuvre connaît, en revanche, un immense succès quelques décennies plus tard. Avec *Béatrice et Bénédict*, Berlioz revient à une forme plus traditionnelle. Il choisit un argument de Shakespeare pour en tirer un opéra-comique en deux actes, proche du répertoire bouffe italien. *Les Troyens*, enfin, sont commandés en 1860 par la comtesse de Sayn-Wittgenstein, amie de Liszt et protectrice de Berlioz. Trois années de composition sont nécessaires, et l'opéra, qui réunit l'influence des grands dramaturges grecs et celles de Gluck et Henry Purcell (1659-1695), doit être découpé en deux parties : *La Prise de Troie* et *Les Troyens à Carthage*. Napoléon III, réagissant contre la longueur de l'œuvre, n'autorise la représentation que de la deuxième partie, précédée d'un prologue. Il faudra attendre 1890 pour que l'opéra soit enfin joué intégralement. Comme en fait foi la correspondance de Berlioz, cette œuvre est écrite dans l'obsession d'un antiwagnérisme déjà fort à la mode.

Benvenuto Cellini
d'Hector Berlioz

Histoire

Tradition et renouveau

Modèles et techniques

L'univers lyrique

Formes

Grandes œuvres

L'âge d'or du bel canto

Au début du XVIIe siècle, l'apparition de la monodie accompagnée autorise à l'art du chant un immense développement : le bel canto, dont l'âge d'or, à la fin du XVIIIe siècle et au début du XIXe, se révèle dans les mélodies incomparables de Rossini, Bellini et Donizetti.

Le chant heureux : Gioacchino Rossini (1792-1868)

Né à Pesaro et formé à la discipline instrumentale, Rossini se voit parfois reprocher une musique trop audacieuse et trop bruyante. Son genre de prédilection est l'opera buffa, qu'il mène à son apogée avec *Le Barbier de Séville* (1816). Rapidité et piquant des modulations, fantaisie audacieuse des acrobaties vocales, emplois des crescendi conduits par l'orchestre qui s'achèvent souvent sur un rythme effréné définissent son style.

Avec *Otello*, qui suit de quelques mois *Le Barbier de Séville*, Rossini fait ses premiers pas vers l'abandon du partage entre dialogues et airs, délaissant le recitativo secco.

Il compose trente-neuf opéras où tout est mouvement et humour. Son chant est gai, accompagné d'un orchestre au rôle accru, nerveux et puissant vecteur d'émotion.

Le chant dramatique : Vincenzo Bellini (1801-1835)

Dandy, mélodiste exceptionnel qui charmait Chopin, le Sicilien Bellini compose une œuvre essentiellement consacrée à la voix. Il confie au chant l'essentiel du message affectif : ainsi dans *Norma* (1831), *La Somnambule* (1831), *Les Puritains* (1835). L'air d'entrée de *Norma*, « Casta Diva », est l'exemple le plus célèbre de son art.

« À chaque note, écrivait Théophile Gautier, il semble qu'on entend soupirer la brise nocturne dans les feuilles humides de rosée ; c'est quelque chose de frais, de velouté, d'argentin, de bleuâtre – si une idée de couleur peut s'appliquer à un son – d'un charme et d'un effet irrésistibles. »

Chez Bellini, le récitatif prend pratiquement les caractéristiques de l'arioso. Contrairement à celui de Rossini, son orchestre est discret. Mort très jeune, à trente-quatre ans, Bellini est un parfait connaisseur des possibilités physiologiques de la voix et de ses qualités techniques. C'est sans doute le plus extraordinaire mélodiste à avoir servi le bel canto au XIXe siècle.

Le chant expressif : Gaetano Donizetti (1797-1848)

Tandis que Bellini n'a jamais sacrifié son art à l'opera buffa, Donizetti prend la relève du genre avec *L'Élixir d'amour* (1832) et *Don Pasquale* (1843). Dès son arrivée à Paris, il s'inspire de l'opéra-comique français dans le style de François-Adrien Boieldieu (1775-1834) pour *La Fille du régiment* (1840) et du grand opéra français, à la manière de Jacques Fromental Halévy (1799-1862) ou de Giacomo Meyerbeer (1791-1864), pour *La Favorite* (1840). Mélodiste génial, il permet aux chanteurs d'atteindre le sommet de leur art.

Son chef-d'œuvre est incontestablement *Lucia di Lammermoor* (1835). Avec son dramatisme, son pathétisme et son chant puissant, *Lucia* est un véritable modèle de l'opéra romantique italien. L'orchestre y soutient le chant avec une économie et une technique rigoureuses, toujours mises au service de l'expression.

CE QUE BEL CANTO VEUT DIRE

Du chant au bel canto

Bel canto, « beau chant », désigne un style lyrique apparu au XVIIe siècle et caractéristique de la musique baroque. Il était fondé sur la pratique de l'ornementation improvisée de la mélodie dans certains passages des compositions vocales. Au milieu du XVIIIe siècle, l'amour du beau chant impose le bel canto, ce qui entraîne inévitablement un perfectionnement de l'ornementation vocale : maîtrise du vibrato, trilles, roulades, colorature…

Les compositeurs abandonnent peu à peu le style récitatif mis en forme par leurs prédécesseurs, lui préférant des mélodies douces et expressives capables de mettre pleinement en valeur les qualités vocales des chanteurs.

Les castrats

La musique baroque, attirée par les voix extrêmes (soprano, basse), met en valeur les voix de castrats. Avec une voix étendue sur plus de trois octaves et une technique éprouvée, ceux-ci font preuve d'une virtuosité exceptionnelle. Comme le public les réclame, l'opéra italien, et en particulier l'opéra napolitain, est écrit pour qu'ils y tiennent les plus grands rôles, aussi bien masculins que féminins. On leur doit des progrès décisifs dans l'art vocal, les raffinements techniques du timbre, l'émission, le volume, qui ont permis d'aboutir au bel canto du XIXe siècle.

Le bel canto après les castrats

Les excès de virtuosité entraînent bientôt une réaction. Georg Friedrich Haendel (1685-1759), Jean-Sébastien Bach (1685-1750) et surtout Wolfgang Amadeus Mozart (1756-1791), qui rend sa noblesse à la voix féminine, parviennent à une synthèse parfaite entre bel canto et expression lyrique et poétique. Puis, de Gioacchino Rossini (1792-1868) à Giuseppe Verdi (1813-1901), les compositeurs privilégient la puissance des voix au détriment de leur souplesse ; les castrats disparaissent alors des grands rôles au profit des ténors et des cantatrices. Le règne de l'expressivité, avec le vérisme, amorce la décadence du bel canto. Avec les exigences de la musique du XXe siècle, le chant doit se plier à des tendances nouvelles, comme le Sprechgesang (parlé-chanté) dans *Pierrot lunaire* d'Arnold Schoenberg (1874-1951).

Le Barbier de Séville de Gioacchino Rossini, mise en scène A. Sinivia à l'Opéra Comique, 1996.

Histoire

Tradition et renouveau

Modèles et techniques

L'univers lyrique

Formes

Grandes œuvres

L'opéra en Italie au XIXe siècle

Tandis que ses maîtres s'imposent en Europe, l'Italie connaît une certaine stagnation. Les musiciens restés au pays sont éclipsés par le succès de leurs compatriotes expatriés. Souffrant de l'occupation autrichienne, l'Italie trouvera en Verdi le symbole de son unité.

Stagnation dans la péninsule

Pendant que certains musiciens font triompher l'opéra italien à Paris, entre 1780 et 1810, on assiste à une période de stagnation en Italie. Giovanni Paisiello (1740-1816), après une glorieuse carrière auprès de Catherine II puis de Napoléon Ier, termine sa vie à Naples dans l'oubli et la pauvreté. Pourtant son *Barbier de Séville*, donné trente ans avant celui de Rossini, avait connu un succès considérable.

Domenico Cimarosa (1749-1801) séjourne également à la cour de Catherine II avant de gagner Vienne auprès de Joseph II. Le triomphe du *Mariage secret* (1792) occulte tout le reste de son œuvre (quatre-vingts opéras !).

Les quarante opéras de Nicola Antonio Zingarelli (1752-1837) sont assez démodés. Il s'agit pour la plupart d'opera seria offrant des rôles de castrats, pourtant disparus à cette époque.

L'opéra italien, opéra international

De nombreux compositeurs italiens embrassent une carrière internationale. Luigi Cherubini et Gasparo Spontini sont à Paris. Leur style est influencé par l'opéra français. Mais l'échange se fait également en sens inverse : le Bavarois Johann Simon Mayr (1763-1845) s'installe très jeune en Italie où il compose la quasi-totalité de ses soixante-dix opéras. Ce brassage de musiciens permet à l'opéra italien de se transformer peu à peu.

Le cadre assez rigide de l'ancien opera seria s'élargit : solos, airs, ensembles, récitatifs et chœurs alternent et se mêlent avec plus de souplesse. L'harmonie connaît une plus grande variété de modulations. L'orchestre s'enrichit grâce à l'introduction massive d'instruments à vent. Les virtuoses du bel canto (Rossini, Bellini, Donizetti) marient avec bonheur ces différents éléments.

Vers un opéra patriotique

Le Risorgimento naissant a une double revendication : l'unité d'une Italie libérée de l'étranger et la reconnaissance d'une conscience collective italienne. Mais la génération de Rossini, Donizetti et Bellini n'est pas encore touchée par ce mouvement. Si leurs opéras ont mené très loin l'idéal romantique et le bel canto, ils n'ont su ni cristalliser un peuple entier sur un idéal commun, ni créer un véritable enthousiasme populaire.

L'extraordinaire vitalité de Giuseppe Verdi (1813-1901) va lancer une nouvelle conception de l'art lyrique dans un pays en pleine mutation.

GIUSEPPE VERDI, OU L'OPÉRA POUR LE PEUPLE

■ Vittorio Emanuele, Re D'Italia

Vivant avec passion les événements qu'il traverse, Verdi devient le symbole de l'unification italienne grâce à des œuvres d'esprit patriotique *(I Lombardi, Nabucco)*, et il apparaît bientôt comme un héros du Risorgimento (renaissance politique). Il est élu député au premier parlement italien, tandis que son nom prête ses initiales à la revendication d'une souveraineté italienne (Victor Emmanuel, Roi D'Italie). Compositeur résolument moderne, il apparaît comme la synthèse de toutes les tendances de l'opéra italien, maniant le tragique, le romantisme et même l'humour, respectant la prééminence de la mélodie et du chant en s'inspirant directement du sens des mots.

■ L'art de Verdi dans ses principaux opéras

• *Oberto, conte di San Bonifacio* (1839), premier opéra, où Verdi développe son sens dramatique.

• *Nabucco* (1842) : opéra patriotique avec ses chœurs à l'unisson ou à plusieurs parties qui sont la voix du peuple juif réduit à l'esclavage par Nabuchodonosor.

• *I Lombardi* (*Les Lombards*, 1843) puis *Ernani* (1844), tiré de la pièce de Victor Hugo, et dont le chœur « Si ridesti il leon di Castiglia » devient l'un des hymnes du Risorgimento.

• *Macbeth* (1847), sur le drame de Shakespeare. Verdi réussit pour la première fois la synthèse des trois éléments qui dominent sa musique : le théâtre, le patriotisme et les personnages.

• *La Bataille de Legnano* (1848) : début des opéras plus structurés et d'une plus grande complexité psychologique.

• *Luisa Miller* (1849) : première esquisse, tout en délicatesse, d'un personnage féminin.

• La trilogie :

– *Rigoletto* (1851) avec ses scènes continues animées d'un même mouvement scénique ;

– *Le Trouvère* (1853), dans lequel Verdi met davantage l'accent sur le lyrisme ;

– *La Traviata* (1853), d'après *La Dame aux camélias* de Dumas fils, probablement la plus belle étude psychologique de tout le théâtre romantique.

• *Les Vêpres siciliennes* (1855), composées pour l'Opéra de Paris.

• *Un Bal masqué* (1859), où dominent élégance et noblesse de la tragédie et de la passion.

• *La Force du destin* (1862) : le bel canto sous-tend une action souvent teintée d'anticléricalisme.

• *Don Carlos* (1867) : grand opéra à la française, ample et spectaculaire.

• *Aïda* (1871) : commande du vice-roi d'Égypte. Verdi y passe de grandioses scènes d'ensemble aux personnages isolés, des passions collectives au drame intime.

• *Otello* (1887) : Verdi brise le schéma classique arias-duos-récitatifs au profit d'un discours unique.

• *Falstaff* (1893), le dernier opéra de Verdi, qui y aborde le genre comique.

Histoire

Tradition et renouveau

Modèles et techniques

L'univers lyrique

Formes

Grandes œuvres

Le romantisme dans l'opéra

En musique, dans l'opéra en particulier, le romantisme impose une certaine unification des tendances et surtout l'éclosion du héros romantique, dont l'un des plus mythiques reste Faust.

● La naissance du mouvement romantique dans l'opéra

■ On a l'habitude de dire que le mouvement romantique a pris naissance en Allemagne vers 1776, quand le poète et auteur dramatique Friedrich Klinger (1752-1831) engage la lutte contre le rationalisme avec sa tragédie *Sturm und Drang (Tempête et Passion)*. Le processus s'intensifie en Angleterre, puis en France. Dans les toutes dernières années du XVIIIᵉ siècle, il est plus solidement implanté en Allemagne que dans tout autre pays. C'est là qu'il s'associe le plus intimement avec la musique.

■ Il est malaisé de situer les débuts du romantisme en musique, plus particulièrement dans l'opéra. Le romantisme dans l'opéra répond à deux exigences : retrouver une identité nationale dans une Europe perturbée et permettre la naissance et la manifestation des sentiments et des états d'âme individuels.

● Les grands thèmes de l'opéra romantique

■ À travers les pays et les styles, quelques grands thèmes vont s'imposer :
– la lutte du héros contre une puissance politique ou une société injuste ;
– la délivrance d'un amour désespéré qui ne peut aboutir qu'à la mort ;
– les superstitions et la religion qui exercent sur l'homme des pouvoirs mystérieux ;
– la femme et la dualité de son caractère.

■ E.-N. Méhul, J.-F. Lesueur et surtout L. Cherubini ont donné son premier élan au mouvement romantique dans l'opéra. W. A. Mozart avait créé avec *Don Giovanni (Don Juan)* un nouveau type de héros, apothéose du Mal et de l'expression musicale du « satanisme » : or, l'une des caractéristiques les plus frappantes de l'opéra romantique est l'éclosion du rôle satanique dont le personnage domine le drame, même s'il n'en est pas le véritable héros. Ce héros doit être un baryton ou une basse. L'Allemagne le possède dès la fin du XVIIIᵉ siècle : c'est Faust, le « Don Juan du Nord ».

● L'opéra romantique : des tentatives aux réussites limitées

■ Franz Schubert (1797-1828), dans *Alfonso und Estrella* (1822) et *Fierabras* (1823), n'apporte rien de neuf. De même Ernst Thedor Wilhelm Hoffmann (1776-1822), l'auteur de *Contes fantastiques*, devra plus sa célébrité à Jacques Offenbach (1819-1880) qu'à son opéra *Ondine* (1816). Robert Schumann (1810-1856), bouleversé par *Le Freischütz* de C.M. von Weber, tente également de toucher à l'opéra avec les *Scènes de Faust* (1843-1853) et *Genoveva* (1848), tandis que Ludwig Spohr (1784-1859) réussit à imposer son *Faust* (1835).

■ En France, Giacomo Meyerbeer (1791-1864), avec *Robert le Diable* (1831) et *Les Huguenots* (1836), J.-F. Halévy (1799-1862) avec *La Juive* (1835), F. Hérold (1791-1833), D.-F. Esprit Auber (1782-1871) avec *Fra Diavolo* (1830), Adolphe Adam (1803-1856) avec *Le Postillon de Longjumeau* (1836) et le ballet *Giselle* (1841), marquent les débuts du romantisme.

FAUST : LE PARFAIT HÉROS ROMANTIQUE

Un des plus grands mythes romantiques

Le drame de Goethe fait de Faust l'une des figures clés du romantisme. Il est devenu le symbole de l'homme, de l'artiste à la recherche de la vérité et de la connaissance. Les compositeurs romantiques succombent avec enthousiasme aux séductions du *Faust* de Goethe. Toutes les œuvres qui tournent autour de ce mythe parlent en fait de solitude : solitude de Marguerite à la passion privée d'objet ; solitude de Méphistophélès qui ne sait ni aimer ni mourir ; solitude de Faust dont la quête n'apporte à son âme que les cendres de l'univers.

Les œuvres sur Faust jusqu'à la première moitié du XIXᵉ siècle

Année	Œuvres musicales	Œuvres littéraires
1587		*Historia von Doktor Johann Faust* (anonyme)
1592		Marlowe, *La Tragique Histoire du Dr Faust*
1637		Calderon, *La Magie prodigieuse de Faust*
1759		Lessing, *Dr Faust*
1779	*Faust*, ballet de Moraweck	
1797	*Faust*, d'Ignaz Walter (1759-1822)	Klinger, *La Vie de Faust*
		Graf, *Doktor Faust*
1798		**Goethe, *Faust*, Première Partie**
1799	*La Vie de Faust*, théâtre chanté de Johann Lickl	
1803	*Marguerite au rouet*, mélodie de Ludwig van Beethoven	
1814	*Marguerite au rouet*, lied de F. Schubert	Schink, *Johann Faust*
1815	*Le Roi de Thulé*, lied de F. Schubert	Klingemann, *Faust*
1815	*Faust*, opéra de Ludwig Spohr	
1826		Nerval, traduction du *Faust* de Goethe
1828	*Huit scènes de Faust*, d'Hector Berlioz	
1829	*Faust*, opéra de Karl Eberwein	Grabbe : *Don Juan et Faust*
1831		**Goethe : *Faust*, Deuxième Partie**
1832	*Docteur Faust*, ballet d'Adolphe Adam	
1835	*Faust*, opéra de Désiré Hennerbert	
1840	*Faust*, ouverture de Richard Wagner	
1845	*La Damnation de Faust*, opéra d'H. Berlioz	
1853	*Scènes de Faust*, opéra de R. Schumann	
1859	*Faust*, opéra de Charles Gounod	

Histoire

Tradition et renouveau

Modèles et techniques

L'univers lyrique

Formes

Grandes œuvres

Du romantisme à nos jours dans les pays germaniques

L'opéra romantique allemand est marqué par la domination de Richard Wagner sur ses contemporains, comme si le siècle entier lui avait tracé une voie royale. L'après-Wagner s'affirme avec le post-romantisme de Richard Strauss, compositeur inclassable et hors du temps.

L'opéra romantique allemand avant la mutation wagnérienne

Ludwig Spohr (1784-1859) et Heinrich Marschner (1795-1861) marquent la première moitié du XIXe siècle. Spohr a composé dix opéras dont *Der Berggeist* (*Le Génie de la montagne*, 1824), dans lesquels il utilise le récitatif déclamé, établissant une cohérence et insérant dans son harmonisation des chromatismes et des altérations qui tendent souvent à effacer la tonalité.

Marschner (*Der Vampyr*, 1827) s'intègre parfaitement au mouvement romantique qui se développe dans l'opéra. Le folklore, les scènes populaires le rapprochent des chœurs de Richard Wagner et de ceux de Carl Maria von Weber. L'intérêt du texte, souligné par le style vocal déclamatoire, et les motifs conducteurs, véritables germes de l'évolution dramatique, se déploient dans des scènes d'une construction complexe. Marschner est à bien des égards le maillon qui relie Weber à Wagner.

L'opéra-comique allemand

Sous l'influence française, l'opéra-comique allemand atteint son apogée entre 1830 et 1850. Albert Lortzing (1801-1851), avec *Der Wildschütz* (*Le Braconnier*, 1842), élargit l'ancienne forme du Singspiel par des chœurs, des scènes d'ensemble et un apport orchestral important. Otto Nicolaï (1810-1849) compose des opéras de veine italienne aux succès retentissants. Friedrich von Flotow (1812-1883) est le responsable de la déviation du genre vers l'opérette. Son œuvre semble très influencée par Daniel-François Esprit Auber, Adolphe Adam et même Jacques Offenbach (*Alessandro Stradella*, 1844).

L'après-Wagner

Richard Wagner va écraser de sa personnalité et de ses innovations toute une génération de compositeurs allemands mais aussi étrangers. Engelbert Humperdinck (1854-1921), qui collabore avec lui pour la création de *Parsifal*, laisse entre autres *Hänsel et Gretel*, opéra d'une féerie charmante inspiré des contes de Grimm.

La *Salomé* (1905) de Richard Strauss (1864-1949) déchaîne l'indignation aussi bien que l'enthousiasme à cause de son érotisme brûlant. Son *Elektra* (1908) développe les effets polytonaux. *Der Rosenkavalier* (*Le Chevalier à la rose*, 1910) marque une rupture brutale en présentant une comédie viennoise légère, étrange synthèse entre Wolfgang Amadeus Mozart et Richard Wagner. *Ariane à Naxos* (1916) utilise un orchestre de chambre. En 1942, en pleine guerre, Richard Strauss compose *Capriccio*, un des joyaux musicaux du XXe siècle, que l'on peut comparer au *Falstaff* de Giuseppe Verdi. Dans les deux cas, c'est l'œuvre d'un vieillard génial, qui reste fidèle à son style mais sait aussi l'épurer. *Capriccio*, où explose un orchestre toujours étincelant de polyphonie et de couleurs, est un chef-d'œuvre de poésie et de gaieté.

RICHARD WAGNER (1813-1883)
UNE RÉVOLUTION DANS LE LANGAGE MUSICAL

◾ Quelques caractéristiques du style wagnérien

• Introduction de la ligne mélodique continue avec ensemble homogène des arias et des récitatifs.

• Utilisation des leitmotive (le procédé date de Monteverdi), que Wagner entrelace, fait se chevaucher et même déforme.

• Élargissement de la palette sonore de l'orchestre : les cuivres sont groupés et renforcés par l'introduction d'instruments nouveaux (cor anglais, clarinette basse, saxophone).

• Livrets inspirés d'anciennes légendes scandinaves et allemandes.

• Philosophie du monde proche de celle de Friedrich Nietzsche (1844-1900) : dépasser l'homme dans un au-delà rédempteur.

• Compositeur moderne, tourné résolument vers le XXᵉ siècle, Wagner s'affranchit du romantisme et s'affirme en précurseur de l'atonalité.

◾ Quelques opéras de Wagner

• Dans *Der fliegende Holländer* (*Le Vaisseau fantôme*, 1843) et *Tannhäuser* (1845) apparaissent tous les thèmes wagnériens : la malédiction, la rédemption, le désir de mort comme unique certitude.

• *Lohengrin* (1850) personnifie la difficile entreprise de l'artiste qui cherche sa place dans le monde des humains. L'aria s'efface ici devant une ligne mélodique continue d'une grande force expressive.

• *Tristan et Isolde* (1865) est un poème à l'amour transcendé par la mort, l'union des amants s'accomplissant dans le non-être. Le chromatisme qui exprime le désir d'amour et de mort, prélude à la rupture de tonalité, le flux musical continu, en font un opéra révolutionnaire, un des points de départ de la musique moderne.

• L'œuvre la plus gaie de Wagner, pourtant empreinte de mélancolie et de résignation, est *Les Maîtres chanteurs de Nuremberg* (1868).

• La *Tétralogie*, appelée aussi *L'Anneau du Nibelung* (*Der Ring des Nibelungen*), se compose d'un prologue, *Das Rheingold* (*L'Or du Rhin*, 1869), et de trois « chapitres » : *La Walkyrie* (1870), *Siegfried* (1876) et *Le Crépuscule des dieux* (1876). Elle se déroule sur quatre soirées.

• Dans *Parsifal* (1882), dernier opéra, le thème de la rédemption atteint au sublime.

Richard Wagner

Histoire

Tradition et renouveau

Modèles et techniques

L'univers lyrique

Formes

Grandes œuvres

L'opéra anglais

À la fin du XVIIᵉ siècle, l'opéra anglais naît avec Purcell. À partir de 1711, Haendel s'engage dans cette voie, mais en proposant d'abord des œuvres de facture italienne. Il faudra attendre le XXᵉ siècle et Britten pour découvrir de nouvelles inspirations, alors que l'Angleterre possédait dès le XVIᵉ siècle tous les germes de l'opéra dans la tradition des masques.

En attendant Purcell

À la fin du XVIᵉ siècle, on joue des pantomimes accompagnées de musique dans lesquelles des chants sont librement introduits. À la cour, la mode est aux « masques », première origine de l'opéra. William Davenant (1606-1668) fait une première tentative de représentation d'un opéra à Londres en 1656, *The Siege of Rhodes*. C'est un drame héroïque en vers récités avec quelques arias, dont la musique est due, entre autres à Matthew Locke (1621-1677). À sa mort, son œuvre est poursuivie par sa veuve et son fils, et les nombreux opéras qui sont réalisés sont souvent importés de France ou d'Italie.

Henry Purcell ou la naissance de l'opéra anglais

Henry Purcell (1659-1695) entre très tôt à la maîtrise de Westminster où il est nommé titulaire des orgues à l'âge de vingt ans. Musicien complet comme le sera Mozart, il aborde tous les genres musicaux avec un égal bonheur et compose nombre de pièces pour les événements de la cour et de l'Église.

Didon et Énée (1689), destiné aux séances récréatives d'une école de jeunes filles, est à mi-chemin entre la technique du « masque » et les productions musicales italiennes. D'une durée équivalente à un acte d'opéra, cette œuvre est entièrement chantée, contrairement à ses autres opéras. *King Arthur* (*Le Roi Arthur*, 1691) est une œuvre patriotique riche en chœurs, danses et airs, d'une facture très séduisante et fondée sur une vaste connaissance du théâtre.

Par la quantité des moyens qu'il met en œuvre, l'extrême sensibilité de son inspiration et le recours à toutes les subtilités de la langue anglaise, Purcell se révèle comme un des génies de l'opéra anglais.

De Purcell à Britten

La place laissée vacante par la mort de Purcell est prise par les Italiens A. Scarlatti ou G.B. Bononcini en attendant G.F. Haendel avec *Rinaldo* en 1711. En réaction à cette mode, divertissement de la seule aristocratie, John Rich, directeur de Covent Garden, donne en 1728 *The Beggar's Opera* (*L'Opéra des gueux*), pièce satirique de John Gay.

Il faut attendre le XXᵉ siècle pour retrouver une école typiquement anglaise avec William Walton (1902-1983), Michael Tippett (1905-1998) et Lennox Bekerley (né en 1903), et surtout Benjamin Britten (1913-1976), qui apporte le renouveau. *Peter Grimes* (1945) relance la musique anglaise dans le monde. Parmi ses œuvres les plus marquantes : *The Rape of Lucretia* (*Le Viol de Lucrèce*, 1946), *Albert Herring* (1947) de veine humoristique, *Let's make an opera* (*Faisons un opéra*, 1949), *Gloriana* (1953) commandé à Britten pour la fête du couronnement de la reine Élisabeth II, *The Turn of the Screw* (*Le Tour d'écrou*, 1954). Même s'il s'exprime dans un langage traditionnel et selon les modes d'autrefois, Britten refonde l'opéra anglais par son sens du drame et de l'action.

LES MASQUES

Le masque en Angleterre

• En Angleterre, le plan principal du masque ne varie pas : arrivée de douze nobles masqués, leur exhibition sous leur déguisement, la danse des masques, l'enlèvement des masques, la présentation à l'hôte qui les reçoit ou au roi et à la reine, les divertissements (danse générale avec l'assemblée) et l'adieu.

• En aucune façon le masque n'est un opéra à part entière, mais il en possède les germes. Il s'agit d'un hommage au roi ou à un grand personnage qui est toujours au centre du divertissement.

• De retour d'un voyage en Italie, l'architecte Inigo Jones (1573-1652) introduit en 1605 le principe du décor mobile. Il devient le principal dessinateur de masques, en collaboration avec le poète et dramaturge Ben Jonson (1572-1637), qui fait de ce divertissement un chef-d'œuvre littéraire.

• De la musique des masques, il ne reste plus grand-chose. Dans le *Masque in Honour of Lord Hay* (1607) de Thomas Campion (1567-1620), qui a écrit le texte et la musique, les personnages principaux ne chantent pas et les danses ne sont pas accompagnées par les mêmes groupes d'instrumentistes. Mais tous les musiciens jouent quand les principaux danseurs entrent en action. Ici, musique et poésie ne se contentent pas d'orner le masque mais dirigent le mouvement de l'œuvre dans sa totalité. Nous sommes, dans ce cas, en pleine transition entre masque et tentative d'opéra.

• À partir de 1631, à la séparation de Jones et Jonson, les masques sont écrits pour la plupart par James Shirley (1596-1667) et William Davenant (1606-1668) sur des musiques des frères Henry (1596-1662) et William (1602-1645) Lawes. Ils sont souvent l'imitation du ballet italien ou du ballet de cour français. Les danses instrumentales ont une grande vigueur et beaucoup de caractère. Le récitatif est toujours expressif

Henry Purcell (1659-1695), gravure du 17ᵉ siècle

et clairement modelé sur l'intonation naturelle de la poésie anglaise. Le dernier masque de cour connu est *Salmacida Spolia*, écrit par Davenant sur une musique de Louis Richard, compositeur français au service de la reine Henriette-Marie.

Histoire

Tradition et renouveau

Modèles et techniques

L'univers lyrique

Formes

Grandes œuvres

Réalisme et vérisme

Réalisme et vérisme sont intimement liés. Si le premier est plutôt le fait des compositeurs français du XIXe siècle, le vérisme trouve ses sources en Italie. Mais, dans les deux cas, il s'agit de représenter sur scène les drames de la vie quotidienne, souvent incarnés par de grandes héroïnes au destin tumultueux.

Le renouveau réaliste de l'opéra français

Wagner influence nombre de compositeurs, dont certains font même le voyage à Bayreuth. En France, Charles Gounod (1818-1893) ouvre la voie à un véritable renouveau de l'opéra avec *Faust* (1859). Jules Massenet (1842-1912) séduit le public avec *Manon* (1884) ou *Werther* (1892) et son ultime opéra, *Don Quichotte* (1910), de facture moderne, à la déclamation dans un style proche de celui de Debussy.

Les premiers opéras de Georges Bizet (1838-1875), *Les Pêcheurs de perles* (1863) ou *Djamileh* (1872), sont accusés d'un wagnérisme qu'éclipse l'originalité de *Carmen* (1875). La large popularité de cet opéra tient autant à sa modernité d'écriture, à l'impressionnisme de ses timbres orchestraux, qu'au meurtre de l'héroïne sur scène, véritable révolution dans l'opéra-comique.

André Messager (1853-1929) manie l'opéra-comique de qualité, et même légèrement grivois (*Véronique*, 1898), avant de se consacrer à la comédie musicale.

Les maîtres du vérisme

Le vérisme, proche du réalisme français, naît en Italie avec la montée de la petite bourgeoisie et des classes populaires, conscientes de leur nouvelle importance. En réaction contre le héros mythique de Wagner et les invraisemblables intrigues à la Verdi, le héros vériste se mêle au peuple de la rue. Comme lui, animé de passions simples et humaines, il vit des drames du quotidien.

On a coutume de faire coïncider la naissance du vérisme avec le chef-d'œuvre de Pietro Mascagni (1863-1945), *Cavalleria rusticana* (1890). Sang, volupté, mort, éclats de voix, sanglots et romances passionnées animent cette vendetta sicilienne. Derrière Puccini, fondateur de l'école vériste, s'associent au mouvement Ruggero Leoncavallo (1858-1919), auteur de *Paillasse* (1892), Umberto Giordano (1867-1948) et Francesco Cilea (1866-1950) en Italie, Eugen d'Albert (1864-1932) en Allemagne, Alfred Bruneau (1857-1934) et Gustave Charpentier (1860-1956) en France, dont *Louise* (1900) a été considérée comme l'égale des grandes œuvres véristes italiennes.

Giacomo Puccini (1858-1924), ou l'élégance naturelle

Il remporte son premier vrai succès avec *Manon Lescaut* (1893). *La Bohème* (1896) est jouée triomphalement dans le monde entier. Le même accueil attend *Tosca* (1900), *Madame Butterfly* (1904) et *La Fanciulla del West* (1910). Puccini ne peut achever *Turandot* avant sa mort, survenue en 1924.

Son emploi du leitmotiv, très suggestif, crée de véritables thèmes-atmosphères plantant un décor soigneusement documenté. La voix a toujours la suprématie, dotée de lignes mélodiques faciles à retenir et soutenue par une orchestration complexe, haute en couleur, qui concentre tout le tragique de l'œuvre.

LES GRANDES HÉROÏNES DE L'OPÉRA DU XIXᵉ SIÈCLE

Les femmes sur scène

Jusqu'au milieu du XVIIIᵉ siècle, les héros des opéras étaient des castrats. Mozart, rendant sa noblesse à la voix féminine, intègre le chant au drame et fait du chanteur un « personnage ». Au XIXᵉ siècle, les compositeurs réalistes et véristes confient aux femmes des rôles de premier plan : elles agissent sur l'action, assument le pouvoir sur les hommes et maîtrisent complètement leur destin.

Une héroïne qui se venge

Médée , dans *Médée* de Luigi Cherubini (1797), se venge de Jason de qui elle a eu deux fils et qui l'a délaissée.

Les héroïnes portées par l'amour

• Léonore, dans *Fidelio* de Ludwig van Beethoven (1805), part à la recherche de Florestan, son mari emprisonné.
• Isabella, dans *L'Italienne à Alger* de Gioacchino Rossini (1813), délivre son amant Lindoro, esclave à Alger du bey Mustafa.

Les héroïnes qui meurent par amour

• Fenella, héroïne de *La Muette de Portici* de Daniel-François Esprit Auber (1828), se jette de la terrasse du palais.
• Norma, dans *Norma* de Vincenzo Bellini (1831), n'hésite pas à endosser une trahison qu'elle n'a pas commise.
• Rachel, héroïne de *La Juive* de Jacques Fromental Halévy (1835), est condamnée à mort.
• Lucia, héroïne de *Lucia di Lammermoor* de Gaetano Donizetti (1835), se donne la mort.
• Marguerite, dans *Faust* de Charles Gounod (1859), tue son enfant par désespoir ; elle est condamnée à mort.
• Aïda, dans *Aïda* de Giuseppe Verdi (1871), se fait emmurer vivante.
• Tosca, héroïne de *Tosca* de Giacomo Puccini (1900), se jette dans le vide.

Les héroïnes qui paient de leur vie

• Violetta, dans *La Traviata* de Giuseppe Verdi (1852), meurt de maladie.
• Carmen, dans *Carmen* de Georges Bizet (1875), est assassinée.

Teresa Berganza dans *Carmen*

• Manon, héroïne de *Manon* de Jules Massenet (1884) et de *Manon Lescaut* de Giacomo Puccini (1893), est condamnée à la déportation.
• Desdémone, dans *Otello* de Giuseppe Verdi (1887), meurt étranglée.
• Nedda, dans *Paillasse* de Ruggero Leoncavallo (1892), se fait poignarder par son mari.
• Mimi, dans *La Bohème* de Giacomo Puccini (1895), malade, s'éprend du poète Rodolphe. Plus tard, celui-ci la délaisse, mais elle revient mourir à ses côtés.

Histoire

Tradition et renouveau

Modèles et techniques

L'univers lyrique

Formes

Grandes œuvres

La Russie au XIXe siècle

Tributaire des œuvres étrangères – italiennes, françaises, allemandes –, la musique russe ne prend son essor qu'au début du XIXe siècle grâce à Michaël Glinka. L'impulsion donnée autorisera la naissance du « groupe des Cinq » et de très grandes œuvres dans le domaine lyrique.

La situation de la musique russe avant le XIXe siècle

Jusqu'au XIXe siècle, il n'existe guère d'autre musique russe que celle du peuple et celle de l'église. D'une richesse et d'une variété sans égales, la musique populaire se développe avec les innombrables légendes du Moyen Âge. On chante dans les églises, mais sans accompagnement car tout instrument, même l'orgue, en est banni. En 1636, le patriarche de Moscou décrète qu'il est illégal de faire de la musique chez soi. Les instruments de musique sont alors confisqués, entassés sur des chariots et brûlés.

Il faut attendre l'accession au trône de Pierre le Grand, qui régna de 1682 à 1725, pour que la musique retrouve sa place dans la vie du pays. À partir du XVIIIe siècle, les tsars prennent l'habitude d'inviter des artistes et des compositeurs d'opéras italiens, français, allemands, ainsi que des troupes de théâtre qui ne jouent que des œuvres de provenance étrangère. La bonne société, largement ouverte aux influences des autres pays d'Europe, n'apprécie que ce qui vient de l'extérieur et se méfie de tout ce qui est d'origine russe, notamment de la musique populaire, considérée comme un simple divertissement.

La révolution de Michaël Glinka

Michaël Glinka (1804-1857), animé du désir d'écrire une œuvre profondément russe comprise par tous ses compatriotes, crée à Saint-Pétersbourg, en 1836, le premier opéra russe, *Une vie pour le tsar*, dans lequel il pose les bases d'une musique nationale, intensément russe par le choix du sujet, de la langue, des thèmes, de la matière rythmique et harmonique. L'opéra connaît un succès prodigieux qui vaut au compositeur d'être nommé maître de la Chapelle impériale.

Glinka est le fondateur d'une école dont dépendra tout le développement ultérieur de la musique russe et dont le principe tient en une formule : « Par les liens légitimes du mariage, je voudrais unir le chant populaire russe et la bonne vieille fugue d'Occident. » Cette école naît au moment même où Alexandre Pouchkine, Ivan Tourguéniev et Léon Tolstoï donnent en Russie son essor au mouvement littéraire.

Les successeurs de Glinka

Le successeur immédiat et le continuateur de Glinka est Alexandre Dargomyjski (1813-1869), dont l'œuvre maîtresse, *Le Convive de pierre* (d'après Pouchkine), écrite à la fin de sa vie, est devenue la « pierre angulaire » de l'opéra russe auquel elle a fait « accomplir un pas de géant » (Paul Dukas, 1865-1935).

Dargomyjski organise régulièrement chez lui des soirées musicales : c'est là que, dès 1856, se rencontrent Mili Balakirev, César Cui et Modeste Moussorgsky. Les fondations du groupe des Cinq sont alors posées, mais il faudra attendre six ans encore pour voir la famille au complet : Nicolaï Rimski-Korsakov rejoindra le trio en 1861, Alexandre Borodine en 1862.

LE GROUPE DES CINQ

Mili Balakirev (1837-1910)

C'est lui qui réunit les « Cinq ». Il est l'âme, le conseiller, le technicien et le chef incontesté du groupe. Autodidacte, il devient un pianiste virtuose et fait remarquer ses talents de compositeur grâce à un poème symphonique, *Thamar*, et une fantaisie orientale pour piano, *Islamey*.

César Cui (1835-1918)

Cui fait des études d'ingénieur avant de se tourner vers la musique. Porte-parole du groupe, ses opéras obtiennent de vifs succès : *William Radcliff*, *Le Prisonnier du Caucase*, et en 1876 *Angelo* d'après Victor Hugo, où se mêlent passion et frivolité.

Nicolaï Rimski-Korsakov (1844-1908)

Seul des Cinq à avoir étudié en détail la théorie musicale, c'est le savant du groupe, qu'il rejoint après une représentation d'*Une vie pour le tsar* de Glinka. Orchestrateur prodigieux, il laisse de nombreux opéras dont *Une Nuit de Mai*, *Mlada*, *La Nuit de Noël*, *Sadko*, *Mozart et Salieri*, *La Fiancée du tsar*, *Le Coq d'or*. Il termine même les œuvres de ses amis du groupe lorsqu'elles restent inachevées à leur disparition.

Alexandre Borodine (1833-1887)

Sa production est très limitée. À part quelques œuvres de musique de chambre, trois symphonies et un poème symphonique, *Dans les steppes de l'Asie centrale*, il écrit un opéra, *Le Prince Igor*, inachevé et terminé par Rimski-Korsakov.

Modeste Moussorgsky (1839-1881)

Pianiste dès l'âge de neuf ans, il refuse d'apprendre l'harmonie. Il ne fait qu'écouter, observer, retenir, se constituant un langage personnel capable de traduire des pensées profondes, nouvelles pour l'époque. À part le poème symphonique *Une nuit sur le mont Chauve* et la suite pour piano *Tableaux d'une exposition*, c'est dans *Boris Godounov* (1874) et *La Khovanchtchina* (opéra inachevé) qu'éclatent ses talents musicaux : liberté de la forme, souplesse expressive du récit, intense vie populaire dans les chœurs qui sont des personnages essentiels de l'action.

Modeste Moussorgsky

Histoire

Tradition et renouveau

Modèles et techniques

L'univers lyrique

Formes

Grandes œuvres

L'opéra russe au XXᵉ siècle

Tandis que Tchaïkovski s'oppose au groupe des Cinq, naît une génération de musiciens qui va atteindre sa maturité musicale après la révolution d'Octobre. Plus ou moins remis en cause par le régime soviétique, ils laissent une musique riche et variée qui tient avant tout à la diversité de leurs œuvres et de leurs styles.

Tchaïkovski, l'opposant au groupe des Cinq

À la différence des « Cinq », Piotr Ilitch Tchaïkovski (1840-1893) apprend son métier de musicien au Conservatoire impérial de Saint-Pétersbourg, puis est nommé professeur d'harmonie auprès de celui de Moscou. Il admire Robert Schumann, W.A. Mozart, les classiques et déteste Modeste Moussorgsky – qui le lui rend bien. En fait, on lui reproche son académisme et son « occidentalisme ».

« Je suis russe ! Russe ! Russe ! » proteste-t-il sans cesse. Sa musique veut être « la confession musicale de l'âme ». De toutes ses œuvres, seuls ses opéras, proches d'esprit de ceux de Michaël Glinka, s'imposent difficilement en Occident. Dans *Eugène Onéguine* (1879) et *La Dame de pique* (1890), composés sur des livrets d'Alexandre Pouchkine, éclate un romantisme à la fois slave et proche de celui du début du XIXᵉ siècle.

De la musique russe à la musique soviétique

À partir de 1917, l'effort de démocratisation de la culture musicale est important. Chaque ville, chaque village possède son école de musique, son « palais de la culture » ou ses « clubs » ; on peut y écouter de la musique, en discuter et apprendre à jouer d'un instrument. Le nombre des orchestres, harmonies, chorales et groupements divers est considérable, chaque usine possédant le sien. Chacun a la possibilité d'accéder aux salles de concerts, à l'Opéra, d'une manière régulière et non pas occasionnelle.

Le rôle du compositeur est de glorifier la grandeur de la patrie, d'exalter la beauté de l'effort du travailleur, de chanter la joie du peuple et l'avenir du socialisme. Le musicien officiel, en URSS, a une situation privilégiée, mais qui s'accompagne de dures servitudes. Des comités supervisent les conceptions de l'art musical et il arrive que soient dénoncées, chez les plus célèbres, des tendances antiprogressistes.

L'opéra soviétique

Les premières tentatives, dont *Les Décembristes* de Youri Chaporine (1887-1966), sont critiquées pour cause de musique insuffisante par rapport aux sujets traités. À l'inverse, Dimitri Chostakovitch (1906-1975) se voit reprocher ses excès de recherche, et son opéra *Le Nez* est traité de produit de la décadence bourgeoise.

En revanche, l'opéra d'Ivan Dzerginski (1909-1978) *Sur le Don paisible* est qualifié par Staline de « réalisme socialiste mettant en œuvre un langage musical simple et direct, et une intrigue qui pousse au patriotisme ».

Les cas de Serge Prokofiev (1891-1953), dont les débuts dans l'art lyrique sont antérieurs à la révolution d'Octobre, et d'Igor Stravinski (1882-1971), qui, séparé de sa terre natale par la Première Guerre mondiale, se tourne indifféremment vers le folklore d'une Russie à venir, des tentations néoclassiques et la musique sérielle, sont à considérer à part.

DIVERSITÉ DES ŒUVRES, DIVERSITÉ DES STYLES

▪ Igor Stravinski (1882-1971)

• Stravinski est le premier des trois composi-teurs russes qui ont marqué le siècle par leur style propre et la diversité de leurs œuvres.

• Dans son opéra-oratorio *Œdipus Rex* (1927), les personnages atteignent une dimension tragique par une sorte d'immobi-lité devant le destin. Les groupes d'instru-ments jouent sans se fondre entièrement, produisant ainsi une sonorité raffinée de musique de chambre.

• *The Rake's Progress* ou *Le Libertin* (1951) est une imitation délibérée de *Don Gio-vanni* de Mozart. Pour se rapprocher de l'opéra de chambre, Stravinski compose des arias dans lesquelles la voix est accompa-gnée d'un petit orchestre et d'un instrument soliste.

▪ Serge Prokofiev (1891-1953)

• Dans *L'Amour des trois oranges* (1921), Prokofiev met en scène différents groupes : les Tragiques, les Comiques, les Lyriques, les Écervelés, les Ridicules, qui interviennent pour donner à l'action son sens psychologique.

• *L'Ange de feu* (1922-1925), à peine achevé, sombre dans l'oubli. Il faut attendre 1955 pour que l'opéra soit enfin créé, à Venise. L'œuvre est dominée par deux thèmes, associés à l'héroïne Renata, qui interviennent tout au long de l'opéra avec des variantes.

• *Guerre et Paix* (1946), en version défini-tive, ne fut joué qu'en 1955, après la mort du compositeur. Cette œuvre colossale, au souffle épique exceptionnel, respecte le projet de Léon Tolstoï de montrer la lutte du peuple russe contre l'envahisseur tout en faisant le récit de la vie privée des person-nages principaux.

▪ Dimitri Chostakovitch (1906-1975)

• *Le Nez* (1930), œuvre drôle et satirique, est un opéra de jeunesse écrit tout d'un élan, quasi comme une plaisanterie musi-cale, et avec une certaine volonté de recherche de la caricature.

• *Lady Macbeth de Mtsensk* (1934) est une œuvre tirée d'une nouvelle de Leskov. Communiste convaincu, Chostakovitch se livre ici à un réquisitoire antibourgeois. Mais l'opéra, guère apprécié, ne sera réhabilité qu'après la mort de Staline.

Guerre et paix de Serge Prokofiev, mise en scène F. Zambello

Histoire

Tradition et renouveau

Modèles et techniques

L'univers lyrique

Formes

Grandes œuvres

De l'opéra à l'opérette

Peu à peu, l'opéra-comique fait place à un genre nouveau : l'opérette. Les précurseurs viennent de France, mais le phénomène gagne rapidement toute l'Europe, et en particulier les pays germaniques. Vienne devient alors, avec la dynastie des Strauss, une importante capitale musicale.

Les précurseurs

L'opéra-comique étant devenu trop sentimental, les compositeurs donnent naissance à l'opérette, œuvre parodique et satirique qui séduit rapidement un public avide de gaieté et de frivolité.

Florimond Ronger, dit Hervé (1825-1892), inaugure le genre, avec *Don Quichotte et Sancho Pança* (1848), *L'Œil crevé* (1867) et *Mam'zelle Nitouche* (1883).

Jacques Offenbach (1819-1880) domine la scène musicale du Second Empire, dont il caricature la politique et les faiblesses. Il écrit une centaine d'ouvrages qui remportent tous de grands succès : *Orphée aux enfers* (1858), *La Belle Hélène* (1864), *La Vie parisienne* (1866), *La Grande-Duchesse de Gerolstein* (1867), *La Périchole* (1868)… À partir de 1877, il se consacre à la composition d'un opéra, *Les Contes d'Hoffmann*, avec lequel il opère un retour à l'Allemagne, son pays natal.

Cependant, l'opérette est devenue un genre international, et Offenbach est bientôt suivi par Sir Arthur Sullivan (1842-1900) en Angleterre, et les Strauss en Autriche qui influencent eux-mêmes Franz Lehar (1870-1948) pour *La Veuve joyeuse* (1905) et *Le Pays du sourire* (1909).

Sous la Troisième République, l'opérette s'embourgeoise avec Charles Lecoq (1832-1918) qui écrit *La Fille de Mme Angot* (1872), puis évolue plus vers le charme avec André Messager (1853-1929) et *Véronique* (1898), Reynaldo Hahn (1875-1947) et *Ciboulette* (1923), Robert Planquette (1848-1903) et *Les Cloches de Corneville* (1877).

La dynastie des Strauss

Si Paris s'amuse, Vienne valse. Cette danse est soudainement mise au goût du jour avec les opérettes de la famille Strauss. Leurs œuvres n'exercent aucune critique de la société, mais plutôt une certaine flatterie des mœurs et des exigences à la mode.

Johann Strauss (1804-1849), violoniste, fonde sa propre formation en 1825 et devient vite un prestigieux compositeur de valses, dont la célèbre *Marche de Radetzky*, jouée encore de nos jours en final des concerts du Nouvel An à Vienne.

Johann Strauss (1825-1899), le fils aîné, est qualifié de « prince de la valse » : *Le Beau Danube bleu* (1867), *Sang viennois* (1873), la *Valse de l'empereur* (1889) sont ses plus grands succès. Gagné par la fièvre de l'opérette lors d'une tournée d'Offenbach, il compose ses chefs-d'œuvre *La Chauve-Souris* (1871) et *Le Baron tzigane* (1889).

Josef Strauss (1827-1870), plus calme et plus réfléchi que son frère aîné, reflète sa personnalité dans ses valses et ses polkas *(Pizzicato Polka)*.

Eduard Strauss (1835-1916), à la mort de son frère Johann en 1899, reprend la direction de l'orchestre des Strauss, perpétuant ainsi la tradition familiale jusqu'à la Première Guerre mondiale.

VIENNE, CAPITALE MUSICALE

Vienne au XIXᵉ siècle

• À partir de la fin du XVIIIᵉ siècle, Vienne devient le principal foyer de la musique européenne avec Joseph Haydn, Wolfgang Amadeus Mozart, Ludwig van Beethoven, Franz Schubert, Johannes Brahms, puis les Strauss, Gustav Mahler et les musiciens qui constituent l'École de Vienne, Arnold Schoenberg, Alban Berg, Anton Webern.

• En 1857, on rase les fortifications de la ville et on édifie sur leur emplacement le Ring, grand boulevard sur lequel s'élèvent palaces et bâtiments officiels (Opéra, musées, Hôtel de Ville, Parlement, Université…). Vienne vit dans un bien-être où musique, danse et vin blanc tiennent une place importante. On danse partout. De nombreuses salles de bal apparaissent dans les faubourgs de la ville afin de satisfaire l'appétit des citoyens pour la valse, la polka et la csardas. L'activité théâtrale est tout aussi vivace que l'activité musicale. Vienne est la ville de la blague, de l'humour fin et de la pointe d'esprit. Son théâtre est fondé sur la parodie. Cette double tradition, musicale et humoristique, constitue un terreau fertile à l'éclosion d'une opérette nationale dont le détonateur est Jacques Offenbach et les grands maîtres Strauss.

Le concert du Nouvel An à Vienne

Le concert du Nouvel An à Vienne, événement télévisuel majeur dans le monde entier, remonte à l'année 1940. Le concert est donné le 1ᵉʳ janvier, en matinée, par l'Orchestre philharmonique de Vienne. Clemens Krauss fixe la nature du répertoire interprété (valses, polkas et ouvertures de la famille Strauss) et dirige les concerts jusqu'en 1953. Son successeur, Willi Boskovsky, programme bien sûr les œuvres des Strauss, mais aussi celles d'autres compositeurs : Franz von Suppé (1819-1895) ou Carl Michael Ziehrer (1843-1922). Lorsque Lorin Maazel prend la succession de Boskovsky, en 1980, le concert du Nouvel An permet à d'illustres chefs invités comme Riccardo Muti, Claudio Abbado ou Zubin Mehta de se produire à Vienne. Aujourd'hui, c'est un événement fort prisé, pour lequel il faut retenir sa place plusieurs années à l'avance. La tradition veut que, lorsque l'orchestre joue le final, la *Marche de Radetzky* de Johann Strauss père, le public applaudisse en cadence.

Johann Strauss fils (1825-1899)

Histoire

Tradition et renouveau

Modèles et techniques

L'univers lyrique

Formes

Grandes œuvres

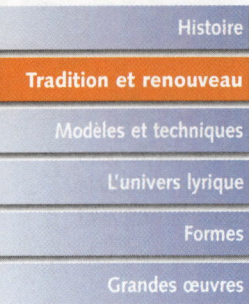

Opéra et sentiment national

À partir du milieu du XIXe siècle, dans de nombreux pays d'Europe, les nationalismes se réveillent et d'authentiques opéras nationaux apparaissent. En France, après les derniers « wagnériens », Debussy révolutionne le monde musical avec son opéra *Pelléas et Mélisande*.

La situation

Les opéras italiens, français et allemands, tout en étant en rivalité, exercent dans l'Europe entière une suprématie totale. La « colonisation » s'effectue tout d'abord au niveau des personnes : tel prince montre une préférence pour l'opéra italien, tel Espagnol, Danois ou Tchèque fait ses études dans une des capitales de la musique, tel grand musicien, représentant de l'un des trois styles, suit l'appel de l'étranger pour apprendre encore plus.

Or, au XIXe siècle, les formes du théâtre musical populaire (Singspiel, farce, saynète burlesque, mystère, etc.), délaissées jusqu'alors comme étant des genres inférieurs, s'affranchissent. De leur rencontre avec les « styles raffinés » naît presque partout l'opéra national. Son évolution est liée tantôt au refus des influences étrangères (comme en Russie), tantôt à la fondation d'une maison d'opéra (à Lisbonne, par exemple), ou traduit une prise de conscience politique (comme dans certains pays slaves).

L'expression du sentiment national

« C'est sur la base des chansons populaires nationales que chaque peuple doit construire son système musical », écrivait un jésuite espagnol à la fin du XVIIIe siècle. L'expression du nationalisme en musique est l'utilisation presque systématique du langage mélodique et rythmique des chants et danses traditionnels dans les œuvres des compositeurs dès le milieu du XIXe siècle. Cet espoir de revivifier la musique par le folklore gagne presque le monde entier. Seules l'Allemagne et l'Italie y échappent. C'est surtout en Europe centrale que ce nationalisme musical est le plus fort. Les chants populaires y sont depuis longtemps l'expression des luttes sociales et de la révolte des peuples contre les oppressions.

Le cas de la France

À l'image des autres pays d'Europe, la France vit aussi sa révolution par un renouvellement du langage musical. En fait, l'évolution est en route depuis Wagner. Pour les Français, qui ont été plus ou moins influencés par le phénomène wagnérien, l'issue ne peut être que dans l'affirmation la plus libre de personnalités stylistiques diverses.

Ainsi, Gabriel Fauré remet à l'honneur la musique de la Renaissance, et en particulier des modes anciens. Emmanuel Chabrier (1841-1894), Maurice Ravel (1875-1937) et Claude Debussy (1862-1918) n'y sont pas insensibles non plus. Attentif aux gammes d'Extrême-Orient, Debussy voit le principe du renouvellement de la musique dans l'adaptation au langage traditionnel de modes qui lui sont étrangers. Pourtant, Debussy lui-même dépasse largement ce programme. Chacune de ses œuvres vaut à la musique une innovation : des inventions rythmiques inouïes, des dissonances savamment émancipées, des effets sonores inexplorés.

LA FRANCE DES DERNIERS WAGNÉRIENS À CLAUDE DEBUSSY

L'ombre de Wagner

On aime ou on déteste Wagner, et la France n'est pas épargnée par le débat.

• Fidèles à Wagner :

– autour de César Franck (1822-1890) se réunissent des musiciens très marqués par l'œuvre de Wagner : Henri Duparc (1848-1933), Alexis de Castillon (1838-1873) ou Guillaume Lekeu (1870-1894). Vincent d'Indy (1851-1931) écrit des œuvres (*Le Chant de la cloche*, 1886 ; *Fervaal*, 1897 ; *L'Étranger*, 1903) dans lesquelles les réminiscences wagnériennes sont claires. Ernest Chausson (1855-1899) compose un opéra héroïque très wagnérien par l'utilisation du leitmotiv, *Le Roi Arthus* (1903) ;

– en dehors de la « bande à Franck », mais toujours dans la mouvance wagnérienne, Emmanuel Chabrier (1841-1894) apporte la sensibilité, l'humour et la finesse de son orchestration (*L'Étoile*, 1877 ; *Le Roi malgré lui*, 1887). Quant à Paul Dukas (1865-1935), il signe en *Ariane et Barbe-Bleue* (1907) un opéra aux somptueuses couleurs orchestrales, fondé sur le principe d'action lente propre au style wagnérien.

• La voie originale est tracée par Camille Saint-Saëns (1835-1921) qui, avec *Samson et Dalila* (1877), opère un retour à Rameau très remarqué. Se joignent à lui Édouard Lalo (1823-1892), auteur du *Roi d'Ys* (1888), et Gabriel Fauré (1845-1924), qui adopte un langage délicat en complète rupture avec l'art wagnérien (*Pénélope*, 1913).

Claude Debussy (1862-1918) et les débuts de l'opéra moderne

Claude Debussy révolutionne le monde de la musique avec *Pelléas et Mélisande* (1892). Il substitue au spectaculaire une apparente discrétion, une déclamation plus souple et une partition instrumentale plus élaborée. Les effets symphoniques et lyriques et le réalisme de l'action sont écartés au profit de subtiles inflexions mélodiques et rythmiques d'un livret dans lequel dominent suggestion et allusion. L'orchestre ne commente pas l'action, c'est le chant qui l'évoque. L'œuvre de Debussy est en rupture avec le vieux XIXe siècle.

Pélléas et Mélisande de Claude Debussy, mise en scène Robert Wilson à l'Opéra Garnier, 1997

Histoire

Tradition et renouveau

Modèles et techniques

L'univers lyrique

Formes

Grandes œuvres

L'opéra national tchèque

La Bohême donne naissance à une génération exceptionnelle de compositeurs dont l'influence est déterminante sur la musique européenne. Au XIXe siècle, avec Smetana, Dvorák, Janacek, et au XXe siècle, avec Martinu, un authentique opéra national tchèque voit le jour.

La Bohême, école de musique de toute l'Europe

■ Très tôt, la Bohême est en Europe une plaque tournante culturelle et musicale grâce aux multiples influences qui ont pénétré sur son territoire : le christianisme (Églises orientale et romaine), les « Minnesänger » allemands (poètes musiciens des XIIe, XIIIe et XIVe s.), l'avènement des princes du Luxembourg, celui de l'« ars nova » française.

■ Après le soulèvement hussite (du nom du prêtre réformateur Jean Hus, qui s'opposa à l'autorité de Rome et fut brûlé vif en 1412 ; considéré comme un patriote et un martyr de la foi), qui favorise l'éclosion d'une mélodie populaire religieuse, Prague devient le carrefour musical de l'Europe centrale. Au XVIe siècle, sous les Habsbourg, la Bohême sera une province de l'Empire autrichien.

■ Au XVIIIe siècle, la musique instrumentale tchèque se développe et influence la musique occidentale car les compositeurs et interprètes, ne pouvant vivre de leur talent dans leur pays, s'expatrient, les uns en Allemagne (Johann Stamitz, 1717-1757 ; Franz-Xaver Richter, 1709-1789 à Mannheim ; Georg Anton Benda, 1722-1795 à Berlin), d'autres en Italie (Josef Myslivecek, 1737-1781) et en France (Franz-Xaver Dussek, 1731-1799 ; Antonin Reicha, 1770-1836…).

■ En dépit des événements politiques et de l'émigration de ses plus grands musiciens, la Bohême apparaît alors comme l'école de musique de toute l'Europe. En outre, il demeure sur place un folklore dont la richesse et la saveur ne demandent qu'à servir de base à une culture nationale indépendante.

L'appel du folklore

■ C'est sur le folklore bohémien que reposent essentiellement les œuvres lyriques, authentiquement nationales, de Bedrich Smetana (1824-1884), Antonin Dvorák (1841-1904), Leos Janácek (1854-1928) et Bohuslav Martinu (1890-1959).

■ Pour la première fois dans l'histoire de la musique, des compositeurs étudient le folklore musical de leur nation de façon scientifique, recueillant les chants paysans pour les intégrer ensuite à leurs propres œuvres, créant ainsi une musique savante qui s'alimente aux sources vives de la musique populaire.

Vers un opéra national tchèque

■ En 1862, par souscription de la population de Prague, est ouvert un théâtre provisoire destiné à la représentation de pièces et d'opéras en langue tchèque. Cependant, aucune œuvre nationale n'est prête à y être donnée et le répertoire se compose de traductions d'ouvrages français, italiens, allemands et des opéras de Mozart.

■ Cette situation s'améliore avec Vilem Blodek (1834-1874) et Karel Sebor (1843-1903), mais il faudra attendre les huit opéras de Bedrich Smetana pour voir se constituer un authentique répertoire national.

L'ÉCOLE NATIONALE TCHÈQUE

Bedrich Smetana (1824-1884)

Smetana a été à la fois un des fondateurs de la nation tchèque moderne et le père de la musique tchèque. Très tôt, il participe à la création d'institutions musicales : une école de musique, un théâtre national (1862), qu'il dirige à partir de 1866, une société artistique dans laquelle il développe la section musique et un ensemble de musique instrumentale, précurseur de l'Association philharmonique tchèque. Ses huit opéras, dont *La Fiancée vendue* (1866), *Dalibor* (1868) ou *Le Secret* (1878), montrent comment le compositeur a su s'imprégner de l'esprit musical populaire afin d'être capable d'exprimer l'âme tchèque.

Antonin Dvorák (1841-1904)

Antonin Dvorák prolonge et amplifie l'effort de son aîné et développe les lignes de force d'une école tchèque d'inspiration nationale. Professeur de composition au conservatoire de Prague, sa renommée franchit l'Atlantique (*Symphonie du Nouveau Monde*, 1901). Il écrit neuf opéras, dont *Rusalka* (1901) et *Armida* (1904), dans un style qui est une expression parfaite de l'âme slave, une étape vers un romantisme fort et authentique.

Antonin Dvorák

Leos Janácek (1854-1928)

N'appartenant à aucune école déterminée, le Morave Leos Janácek ne connaît le succès qu'à soixante ans passés, avec ses opéras *Jenufa* (1916) et *La Petite Renarde rusée* (1924). Dans ces œuvres, il s'affranchit de l'influence allemande et dépasse les limites de l'emprunt au folklore en élaborant un langage tout à fait original. Il utilise la langue tchèque et le parler populaire comme éléments musicaux soulignant l'expression et la musicalité des voix, le rythme et la coupure des phrases. Janácek recueille, avant Béla Bartók (1881-1945) et Zoltán Kodály (1882-1967), les témoignages folkloriques de son pays ; il mène, avant Olivier Messiaen (1908-1992), des recherches sur les chants d'oiseaux, les cris d'animaux et les bruits de la nature.

Bohuslav Martinu (1890-1959)

Enfant prodige (compositeur dès l'âge de dix ans), Martinu est à la fois marqué par la musique de son pays et influencé par les compositeurs français. Il quitte sa Bohême natale en 1922 et vient s'installer à Paris où il travaille avec Albert Roussel (1869-1937) et Arthur Honegger (1892-1955). Mais, ne parvenant pas à se faire une place, il émigre vers les États-Unis en 1940. Révélé par son *Concerto pour deux orchestres à cordes* (1918), Martinu est surtout célèbre pour ses symphonies. Ses opéras, notamment *Juliette ou la Clé des songes* (1938) ou *Comédie sur le pont* (1951), ont été composés sur des textes tchèques, malgré son long exil.

Histoire

Tradition et renouveau

Modèles et techniques

L'univers lyrique

Formes

Grandes œuvres

L'opéra en Pologne et en Hongrie

Au XIXᵉ siècle, l'émergence de talents créateurs locaux contribue à la naissance de styles lyriques nationaux en Pologne et en Hongrie, freinant les dominations italienne, française et allemande qui avaient été de règle pendant la majeure partie du XVIIIᵉ siècle.

● L'opéra polonais

La fondation de l'Opéra national de Varsovie (1724) est décisive pour l'opéra polonais, même si, au début du XIXᵉ siècle, ce sont les Italiens, essentiellement Gioacchino Rossini, qui dominent le paysage lyrique. Après Mathieu Kamienski (1734-1821), qui donne avec succès en 1778 le premier opéra national, *La Misère soulagée*, les compositeurs enrichissent le répertoire polonais et excellent dans l'opéra-comique comme Karol Kurpinski (1785-1857), prolifique auteur du début du XIXᵉ siècle.

Le langage national s'affirmant, les chants patriotiques de 1816 annoncent les opéras de Stanislaw Moniusko (1819-1872), qui exprime la quintessence de l'âme polonaise et crée une tendance conservatrice, ajoutant au style italien les rythmes polonais, tandis que Juliusz Zarebski (1854-1885) révèle une perception moderne de la musique de Frédéric Chopin (1810-1849) et des innovations de Franz Liszt et de Richard Wagner.

Au XXᵉ siècle, les compositeurs de la « Jeune Pologne », rassemblés par Karol Szymanowski (1882-1937), regardent vers Paris, Berlin ou Vienne, Igor Stravinski (1882-1971), le néoclassicisme français et le dodécaphonisme, mais intègrent les caractéristiques de la musique traditionnelle. Krzysztof Penderecki (né en 1933) assimile les sources étrangères présentes et passées dans un souffle dramatique et lyrique hors du commun.

● L'opéra national hongrois

À la fin du XVIIIᵉ siècle, on donne en Hongrie des opéras allemands avec des airs complémentaires chantés en hongrois. Le premier opéra hongrois connu, *La Fuite de Bèla* de Jozsef Ruzitska (1774-1824), est suivi d'autres essais : *Le Choix du roi Mathias* (1832) de György Arnold, *Aurélia* (1837) et *La Ruse* (1839) d'Andras Bartay (1799-1854), *Les Chercheurs de trésors de Visegrad* (1839) de Mark Rozsavölgyi (1787-1848) et *Maria Bathori* (1840) de Ferenc Erkel (1810-1893), assemblages plus ou moins hétéroclites d'éléments italiens et viennois agrémentés de folklore hongrois. Lorsque Erkel donne *Laszlo Hunyadi* (1844), dont le sujet est tiré de l'époque héroïque de la nation hongroise, les patriotes y trouvent la justification de leur résistance face aux Autrichiens.

Certains musiciens du Théâtre national révèlent les multiples aspirations de l'opéra hongrois, notamment Ferenc et Karoly Doppler (1821-1883), György Csaszar et Karoly Huber, rendus populaires vers 1840-1865 par des œuvres patriotiques. Mihaly Mosonyi (1815-1870) fonde ses opéras sur des éléments populaires. Zoltán Kodály défend avec Béla Bartók la musique traditionnelle, qui inspire ses œuvres symphoniques et vocales.

HONGRIE ET POLOGNE : DEUX CARTES DE VISITE

■ Zoltán Kodály (1882-1967)

Compositeur hongrois, amateur et professeur de musique folklorique, né à Kecskemét, Kodály étudie à Budapest.

À partir de 1905 environ, il popularise avec son ami Béla Bartók la musique traditionnelle hongroise, qui n'avait jusqu'alors jamais fait l'objet de recherches musicologiques approfondies. Il s'en inspire pour ses compositions, reprenant les formes, les harmonies, les rythmes et les phrases mélodiques. Toutefois, Kodály est un musicien plus conservateur que Bartók ; il ne partage pas le caractère novateur de ce dernier, se contentant d'une évolution plus lente.

Ses œuvres les plus renommées sont *Psalmus hungaricus* (1923), pour ténor, chœur et orchestre, *Háry János* (opéra, 1926), partition brillante et spirituelle dont il tire une suite pour orchestre vite devenue populaire, la *Danse de Galánta* (1933) pour orchestre et la *Missa brevis* (1945).

Après 1945, il s'emploie à promouvoir un programme de pédagogie musicale pour l'enseignement de la musique dans les écoles publiques hongroises. Sa méthode, qui s'appuie sur la pratique du chant populaire, est vite adoptée par de nombreux pays.

■ Krzysztof Penderecki (né en 1933)

Compositeur polonais, l'un des plus importants de la seconde partie du XXe siècle, Penderecki, né à Débica, étudie puis enseigne à Cracovie.

Ses œuvres, admirées pour leur puissance et leur humanité, utilisent aussi bien les techniques instrumentales d'avant-garde, la musique aléatoire, le quart de ton et les harmonies traditionnelles, que le contrepoint de la Renaissance.

Thrène (1961), écrit à la mémoire des victimes d'Hiroshima et composé pour cinquante-deux instruments à cordes, doit une partie de son impact à des effets de notes étranges jouées aléatoirement, mais toujours dans les aigus, et à des glissandi de demi-tons groupés. Pour des œuvres du même ordre ainsi que pour la *Symphonie n° 1*, il met au point de nouveaux modes de notation musicale. Parmi d'autres œuvres importantes, on note *Dimensions du temps et du silence* (1961), pour orchestre et chœur, qui contient des parties sifflées, des chuintements et des rythmes vocaux fondés sur la percussion, *Dies Irae* (1967, à la mémoire des victimes d'Auschwitz), et la *Passion selon saint Luc* (1966), qui exploite le système dodécaphonique comme des éléments tirés du grégorien et du baroque. Une suite à la *Passion selon saint Luc*, *Utrenia* (1970-1971), rappelle le rituel orthodoxe.

Penderecki a composé plusieurs opéras, dont *Les Diables de Loudun* (1968) et *Le Paradis perdu* (1978), inspiré du poème de John Milton (1608-1694). Les vérités religieuses fondamentales sont au centre de ces pièces, que l'on peut considérer comme des œuvres de synthèse, *Les Diables de Loudun* complétant l'élan expressionniste de ses premières œuvres symphoniques et *Le Paradis perdu* s'inspirant de la tendance de plus en plus thématique de ses compositions symphoniques des années soixante-dix. Dans des travaux récents, dont la *Symphonie n° 2* (1980) et la *Messe*, Penderecki a exploré une esthétique romantique dans un cadre harmonique néo-tonal.

Histoire

Tradition et renouveau

Modèles et techniques

L'univers lyrique

Formes

Grandes œuvres

L'opéra en Espagne

L'Espagne reste longtemps à la recherche d'un opéra national. Les modes de la zarzuela et de la tonadilla vont encourager la création lyrique, mais ces deux genres ne survivront guère au triomphe de l'opéra italien.

La musique espagnole avant l'opéra

Féconde dès le Moyen Âge, la musique espagnole connaît une ère glorieuse aux XVe et XVIe siècles. Sous le règne des Rois catholiques, on voit fleurir l'art profane dominé par Juan del Encina (1469-1529), poète, fondateur de la dramaturgie espagnole et précurseur de la zarzuela (pièce de théâtre mêlée de chants et de danses).

Puis c'est la grande école des vihualistes (la vihuela est une variante du luth) jusqu'à la fin du XVIe siècle. Parallèlement s'affirment les clavecinistes-organistes, dont le plus célèbre reste Antonio de Cabezon (1510-1566).

Quant à la polyphonie sacrée, elle atteint des sommets dans la magnificence religieuse avec Cristobal de Morales (1500-1553) et Thomas Luis de Victoria (1549-1611).

L'Espagne à la recherche de son opéra national

Tout au début du XIXe siècle, les opéras-comiques français de François-Adrien Boieldieu (1775-1834), Nicolas Dalayrac (1753-1809) et Étienne Méhul (1763-1817) tiennent l'affiche des théâtres madrilènes. Mais on les chante en espagnol. De même, Rossini connaît un succès délirant et, avec lui, Donizetti et Bellini. Les années 1850 voient le triomphe de Giuseppe Verdi et, à la fin du siècle, celui de Giacomo Puccini. Le wagnérisme s'infiltre vers 1890.

Les Espagnols s'affirment parallèlement : en 1820, le Catalan Ramon Carnicer (1789-1855) écrit des opéras de facture rossinienne. Plus tard, s'affirment les talents de Tomas Breton (1850-1923) et Ruperto Chapi (1851-1909), plus connus comme auteurs de zarzuelas. Le manifeste de Felipe Pedrell (1841-1922) marque un tournant. Il préconise le retour à la tradition généalogique, donc à un hispanisme profond. La langue n'est pas indispensable ; ce qui compte, c'est l'authenticité de l'accord entre le lyrisme et l'ethnie du créateur. On voit en lui un nouveau Richard Wagner. Mais ses œuvres, *Le Dernier Abencérage*, *La Celestina*, restent enlisées dans le wagnérisme et sa technique n'est pas à la hauteur de son inspiration. Isaac Albeniz (1860-1909) reste encore à mi-chemin entre Wagner, les influences italiennes et la zarzuela dans *Merlin*, *Henri Clifford*, *L'Opale magique*, *San Antonio de la Florida*. Wagner est encore présent dans *Maria del Carmen* (1898) d'Enrique Granados (1867-1916). Au début du XXe siècle, la question de la création d'un opéra national espagnol est toujours d'actualité. Un concours, organisé en 1904, est remporté par *La Vida Breve* de Manuel de Falla (1876-1946), qui réussit la difficile fusion entre le drame et le folklore, entre l'opéra et la zarzuela.

DE LA ZARZUELA ET DE LA TONADILLA À L'OPÉRA

▪◼ La zarzuela

La zarzuela est une pièce de théâtre associant chants et danses, composée en général de deux actes. En devenant un spectacle populaire à part entière, elle tend à ne garder qu'un seul acte. À ce stade, sa forme et son caractère sont presque identiques à ceux du ballet de cour français. Le roi Philippe IV, beau-père de Louis XIV, qui en était amateur, assistait à ces représentations au palais de la Zarzuela, près de Madrid. Son chapelain, Pedro Calderon (1600-1681), dramaturge fameux, est à l'origine du genre avec *El jardin de Falerina* (1660), sur une musique de Juan Hidalgo (1610-1685).

Dans un premier temps, la zarzuela est destinée à des fêtes royales. Elle demande une mise en scène somptueuse. Ses sujets sont empruntés à la mythologie, à l'histoire et à la légende. Vers 1750, elle s'émancipe de l'influence calderonienne mais aussi italienne pour prendre un caractère populaire, avec une spécificité folklorique et nationale. Elle met en scène des personnages du commun. Luigi Boccherini (1743-1805), Gaetano Brunetti (1753-1808) écrivent pour le genre. De plus en plus, elle présente des traductions résumées d'opéras connus dont elle ne garde que les grands airs. Mais la zarzuela ne résiste pas au triomphe de l'opéra italien à la fin du XVIIIᵉ siècle. À la zarzuela succède le melologo, œuvre dramatique à un seul personnage dont le monologue en vers est commenté par l'orchestre. Il peut s'agir d'une œuvre comique ou tragique.

Jugar con fuego (1851) de Francisco Asenjo Barbieri (1823-1894) la voit réapparaître pour obtenir un succès durable qui ne se démentira pas, comme en témoignent les triomphes que remportent *El valle de Andorra* (1852) de Joachin Gaztambide (1822-1870), *El domino azul* (1853) d'Emilio Arrieta (1823-1894), *Los diamantes de la corona* de Barbieri.

▪◼ La tonadilla

Une des formes les plus typiques du théâtre madrilène italien, la tonadilla, est un bref opéra comique italien apparu vers le milieu du XVIIIᵉ siècle. Peu à peu, elle s'oriente vers les thèmes galants, pastoraux ou mythologiques. Dans sa première période (1750), elle reste un genre à part avec Antonio Guerrero, puis le genre s'affirme avec Luis Mison, Manuel Pla, Jacinto Valledor, pour atteindre son apogée en devenant une sorte de petit drame à la fin du siècle. Abandonnant les thèmes populaires, elle devient moralisatrice, grandiloquente et artificielle, placée sous l'influence du bel canto. Mais les succès de l'opéra italien et de l'opérette française précipitent définitivement sa chute.

Zarzuela, mise en scène Alain Maratrat, festival d'Avignon 1992

Histoire

Tradition et renouveau

Modèles et techniques

L'univers lyrique

Formes

Grandes œuvres

L'opéra en Scandinavie

Si les pays scandinaves hésitent tous devant la création lyrique, ils manifestent cependant leur intérêt pour le genre en prenant à leur service des musiciens étrangers. De fait, à part quelques exceptions, la Scandinavie produira plus de grands symphonistes que de compositeurs d'opéra.

La Suède

Si, au XVIIᵉ siècle, la reine Christine protège des compositeurs italiens (Giacomo Carissimi, 1605-1674 ; Alessandro Scarlatti, 1660-1725 ; Arcangelo Corelli, 1653-1713), au XVIIIᵉ siècle, ce sont les Allemands qui ont les faveurs du roi Gustave III. Johann Gottlieb Naumann (1741-1801) compose en 1786 le premier opéra suédois sur un thème national.

Le Danemark

La cour danoise entretient jusqu'au milieu du XVIIᵉ siècle un bel effectif de chanteurs et d'instrumentistes. Christian IV attire John Dowland (1562-1626) et Heinrich Schütz (1585-1672) et envoie ses musiciens étudier en Italie et en Angleterre.

Le pays produit surtout des symphonistes, tels Niels Gade (1817-1890), très proche de Félix Mendelssohn (1809-1847), et Carl Nielsen (1865-1931), qui compose en 1902 un opéra à l'écriture très chargée, *Saül et David*, ainsi que, en 1906, *Maskarade*, pastiche du XVIIIᵉ siècle. Cette particularité de la musique danoise survit au XXᵉ siècle.

La Finlande

L'âme finlandaise se révèle merveilleusement dans la musique symphonique, mais peu dans l'opéra. Ici aussi, la culture musicale étrangère a précédé l'essor de la musique nationale : le père de la musique finlandaise est un compositeur d'origine allemande, Fredrick Pacius (1809-1891), auteur d'un hymne national.

De la jeune musique finlandaise surgit Jean Sibelius (1865-1957), à l'œuvre essentiellement constituée de symphonies au style mélancolique peu marqué de folklore. À l'opéra, on retiendra *Juha* de Aare Merikanto (1893-1959) et *Pohjalaisia* de Leevi Madetoja (1887-1947), œuvre vigoureuse à l'origine d'un nouvel intérêt pour l'opéra en Finlande dans les années 1970.

La Norvège

Sous domination danoise jusqu'en 1809, puis suédoise, la Norvège se découvre au début du XIXᵉ siècle un sentiment national que les artistes trouvent dans leurs racines culturelles. Waldemar Thrane (1790-1828), le premier, donne à sa musique une couleur populaire et adapte à l'opéra les airs du pays (*Une aventure dans les montagnes*, 1824). Il est suivi par Andreas Udbye (1820-1889), auteur de *Fredkulla*.

Mais, comme ailleurs en Scandinavie, les talents sont plutôt symphoniques : Richard Nordraak (1842-1866) crée l'hymne national et Edvard Grieg (1843-1907) fait revivre l'âme norvégienne dans ses mélodies. À la fin du siècle, quelques musiciens reviennent à l'opéra : Johannes Haarklou (1847-1925) compose *Aux vieux jours*, Catharinus Elling (1858-1942) écrit *Les Cosaques* et Gerhard Schjelderup (1859-1933) crée *Noces norvégiennes*.

LA SUÈDE LYRIQUE DE GUSTAVE III AU XXᵉ SIÈCLE

La Suède au XVIIIᵉ siècle

En Suède, au XVIIIᵉ siècle, les musiciens les plus importants sont des Allemands. Johann Gottlieb Naumann (1741-1801), natif de Dresde, a passé une grande partie de sa vie à Copenhague et à Stockholm avant de composer le premier opéra suédois sur un thème national, *Gustaf Vasa* (1786), sur un livret du poète Kellgren d'après une esquisse en prose du roi Gustave III lui-même. Les arts, et la musique en particulier, se sont épanouis sous le règne de Gustave III (1772-1792), qui a fondé non seulement l'Opéra royal mais encore l'Académie royale de musique suédoise. Néanmoins, malgré l'essor de l'opéra, les talents continuent de venir de l'étranger. *Gustaf Vasa* est suivi d'un Singspiel nationaliste intitulé *Gustav Adolf och Ebba Brahe* de Georg Joseph Vogler (1749-1814), qui reste à la cour de Suède de 1786 à 1799. Puis c'est le tour de l'Allemand Joseph Martin Kraus (1756-1792), dont la musique s'apparente à celle de Christoph Willibald Gluck (1714-1787).

L'après-Gustave III

Un des premiers grands compositeurs suédois est Franz Berwald (1796-1868). Il remporte un franc succès à l'Opéra royal de Stockholm en 1862 avec son opéra *Estrella di Soria*. Au siècle suivant, Hilding Rosenberg (1892-1985) se distingue avec son opéra-oratorio *Joseph et ses frères*, très influencé par les néoclassiques et Arnold Schoenberg (1874-1951). Citons encore Lars-Johan Werle (né en 1926), dont les opéras révèlent un sens aigu du théâtre.

Théâtre du château de Drottningholm à Stockholm, en Suède

Drottningholm : la culture française toujours présente

Le théâtre du château de Drottningholm avait été entièrement détruit par un incendie. À la fin du XVIIIᵉ siècle, le roi Gustave III, pétri de culture française, fait reconstruire l'édifice qui devient un centre international où se côtoient acteurs français, compositeurs allemands, chanteurs italiens et amateurs suédois. Drottningholm est aussi le théâtre des « premières ». C'est ainsi que la comédie-ballet *Zémire et Azor* de Modeste Grétry (1741-1813), délicieux mélange de rococo français, parvient, après sa première à Fontainebleau en 1771, à Drottningholm où elle est adaptée aux ressources magiques du théâtre. Un soir de l'été 1778, l'opéra tant attendu est enfin au programme. Grétry devient à la mode à la cour de Suède, et le répertoire français figure en bonne place à l'opéra de Stockholm.

Histoire

Tradition et renouveau

Modèles et techniques

L'univers lyrique

Formes

Grandes œuvres

L'opéra sur le continent américain

Le continent américain découvre l'opéra au XIXᵉ siècle. Si les États-Unis se cristallisent autour de l'œuvre de George Gershwin, l'Amérique latine brille dans le domaine lyrique, avec en particulier la musique d'Heitor Villa-Lobos.

L'apparition de l'opéra dans le Nouveau Monde

■ Si l'oratorio correspond aux aspirations des protestants et à leur crainte de Dieu, l'opéra attire le public par l'exotisme de ses spectacles et la virtuosité de ses interprètes.

■ L'opéra prend racine à La Nouvelle-Orléans, qui possède sa propre troupe permanente entre 1859 et 1919. Ailleurs, les Américains s'en remettent aux troupes itinérantes. Elles jouent des opéras de W.A. Mozart, Gioacchino Rossini, Gaetano Donizetti, souvent dans des versions fantaisistes fort éloignées des œuvres originales.

■ New York s'impose comme le principal centre d'art lyrique grâce, entre autres, à la fondation du Metropolitan Opera en 1883. Plusieurs autres grandes villes américaines (San Francisco, Chicago, Boston, Santa Fe, Seattle, Houston) suivent son exemple en créant leur propre troupe.

L'école lyrique de l'Amérique du Nord

■ *L'Empereur Jones* (1933) de Louis Gruenberg (1884-1964) est une des premières œuvres lyriques américaines. Peu à peu, les compositeurs éprouvent le besoin de chercher des sources d'inspiration dans les chants traditionnels indiens, les negro-spirituals, le blues ou le jazz.

■ L'absence d'une tradition nationale à laquelle se référer les conduit à s'éloigner des modèles européens. C'est le cas de George Gershwin (1898-1937), qui intègre dans ses ouvrages le drame des minorités raciales et leurs difficultés sociales.

■ L'importance des relations entre musique symphonique et théâtre trouve à s'exprimer dans la comédie musicale qu'illustrent des compositeurs comme Irving Berlin (1888-1989), Cole Porter (1891-1964), Richard Rodgers (1902-1979) ou Leonard Bernstein (1918-1990) qui, avec *West Side Story* (1957) obtient le plus beau succès de la scène musicale américaine de l'après-guerre.

L'école lyrique de l'Amérique latine

■ Buenos Aires, en Argentine, devient la capitale lyrique de l'Amérique du Sud hispanisante. De nombreux théâtres construits entre 1857 et 1882 créent des opéras italiens et français, avant que ne s'imposent Juan José Castro (1895-1968) puis Alberto Evaristo Ginastera (1916-1983) qui, dans *Don Rodrigo* (1964) et *Beatrix Cenci* (1971), mêle de folklore un style coloré proche de celui de Béla Bartók.

■ Sous l'Empire brésilien (1822-1889), la vie lyrique est prospère. Antonio Carlos Gomes (1836-1896) conte, dans *Il Guarani* (1870), l'amour d'un prince indien du Brésil pour la fille d'un gouverneur portugais. Plus tard, Heitor Villa-Lobos (1887-1959) réalise une heureuse synthèse entre Bach et la musique traditionnelle brésilienne.

■ José Angel Montero (1832-1881) est l'auteur du premier opéra écrit au Venezuela et monté à Caracas, *Virginia* (1872).

LES DEUX GRANDES FIGURES DU NOUVEAU MONDE

George Gershwin (1898-1937)

Gershwin débute sa carrière en composant des chansons pour Broadway, la grande artère new-yorkaise des spectacles. En 1924, *Rhapsody in blue* gomme les frontières entre jazz et musique symphonique. Mais c'est avec son unique opéra, *Porgy and Bess* (1935), que Gershwin conquiert une audience universelle. L'œuvre est jouée en 1955, à Leningrad, par la première troupe américaine admise en Union soviétique en pleine guerre froide. La structure de l'orchestre est classique avec une adjonction d'instruments du folklore noir américain. À noter, l'emploi de percussions et du banjo. L'opéra est écrit pour des chanteurs noirs et utilise les rythmes et mélodies des Noirs du Sud. Le drame des minorités raciales et de leurs problèmes sociaux y est conduit avec un sens profond du tragique, dans une réussite musicale qui ne fait appel à aucune idéologie. Cet opéra, qui ne doit rien aux modèles européens, est considéré comme la plus grande œuvre américaine.

Heitor Villa-Lobos (1887-1959)

Musicien autodidacte, Villa-Lobos joue du violoncelle et de la clarinette et se mêle volontiers aux groupes folkloriques de Rio de Janeiro. À vingt-deux ans, il parcourt le Brésil à la découverte de ses traditions musicales, mélange de folklore, de chants primitifs et de rythmes noirs. Il entreprend des voyages en Europe, notamment à Paris. Musicien le plus fécond de la première moitié du XXe siècle, il écrit une abondante musique chorale et instrumentale, mais aussi des opéras. Ses deux premiers essais, *Aglaé* et *Élise* (1912), devaient être fondus en un opéra, *Izaht*, mais celui-ci n'a jamais été présenté qu'en concert. Ni *Jésus* (1918), ni *Zoé* (1919), ni *Malazarte* (1921) n'ont encore été joués, exception faite de la « Danse infernale » de *Zoé*. L'opéra *Yerma* (1956), d'après Frederico Garcia Lorca (1899-1936), souffre d'avoir été composé sur un livret anglais, langue moins familière au compositeur. Quelques mois avant sa mort, Villa-Lobos avait ébauché un nouvel ouvrage, *Amerindia*. Ses œuvres témoignent de ses exceptionnels talents d'orchestrateur et de coloriste. Il traduit les thèmes populaires de son pays dans un langage personnel, lyrique, parfois mélancolique, aboutissant à une synthèse heureuse entre musique brésilienne et écriture occidentale.

Porgy and Bess de George Gershwin, mise en scène T. Thompson à l'Opéra Bastille, 1996

Histoire

Tradition et renouveau

Modèles et techniques

L'univers lyrique

Formes

Grandes œuvres

Vers l'opéra moderne

Après Debussy, parmi les musiciens qui établissent un pont entre XIXᵉ et XXᵉ siècles, figurent des véristes tardifs et des néoclassiques qui mettent en pratique les théories modernes tout en respectant la tradition musicale des XVIIᵉ et XVIIIᵉ siècles.

Après Debussy, entre véristes et néoclassiques

Béla Bartók (1881-1945), dans *Le Château de Barbe-Bleue* (1918), marie parfaitement les intonations de la langue parlée hongroise et les inflexions du folklore. En Tchécoslovaquie, Leos Janácek (1854-1928) adapte au texte un récitatif d'une grande force tragique (*Jenufa*, 1916, *Katia Kabanova*, 1921).

Le Polonais Karol Szymanowski (1882-1937) avec *Le Roi Roger*, le Hongrois Zoltán Kodály (1882-1967) avec *Harry Janos*, le Roumain Georges Enesco (1881-1955) avec *Œdipe* et le Britannique Benjamin Britten (1913-1976) avec *Peter Grimes* adoptent les couleurs harmoniques de Claude Debussy.

Albert Roussel (1869-1937) reprend dans *Padmâvâti* la formule de l'opéra-ballet, et Maurice Ravel (1875-1937) reste proche de l'impressionnisme dans *L'Enfant et les sortilèges*. *Dialogues des carmélites* (1957) de Francis Poulenc (1899-1963) est une œuvre qui rejoint le style déclamé de *Pelléas et Mélisande*.

Les derniers véristes

Ottorino Respighi (1879-1936) produit avec *Belfegor* (1923) un bel canto hérité des plus grands maîtres. *Porgy and Bess*, de George Gershwin, est aussi un drame lyrique vériste par le sujet, le cadre et le traitement dramatique des personnages.

D'un vérisme très « américanisé » à la Gershwin, Gian Carlo Menotti (né en 1911), Italien installé aux États-Unis, produit *Amelia Goes to the Ball* et son plus grand succès, *Le Consul* (1950), dans un style proche de la tradition de l'opera buffa.

On relève encore des tendances véristes chez Francis Poulenc dans *La Voix humaine* (1959) et chez Daniel Lesur (né en 1908) dans *Andrea del Sarto* (1974). Mais il s'agit dans ces œuvres plus d'analogies que d'influences.

Entre Mozart et Debussy

Richard Strauss (1864-1949) respecte la fonction contrapuntique de l'opera buffa à l'époque classique tout en faisant évoluer sa musique vers plus de clarté et de simplicité : *Le Chevalier à la rose* (1910), *Ariane à Naxos* (1916), *La Femme sans ombre* (1919), *Capriccio* (1942) sont à la fois proches de l'esprit baroque et du style galant du XVIIIᵉ siècle. Paul Hindemith (1895-1963) pratique aussi un néoclassicisme qui essaie de rompre avec Richard Wagner (*Cardillac*, 1926).

De 1920 à 1963, Igor Stravinski (1882-1971) opère un retour au XVIIIᵉ siècle avec *Œdipus Rex* (1927), très influencé par Georg Friedrich Haendel, et *The Rake's Progress* (1951). Benjamin Britten (1913-1976) adapte son style à chacun de ses sujets : musique élisabéthaine dans *Le Songe d'une nuit d'été*, fastes de l'opéra classique dans *Gloriana*, style poétique moderne dans *Le Tour d'écrou* et surtout dans *Peter Grimes* (1945), qui constitue une véritable renaissance de l'opéra.

L'IMPRESSIONNISME EN EUROPE

Une technique pour la peinture et pour la musique

L'impressionnisme désigne les techniques esthétiques d'un groupe de peintres français (Claude Monet, 1840-1926 ; Edgar Degas, 1834-1917 ; Auguste Renoir, 1841-1919...), dont les œuvres évoquent essentiellement des impressions plutôt que des idées finies. Ce terme est entré dans le vocabulaire musical pour désigner une musique vague et sous certains aspects intangible, à la couleur fugitive ou atténuée, au rythme incertain ou à la nature harmonique trouble. Claude Debussy (1862-1918) était attiré par les effets d'eau et de lumière qui se dégageaient des tableaux de Claude Monet : cette atmosphère impressionniste se retrouve dans *Images*, *Reflets dans l'eau* (1905), *Le Vent dans la plaine*, *Brouillards* ou *Feuilles mortes*.

D'autres musiciens impressionnistes

Maurice Ravel (1875-1937), Emmanuel Chabrier (1841-1894), Albert Roussel (1869-1937) et Karol Szymanowski (1882-1937) s'apparentent à l'impressionnisme par leur style proche de celui de Claude Debussy. Bien sûr, il s'agit là davantage d'une analogie que d'une définition précise telle qu'elle a pu être employée en peinture, de même que, par analogie, on peut qualifier de « pointilliste » la musique d'Anton Webern (1883-1945) comme les toiles de Georges Seurat (1859-1891).

***Les Nymphéas* de Claude Monet**

Histoire

Tradition et renouveau

Modèles et techniques

L'univers lyrique

Formes

Grandes œuvres

Atonalité et dodécapho-nisme dans l'opéra

Si l'atonalité dans l'opéra est essentiellement illustrée par l'école de Vienne et les disciples d'Arnold Schoenberg, le dodécaphonisme a son maître italien, Luigi Dallapiccola, que suivent les Allemands Zimmermann et Henze.

L'école de Vienne ou l'atonalité

Avec l'« école de Vienne », fondée par Arnold Schoenberg (1874-1951), s'affirment des tendances nouvelles. Schoenberg renonce au fonctionnement par séquences spécifiques à l'opéra wagnérien. Ses recherches le conduisent à l'atonalité (principe d'écriture musicale qui laisse indéterminée la tonalité de l'œuvre). C'est le cas d'*Erwartung* (1909), qui fait appel à une variété inouïe d'harmonies et de rythmes, atteignant un niveau d'émotion intense justifiant le terme « expressionnisme ». Il surmonte avec un récitant les problèmes liés au récitatif. C'est le point de départ du Sprechgesang (« parlé-chanté »), dans *Pierrot lunaire* en 1912.

L'aboutissement de son évolution spirituelle est l'opéra-oratorio *Moïse et Aaron*, composé entre 1930 et 1935 mais resté inachevé. Fondé entièrement sur une série dodécaphonique (toutes les notes de la gamme, altérées ou pas, au nombre de douze, ont la même valeur harmonique et tous les intervalles sont égaux), il emploie un orchestre symphonique, un chœur très important et utilise la technique du Sprechgesang à côté du chant proprement dit.

On retrouve les mêmes aspirations dans *Wozzeck* (1925) et dans *Lulu* (1927) d'Alban Berg (1885-1935), un des disciples de Schoenberg. À l'instar des néoclassiques, il intègre des structures anciennes à un tissu musical nouveau et dote les différentes sections d'une structure autonome. Berg fait évoluer le Sprechgesang. Si Schoenberg préconisait d'attaquer avec justesse la hauteur des sons, mais de la quitter aussitôt afin d'effleurer toutes les hauteurs intermédiaires, Berg demande qu'on ne laisse pas fléchir la hauteur de la note : ce n'est que par la modulation d'intensité qu'on peut obtenir l'illusion de la parole.

Opéra et dodécaphonisme

Le dodécaphonisme est créé vers 1923 par Schoenberg, qui exploite la gamme chromatique de douze sons (« dodeca » en grec) d'une égale valeur harmonique. La série (musique sérielle) suit la règle de la non-répétition : chacune des douze notes doit figurer dans la série avant que l'une d'elles ne revienne.

Luigi Dallapiccola (1904-1975), marqué par l'expressionnisme de Schoenberg, intègre pour la première fois le dodécaphonisme dans une œuvre lyrique italienne (*Vol de nuit*, 1940). Dans *Le Prisonnier*, opéra en un acte (1940) qui dénonce le nazisme, l'ordre sériel est évident mais ne détrône pas les éléments diatoniques. Son dernier opéra, *Ulysse* (1968), couronne son art dodécaphonique.

D'autres utilisent ces principes dans l'opéra, les Allemands Bernd Aloïs Zimmermann (1918-1970) dans *Les Soldats* (1958) et Hans Werner Henze (né en 1926) dans *Les Bassarides* (1966), grandiose transposition moderne de la tragédie d'Euripide *Les Bacchantes*, où le conflit philosophique entre Raison et Irrationnel s'exprime entièrement dans la musique, souligné de violents contrastes sonores.

L'EXPRESSIONNISME

L'intensité de l'expression

Mouvement artistique caractérisé par l'expression implacable de sentiments troublants et désagréables, l'expressionnisme s'exprime souvent par une violence stylistique (marquée musicalement) dans laquelle les idées peuvent être poussées à l'extrême (à la limite de l'impudeur et de la perversité). Le terme est d'abord lié au groupe de peintres dit du « Blaue Reiter », constitué par Vassili Kandinsky et Franz Marc, qui travaillaient à Munich avant la Première Guerre mondiale, mais son sens s'est élargi à la poésie de Georg Trakl et à une partie de la musique d'Arnold Schoenberg et de ses élèves, notamment aux œuvres atonales non sérielles composées par eux entre 1908 et 1920.

L'expressionnisme en musique

La description des personnages dans des états extrêmes ou psychotiques, caractéristique du drame expressionniste, se retrouve dans *Erwartung* de Schoenberg, monodrame musical pour une femme à la recherche de son amant, la nuit, dans la forêt. La musique, composée pendant la période atonale de Schoenberg, forme un flux ininterrompu où jaillissent des explosions sonores, des phénomènes instantanés qui disparaissent sans continuité ni développement. Dans cette œuvre, comme dans toute la phase expressionniste de Schoenberg, selon Theodor Adorno (1903-1969), « l'enregistrement sismographique de chocs traumatiques devient la loi technique de la forme. Le langage musical se polarise : à un extrême, il produit des sensations de chocs presque physiques, tandis qu'à l'autre, il retient, comme pétrifié, tout ce que l'angoisse immobilise ».

Berg et Schoenberg à l'opéra

Les personnages détraqués et les situations menaçantes de *Wozzeck* (1917-1922) d'Alban Berg sont également typiques de l'expressionnisme, de même que la plupart des symboles inquiétants qui dominent cet ouvrage (la lune rouge sang, par exemple). *Pierrot lunaire* (1912) de Schoenberg, malgré ses tendances ironiques et satiriques, n'en est pas moins caractéristique de l'expressionnisme par la violence de ses gestes, sa pénétration psychologique profonde, l'exposition de sentiments d'attente et d'envies meurtrières à la limite de la folie. En revanche, *Lulu* de Berg, dont le thème central est le personnage ambigu de Lulu, personnification du mal qui gouverne le monde par le sexe, force infernale et sauvage, laisse paraître çà et là, même si les situations débouchent sur l'angoisse et le désespoir, des lueurs de vie et d'espérance. La musique reflète elle aussi cette opposition : amère et hallucinée dans l'ensemble, elle s'ouvre parfois sur un lyrisme grandiose. L'orchestre exprime une infinie richesse de nuances et le langage dodécaphonique est employé avec plus de discernement et de constance que dans *Wozzeck*. Cet opéra, parce qu'il se distingue de la dureté des œuvres de Schoenberg, paraît moins expressionniste.

***Wozzeck* d'Alban Berg,
mise en scène A. Bourseiller, 1995**

Histoire

Tradition et renouveau

Modèles et techniques

L'univers lyrique

Formes

Grandes œuvres

L'opéra à l'aube du XXIᵉ siècle

Tandis que s'ouvre le XXIᵉ siècle, l'opéra se diversifie en faisant peu à peu éclater ses structures. Les compositeurs se dirigent volontiers vers le théâtre musical, certains revenant aux répertoires anciens, pendant que le cinéma s'approprie une grande part du spectacle.

La diversité de l'opéra

Si, depuis les années 1920, le naturalisme règne dans les opéras – voir *Le Roi David* d'Arthur Honegger (1892-1955) –, les compositeurs d'avant-garde préfèrent le « théâtre musical », qui permet une fusion de la musique et du drame débarrassée des conventions de l'opéra : *L'Histoire du Soldat* de Stravinski (1918) doit « être lu, joué et dansé ». L'Italien Luciano Berio (né en 1925) et l'Argentin Maurizio Kagel (né en 1931) écrivent des œuvres dramatiques destinées au concert. John Cage (né en 1912), aux États-Unis, incite les compositeurs à utiliser toutes sortes de moyens (voix, instruments, électronique, représentations visuelles, objets divers, bâtiments et éléments naturels). Tout lien précis avec l'opéra a disparu. Il en est ainsi des œuvres de musique théâtrales de Karlheinz Stockhausen (né en 1928) et de celles de Luigi Nono (1924-1990), notamment *Intolleranza* (1970), écrit pour voix et bande magnétique. Quant à Silvano Bussoti (né en 1931), il propose un théâtre issu du jeu instrumental aux incidences sexualisées et l'intimité du rapport au corps dans le jeu musical (*La Passion de Sade*, 1966).

Le retour aux répertoires anciens

En 1928, Kurt Weill (1900-1950) collabore avec le dramaturge Bertold Brecht (1898-1956) dans *L'Opéra de Quat'sous*, un peu à la manière du *Beggar's Opera*. Puis, en 1930, Kurt Weill opère un retour aux répertoires anciens dans *Grandeur et décadence de la ville de Mahagonny* : Monteverdi, Mozart, Weber et Wagner cohabitent avec des « blues » et des chansons de « caf'conç'». De même, Henri Pousseur (né en 1929), dans *Votre Faust* (1969), opéra sur l'opéra, puise dans le passé, dans la tradition dramatique et musicale de Faust (Goethe, Marlowe, Liszt, etc.).

À l'aube du XXIᵉ siècle

Les évolutions sont multiples dans tous les pays. En Angleterre, Harrison Birtwistle (né en 1934) exploite des structures sérielles complexes et des sonorités stridentes (*Punch and Judy*, 1968). En Allemagne, puis en Hollande, Konrad Boehmer (né en 1941) travaille sur le matériau électronique (*Doktor Faustus*, 1983). Heinz Holliger (né en 1939) avec *Va-et-vient* (1980) et Vinko Globokar (né en 1934) avec *Un jour comme un autre* (1979) trouvent dans le théâtre musical un terrain propice à leur curiosité littéraire.

En France, Claude Prey (né en 1925), avec *Les Liaisons dangereuses* (1974), opéra épistolaire, ou Adrienne Clostre (née en 1922) ne craignent pas d'aborder des thèmes philosophiques (*Nietzsche*, 1975, *Kierkegaard*, 1983). Georges Aperghis (né en 1945) souhaite voir dans le théâtre musical la vie de tous les jours comme une grande partition… René Koering (né en 1940) avec *La Lune vague* (1984), Charles Chaynes (né en 1925) avec *Erszebet* (1984), Marcel Landowski (1915-1999) avec *Montségur* et Olivier Messiaen (1908-1992) avec *Saint François d'Assise* (1983) donnent à l'opéra un nouvel essor.

Saint François d'Assise d'Olivier Messiaen, mise en scène Peter Sellers
à l'Opéra de Paris, 1992

Histoire

Tradition et renouveau

Modèles et techniques

L'univers lyrique

Formes

Grandes œuvres

L'opéra : qui fait quoi

Spectacle dans lequel une tragédie, une comédie ou un drame sont mis en musique, l'opéra consiste en une pièce de théâtre chantée par des acteurs qu'accompagne un orchestre. Un grand nombre d'intervenants participent à sa réalisation, du projet de l'écriture jusqu'à la représentation.

Imaginer l'opéra

Le librettiste rédige le texte qui va servir de support à l'œuvre musicale : c'est le livret. S'il choisit souvent des épisodes de la mythologie, le livret peut aussi raconter une fiction (*La Flûte enchantée* de Wolfgang Amadeus Mozart, 1756-1791), être l'adaptation une pièce de théâtre (*Le Barbier de Séville* de Gioacchino Rossini, 1792-1868, d'après Pierre-Augustin Beaumarchais, 1732-1799) ou exploiter un fait divers (mari trompé, jeune fille promise à un mariage qu'elle refuse…).

Le compositeur met le texte en musique. Certains écrivent eux-mêmes leurs livrets (Richard Wagner, 1813-1883), d'autres font appel à un écrivain spécialisé : Mozart a ainsi collaboré avec un illustre librettiste, Lorenzo Da Ponte (1749-1838).

Réaliser le projet

Le directeur musical choisit les opéras qui seront joués durant une saison de spectacle. C'est lui aussi qui, le plus souvent, dirige l'orchestre, les chœurs et les chanteurs.

Le metteur en scène a pour mission de mettre en place tous les personnages et d'expliquer aux acteurs (qui sont également les chanteurs) comment jouer leur rôle.

Le décorateur donne vie aux lieux de l'histoire qui est racontée. Au moyen de décors judicieusement choisis, nombreux dans les premiers opéras (XVIIe siècle) et plus discrets de nos jours, il cherche à suggérer le maximum de choses à l'aide de matériaux simples et d'un éclairage approprié.

Représenter l'œuvre

Les chanteurs : ce sont les artistes qui jouent et chantent l'action. Selon le registre de leur voix (plus ou moins haute), on distingue six catégories de chanteurs : en les classant des plus graves aux plus aiguës, on distingue les voix masculines (basse, baryton, ténor) et les voix féminines (contralto, mezzo-soprano, soprano).

Les musiciens : pour accompagner les acteurs, un orchestre est disposé dans une fosse (partie en contrebas, située entre la scène et les spectateurs). L'orchestre, très réduit à l'époque baroque, atteint parfois des dimensions impressionnantes (au XIXe siècle par exemple).

Les chœurs accompagnent l'action. Le terme « chœur » définit d'une part un ensemble de chanteurs mais aussi le chant exécuté par cet ensemble. Certains chœurs (*Nabucco* de Giuseppe Verdi, *Carmen* de Georges Bizet) sont tellement connus du public qu'ils sont même utilisés par la publicité.

Pour donner plus de grandeur à la représentation, on fait parfois appel à des foules de figurants qui évoluent sur scène vêtus en soldats, en paysans, en prisonniers…

Fête donnée par le cardinal de la Rochefoucauld
au théâtre Argentina de Rome le 15 juillet 1747

Histoire

Tradition et renouveau

Modèles et techniques

L'univers lyrique

Formes

Grandes œuvres

Des termes communs à l'opéra et à l'orchestre

En musique, on emploie des termes techniques indiquant des nuances d'interprétation ou une recommandation d'écriture. Ils changent parfois de sens en s'appliquant à l'opéra.

Cantabile

■ Signifiant « chantable » en italien, ce terme qualifie une mélodie qui doit être jouée comme si elle devait être chantée. Il est courant au XVIIIᵉ siècle pour inviter les instrumentistes à se rapprocher du style vocal du bel canto.

■ En matière vocale, il permet d'éviter les intervalles difficiles et les rapides successions de notes brèves.

Da capo

■ Indiquant une reprise de mouvement, « da capo » signifie « à nouveau, à partir du début » ; elle exige la reprise, après la partie centrale de l'air, de sa première partie qui lui sert aussi de conclusion (*Le Couronnement de Poppée* de Claudio Monteverdi).

■ L'« aria da capo », régnant dans l'opéra baroque puis dans toute la musique vocale, influence la musique instrumentale. À Naples, au XVIIIᵉ siècle, elle dégénère parfois en pur formalisme et disparaît au XIXᵉ siècle.

Marche

■ Morceau de rythme régulier et bien accentué réglant l'évolution d'un groupe (cortège, défilé), elle apparaît au XVIIᵉ siècle chez Jean-Baptiste Lully (*Cadmus et Hermione*, *Alceste*, ballets) puis chez Georg Friedrich Haendel (*Il Pastor fido*).

■ Richard Wagner lui donne un caractère processionnel (*Le Crépuscule des Dieux*, *Tannhäuser*, *Les Maîtres chanteurs*) ou nuptial (*Lohengrin*) ; chez Giuseppe Verdi, elle peut être triomphale (*Aïda*).

Crescendo

■ Indication de nuance qui commande l'augmentation progressive de l'intensité sonore. Maurice Ravel en donne le modèle orchestral dans son *Boléro* (1928), où il s'applique à la fois aux instruments, qui s'ajoutent les uns aux autres, et à l'intensité.

■ Encore présent chez Wagner et Verdi, c'est la marque de Gioacchino Rossini, qui l'applique à la mélodie mais aussi à l'exposition orchestrale des arias (air de la calomnie du *Barbier de Séville*).

Cantilène

Synonyme de psalmodie dans le chant chrétien primitif, c'est à l'opéra une partie chantée dominante au sein d'ensembles vocaux, quatuors ou quintettes (*Così fan tutte*, *Les Noces de Figaro* de W.A. Mozart).

Strette

Diminution, rétrécissement. Au XIXᵉ siècle, c'est la partie finale de l'opéra.

LEITMOTIV

Les origines

Ce terme, signifiant en allemand « motif conducteur », a été inventé par Hans von Wolzogen, directeur de la revue *Bayreuther Blätter*, qui a supplanté le terme inventé par Richard Wagner (1813-1883) lui-même. Association d'un thème musical à une idée dans l'orchestre ou à un personnage dans l'opéra, le leitmotiv réapparaît à plusieurs reprises dans une œuvre, activant ainsi la mémoire auditive. La musique évoque la présence de cette idée ou de ce personnage mais aussi en suggère les transformations ou révèle les pensées secrètes des acteurs, voire sert de base à l'architecture d'une scène musicale. Certains en voient l'origine lointaine dans les versets de chants de l'Église primitive. Ce procédé est repris par Carl Maria von Weber (1786-1826) dans *Der Freischütz* et *Euryanthe*. Modeste Grétry (1741-1813), dans *Richard Cœur de Lion*, reprend neuf fois le thème de la romance.

Berlioz, Wagner, Debussy

• À l'orchestre, Hector Berlioz (1803-1869) fait de même avec son thème de la bien-aimée dans la *Symphonie fantastique*. La *Faust Symphonie* de Franz Liszt (1811-1886) exploite largement le thème de Méphistophélès.

• *L'Anneau du Nibelung* contient cent vingt leitmotive ; on en relève trente-six dans *Parsifal* : chez Wagner en effet, le procédé constitue un moyen d'expression propre à son langage musical. Il accompagne l'évolution du drame et participe à son déroulement.

• À la manière d'un leitmotiv, Claude Debussy (1862-1918) a également paré d'un thème mélodique le personnage de Mélisande dans son opéra *Pelléas et Mélisande* (voir p. 145), thème qui sera repris en hommage au compositeur par Paul Dukas (1865-1935) dans *Ariane et Barbe-Bleue*.

Les leitmotive de *Tristan et Isolde* de Wagner

• l'aveu

• le désir

• le philtre d'amour

• le philtre de mort

• le coffret magique

Histoire

Tradition et renouveau

Modèles et techniques

L'univers lyrique

Formes

Grandes œuvres

Structures

Un opéra est régi par son livret, qui met en scène les personnages et les fait agir grâce à la succession des arias et des récitatifs formant la texture vocale de l'œuvre. Il entre dans une structure bien établie. Structurant l'opéra, ouverture, prologue, chœurs et final évoluent au cours de son histoire.

Ouverture

Composition instrumentale introduisant un opéra, l'ouverture présente en général les thèmes des airs qu'on retrouve au long de l'œuvre. On distingue l'ouverture à l'italienne, dont une des plus anciennes est celle de l'*Orfeo* de C. Monteverdi, en trois mouvements (rapide-lent-rapide), et l'ouverture à la française, apparue avec J.-B. Lully, qui est aussi en trois mouvements, mais inversés (lent-rapide-lent). H. Purcell, G.F. Haendel et J.-P. Rameau l'adoptent, mais ce dernier la réduit à deux mouvements (lent-rapide).

Au XVIIIe siècle, C.W. Gluck écrit une ouverture « pour informer les spectateurs de la nature de l'action qui se prépare et en former, pour ainsi dire, l'argument » (Préface d'*Alceste*), tandis que chez G. Rossini elle présente les principaux airs de l'opéra.

Le XXe siècle la réduit souvent au minimum : celle de *Pelléas et Mélisande* de C. Debussy n'est qu'une brève introduction musicale ; dans *Wozzeck* d'A. Berg, c'est un minuscule prélude, qui disparaît enfin chez R. Strauss *(Salomé)*.

Prologue

Préambule à l'opéra, le prologue (placé juste après l'ouverture) présente l'action avant que les faits ne débutent. De rigueur chez J.-B.Lully, il est délaissé par J.-P. Rameau mais réapparaît chez H. Berlioz *(Roméo et Juliette)* et R. Wagner qui fait d'un opéra entier, *L'Or du Rhin*, le prologue de sa *Tétralogie*.

Chœur

Le chœur est un groupement de parties vocales correspondant en général aux quatre voix principales mixtes unies : soprano et contralto, ténor et basse. Si C. Monteverdi et G.F. Haendel lui attachaient quelque importance, C.W. Gluck lui donne un rôle essentiel.

Dans l'opéra romantique, il commente, résume l'action et soutient les solistes. R. Wagner lui donne un rôle dramatique éminent. Chez les Russes, il représente souvent le peuple et joue un rôle capital dans le développement de l'action (*Boris Godounov* de M. Moussorgsky). L'opéra romantique fait appel à des enfants (*Carmen* de G. Bizet) ou à des foules organisées : le chœur des prisonniers dans *Fidelio* de L. van Beethoven ou celui des Hébreux dans *Nabucco* de G. Verdi impressionnent par leur puissance.

La tendance s'inverse au XXe siècle : I. Stravinski utilise un chœur parlé *(Œdipus Rex)* et K. Stockhausen fait chuchoter ses choristes.

Final

Le final (« finale » en italien) achève une œuvre musicale ou un acte d'un opéra. Point culminant de l'acte jusqu'à la fin du XVIIIe siècle, il garde son importance dans l'opéra du XIXe siècle et permet des effets théâtraux spectaculaires, mais il disparaît avec R. Wagner, ayant perdu sa fonction dramatique.

DEUX ORGANISATIONS DE L'OPÉRA

Composé de la juxtaposition de formes simples, l'opéra a connu une évolution de structure au cours de son histoire. C'est ainsi qu'on distingue deux types de structures présentées par le livret.

▪▪ L'opéra à numéros

Chaque morceau est un tout, indépendant de ce qui le précède et de ce qui le suit. Ainsi, le découpage des *Noces de Figaro* de Wolfgang Amadeus Mozart (1756-1791) se fonde sur une construction à numéros. Par exemple, l'acte III :
- Récitatif (le comte).
- Récitatif (la comtesse).
- N° 16, duo (le comte et Suzanne).
- Récitatif (le comte et Suzanne).
- N° 17, récitatif et aria (le comte).
- Récitatif (Curzio, Marceline, Figaro, le comte, Bartholo).
- N° 18, sextuor (Marceline, Figaro, Bartholo, Curzio, le comte, Suzanne).
- Récitatif (Marceline, Bartholo, Suzanne, Figaro).
- N° 19, récitatif et aria (la comtesse).
- Récitatif (Antonio, le comte, puis la comtesse, Suzanne).
- N° 20, duettino (Suzanne, la comtesse).
- Récitatif (Suzanne, la comtesse).
- N° 21, chœur.
- Récitatif (Barberine, la comtesse, Suzanne puis Antonio, le comte, Chérubin, Barberine, Figaro).
- N° 22, final (Figaro, Suzanne, le comte, la comtesse), qui en fait n'est pas un vrai final mais plutôt une scène un peu plus variée qu'un morceau habituel, composée de cinq parties enchaînées : marche, duetto avec chœur, ballet, récitatif du comte et reprise du chœur.

▪▪ Le drame lyrique

L'unité de construction est désormais la scène (et non plus le numéro), les éléments musicaux et dramatiques étant entièrement intégrés.

Richard Wagner (1813-1883) emploie le terme dans *Tristan et Isolde*, mais Christoph Willibald Gluck (1714-1787) dans *Alceste* et Carl Maria von Weber (1786-1826) avaient déjà utilisé l'appellation.

Le poème, expression de l'idée selon Wagner, impose ses lois à la musique qui se fait commentaire et prolongement du texte. La trame orchestrale, très dense, souligne l'action dramatique par le leitmotiv (motif musical symbolisant une idée ou un personnage). Désormais, l'élément symphonique prévaut et il devient difficile d'isoler un monologue au sein d'un discours musical continu.

Giacomo Puccini (1858-1924), Ernest Chausson (1855-1899), Gabriel Fauré (1845-1924) se rangent au style du drame lyrique. Dans *Pelléas et Mélisande*, Claude Debussy (1682-1918) adopte cette forme où ne figurent ni duo, ni chœur ni air. En revanche, *Wozzeck* d'Alban Berg (1885-1935), qui reste un drame lyrique, présente dans la forme un retour aux structures isolées.

Histoire

Tradition et renouveau

Modèles et techniques

L'univers lyrique

Formes

Grandes œuvres

La voix (1).
Les voix féminines

On rencontre une infinité de types vocaux. Les catégories vocales sont une classification artificielle, souvent liées au développement des écoles de chant. L'opéra a défini pour les femmes trois catégories, souvent déterminées par les « emplois » qui leur sont confiés.

Catégorie	Sous-catégorie	Étendue	Timbre (couleur, volume, éclat)	Rôle à l'opéra
Soprano La plus élevée des voix féminines (*sopra* = dessus)	Soprano léger Coloratura (terme s'appliquant aux ornements de la mélodie)		Cette voix, très étendue, est apte aux virtuosités dans l'aigu.	La Reine de la nuit (*La Flûte enchantée*, Mozart) Lucia (*Lucia di Lammermoor*, Donizetti)
	Soprano lyrique		Son étendue est comparable à celle du soprano léger (tout en étant moins à l'aise dans l'aigu), mais elle est plus puissante et plus expressive.	Elsa (*Lohengrin*, Wagner) Marguerite (*Faust*, Gounod)
	Soprano dramatique		Voix plus sonore et plus sombre, qui descend davantage dans le grave.	Isolde (*Tristan et Isolde*, Wagner) Floria Tosca (*Tosca*, Puccini) Violetta (*La Traviata*, Verdi)
Mezzo-soprano (à moitié soprano, en italien) intermédiaire entre le soprano et le contralto	Mezzo-soprano léger		Voix proche du soprano dramatique, en moins sombre. Elle illustre souvent les rôles de soubrette.	Despina (*Così fan tutte*, Mozart) Siebel (rôle travesti dans *Faust*, Gounod)
	Mezzo-soprano lyrique		Timbre chaud et riche.	Octavian (rôle travesti dans *Le Chevalier à la rose*, R. Strauss)
Contralto (alto en abrégé) La plus grave des voix de femmes	Elle est parfois remplacée par le mezzo-soprano lyrique.		Sonorité ample et chaude, prolongeant l'étendue du mezzo-soprano vers le grave par son registre « de poitrine » (sons émis par résonance au niveau de la poitrine).	Erda (*L'Or du Rhin*, Wagner) Mrs Quickly (*Falstaff*, Verdi)

Ce qui définit la voix

L'étendue

Chacun d'entre nous dispose d'un certain nombre de notes chantées qu'il peut émettre avec plus ou moins de facilité. L'étendue définit les limites extrêmes de la voix dans le grave et l'aigu.
– soprano : de si2 à ut5---------fa5 (pour les plus aigus) ;
– mezzo-soprano : de la2 à la4---------si4 ;
– contralto : fa2 à sol4.
En fait, on a renoncé depuis longtemps à un classement des voix en fonction de leur étendue ; on retient surtout la nature des voix telles qu'elles se manifestent dans les différents rôles du répertoire.

La tessiture

C'est l'étendue ordinaire des notes qu'une voix ou un instrument peuvent couvrir sans difficulté. La tessiture est aussi l'étendue moyenne dans laquelle est écrite une composition vocale.

Tosca de Puccini, avec Hildegard Behrens

La puissance

Elle définit le maximum d'intensité mesurée en décibels qu'atteint la voix dans ses extrêmes. Pour les voix chantées :
– voix puissantes d'opéra : 120 dB et plus ;
– voix moyennes d'opéra : 110 à 120 dB ;
– voix d'opéra-comique : 100 à 110 dB ;
– voix d'opérette : 90 à 100 dB ;
– voix de salon (avec accompagnement limité, Lieder avec piano par exemple) : 80-90 dB ;
– voix ordinaires et non travaillées : au-dessous de 80 dB.

Le timbre

Couleur même de la voix, il est en relation directe avec la technique vocale et est l'expression du nombre et de l'intensité des sons harmoniques. Le timbre est lié aux harmoniques, c'est-à-dire aux multiples de la fréquence du son fondamental émis. Ajoutés au son fondamental, ces sons donnent le timbre.

Le vibrato

Le vibrato est une pulsation dans la note, accompagnée de fluctuations d'intensité et de timbre (tremblement rapide). La fluctuation de la hauteur de son est très large. Les chanteurs d'opéra ont un taux de vibrato rapide. Ce taux augmente dans la musique dramatique en fonction du contenu émotionnel. Le vibrato est perçu comme une variation de couleur. Il donne à la voix sa qualité émouvante. Lorsqu'un chanteur l'exécute rapidement, l'auditeur perçoit un battement. S'il est, en revanche, exécuté trop lentement, l'auditeur perçoit un chevrotement.

• En fait, ces distinctions qui permettent de donner une idée plus précise des voix s'effacent devant les qualités dont la voix fait preuve lors des différentes étapes de la carrière d'un chanteur, des personnalités exceptionnelles que demandent certains rôles, des possibilités expressives du chant, de son style, et enfin du goût du public.

Histoire

Tradition et renouveau

Modèles et techniques

L'univers lyrique

Formes

Grandes œuvres

La voix (2).
Les voix masculines

Par ordonnance papale, les femmes sont interdites au théâtre jusqu'à la fin du XVIIIᵉ siècle ; seuls les hommes peuvent apparaître en scène. Pour assurer les rôles féminins du livret, on fait donc appel aux tessitures les plus hautes ainsi qu'aux castrats.

Catégorie	Étendue	Sous-catégorie	Caractéristiques	Rôles à l'opéra
Ténor Catégorie la plus aiguë		Haute-contre ou contre-ténor	Voix de ténor spécialisée dans les notes aiguës	Dans les œuvres de Campra, Lully, Rameau. Au XXᵉ s., Obéron (*Le Songe d'une nuit d'été*, Britten)
		Ténor léger	Voix brillante, monte à l'aigu, vocalise	Tamino (*La Flûte enchantée*, Mozart), Almaviva (*Le Barbier de Séville*, Rossini)
		Ténor bouffe (ou trial)	Volume généralement faible	Mime (*L'Or du Rhin*, Wagner)
		Ténor lyrique	Timbre charmeur, voix la plus répandue chez les ténors	Le duc (*Rigoletto*, Verdi), Des Grieux (*Manon*, Massenet), Rodolphe (*La Bohème*, Puccini)
		Ténor dramatique	Voix plus large, timbre plus incisif	Lohengrin (*Lohengrin*, Wagner), Radamès (*Aïda*, Verdi)
		Fort ténor	Voix puissante, registre plus limité que le ténor dramatique	Florestan (*Fidelio*, Beethoven), Éléazar (*La Juive*, Halévy)
Baryton Catégorie médiane		Baryton élevé (ou baryton Martin)	Timbre envoûtant, chante facilement dans l'aigu	Pelléas (*Pelléas et Mélisande*, Debussy)
		Baryton proprement dit	Voix d'homme la plus courante. Très répandue	Amfortas (*Parsifal*, Wagner), Figaro (*Les Noces de Figaro*, Mozart), Escamillo (*Carmen*, Bizet)
		Baryton Verdi	Voix un peu plus étendue	Rigoletto (*Rigoletto*, Verdi), Iago (*Otello*, Verdi), Scarpia (*Tosca*, Puccini)
		Baryton-basse	Les notes graves ont de la force. Voix à caractère souvent dramatique	Hans Sachs (*Les Maîtres chanteurs*, Wagner), Wotan (*Tétralogie*, Wagner), Don Giovanni (*Don Giovanni*, Mozart), Boris (*Boris Godounov*, Moussorgsky)
Basse La plus grave des voix masculines		Basse élevée	Voix à caractère lyrique	Kaspar (*Le Freischütz*, Weber), Méphisto (*Faust*, Gounod)
		Basse profonde ou basse noble	Voix la plus grave, dont l'étendue peut être de deux octaves	Sarastro (*La Flûte enchantée*, Mozart), Ramfis (*Aïda*, Verdi), Arkel (*Pelléas et Mélisande*, Debussy)

LES CASTRATS

■ Le timbre de l'enfant, la puissance de l'adulte

Le castrat, chanteur adulte de sexe masculin, était castré avant la mue, selon un usage en vigueur jusqu'à la fin du XIXe siècle, afin de conserver son timbre clair et perçant d'enfant. Puissante et souple, la voix d'un castrat pouvait couvrir l'étendue de trois octaves, comprenant les registres de soprano, contralto et ténor jusqu'à la basse. Les femmes n'étant pas autorisées à chanter dans les églises, on les remplaça par les castrats dans les œuvres polyphoniques (à plusieurs lignes mélodiques). Ils entrent à la chapelle Sixtine à Rome et remportent des succès en Italie d'abord, puis dans toute l'Europe. Leur grande virtuosité vocale (bel canto), leur timbre pur et séduisant, leurs incroyables vocalises, leur sens musical, l'étendue de leur voix, à la puissance et à l'éclat incomparables, créent un extraordinaire engouement du public et des compositeurs eux-mêmes. De nombreux compositeurs ont écrit pour les castrats : C.W. Gluck dans *Orphée*, W.A. Mozart dans *Idoménée* (Idamante), G. Rossini dans *Il Crociato in Egitto*.

■ Quelques castrats célèbres

• Giovanni Gualberto, un des premiers castrats à tenir un rôle à l'opéra, chante l'*Orfeo* de C. Monteverdi en 1607.
• Farinelli (1705-1782) s'appelait en réalité Carlo Broschi. Très doué pour la musique, lui-même compositeur, il connaît la gloire à Naples, Bologne, Vienne, Londres, Paris. Il tient un rôle important à la cour d'Espagne. Métastase crée des personnages spécialement pour lui.
• Gaetano Caffarelli, élève du compositeur italien Nicolà Porpora, est cité par Stendhal dans ses *Lettres sur Métastase*, où il décrit son tempérament belliqueux et ses caprices. Caffarelli connaît tous les succès de la prima donna. Ses conquêtes amoureuses sont notoires.
• Crescentini (1762-1846) eut, dit-on, le privilège de faire pleurer Napoléon Ier qui l'entendit en 1809 dans un opéra de N. Zingarelli.

Dans les premières années du XXe siècle, on pouvait encore entendre des castrats à la chapelle Sixtine et dans certaines chapelles de Rome ; il nous reste quelques enregistrements de Domenico Mustafa (1829-1912) et Alessandro Moreschi, les derniers castrats.

Le soprano Carlo Broschi dit Farinelli (1705-1782)

Histoire

Tradition et renouveau

Modèles et techniques

L'univers lyrique

Formes

Grandes œuvres

Formes vocales

L'opéra est un drame chanté par un ou plusieurs artistes. Dans certains cas, les airs sont séparés et prennent une forme particulière. Ailleurs, ils sont reliés entre eux soit par des récitatifs, soit par des dialogues. Il arrive que plusieurs personnages chantent ensemble.

Aria, arietta, arioso

Grande mélodie vocale en général accompagnée à l'orchestre, l'aria est au XVIIe siècle l'élément principal du genre nouveau qu'est l'opéra. L'aria da capo, de forme ternaire (schéma A-B-A), est un élément important de l'opéra italien. Rameau écrit des arias en trois parties sans reprise (A-B-C), mais dont la tonalité préserve l'unité. L'aria di bravura s'adresse aux virtuoses de l'opéra baroque.

L'arietta, plus simple et de style léger, dépourvue de section centrale (B), est introduite dans l'opéra italien par Bononcini (fin XVIIe) et dans l'opéra-comique par Grétry et Monsigny (fin XVIIIe s.).

L'arioso, plus ample que le récitatif, est moins élaboré que l'aria. Les mots y sont prononcés de manière déclamatoire : cette forme est caractéristique des opéras de Monteverdi.

Cabaletta, cavatine, canzone, sérénade

Air bref au rythme simple et vif, la cabaletta, au XIXe siècle, termine souvent une scène. Elle est fréquente chez Rossini et Verdi (air de Violetta, *La Traviata*).

Brève chanson sans reprise ni fioritures, la cavatine est plus courte que l'aria et souvent précédée d'un récitatif : ainsi « Se vuol ballare » des *Noces de Figaro*, « Una voce poco fa » du *Barbier de Séville*.

Chanson des troubadours italiens, la canzone devient instrumentale chez les luthistes du XVIe siècle. À l'opéra, à partir du XVIIIe, c'est un air étranger au contexte (air de Chérubin des *Noces de Figaro*).

Chanson de style galant, composée de strophes, accompagnée d'instruments à cordes pincées (guitare, mandoline), la sérénade est chantée sous le balcon de la bien-aimée : *Don Giovanni* de Mozart, Almaviva du *Barbier de Séville* de Rossini, Méphisto dans la *Damnation de Faust* de Berlioz, *Le Trouvère* de Verdi.

Lamento, parlando, Sprechgesang

Chant plaintif, le lamento vient juste avant le point culminant de l'action tragique. Fréquent à l'opéra au XVIIe siècle, il exprime le désespoir d'un personnage (*Lamento d'Ariane* de Monteverdi).

Dans le parlando, la voix s'approche au plus près de la parole, notamment dans les passages rapides où chaque syllabe correspond à une note : *Capriccio* (R. Strauss) est une conversation en musique. Pour faire progresser l'action, le récitatif est déclamé sur une phrase musicale épousant le rythme du langage.

Le Sprechgesang (parlé-chanté), baptisé par Schoenberg *(Pierrot lunaire)*, désigne une forme de déclamation où les mots sont indiqués pour la hauteur de la voix parlée sans pour autant rompre avec les principes essentiels du chant classique.

LE RÉCITATIF

Aria et récitatif

L'aria, par son caractère mélodique marqué et ses ornements, remplit une fonction qui permet aux personnages de réagir à l'action et d'exprimer leurs sentiments et leurs passions.

Dans le récitatif, la phrase musicale se met au service du langage en épousant le rythme et en soulignant le sens du mot. Il développe l'action de l'ouvrage et assure la progression de son récit.

Les styles du récitatif

• Dans le récitatif simple (stile recitativo, appelé au XIXᵉ siècle recitativo secco), la voix est soutenue par une basse continue – en général, le clavecin accompagné du violoncelle – dont les accords suivent la souple élocution de l'interprète. Une très large liberté d'interprétation est laissée au chanteur. Il reste le plus fréquent de Jean-Baptiste Lully à Christoph Willibald Gluck jusqu'à l'apparition du récitatif accompagné.

• Le récitatif accompagné (recitativo obligato) est plus méditatif et expressif. Sorte de monologue, il présente un caractère plus détendu et unit la voix à plusieurs instruments et même à l'orchestre. Il va constituer une forme intermédiaire entre récitatif pur et aria, sorte de lien entre les différents airs et les morceaux d'ensemble de l'opéra.

• Le récitatif continu va donner naissance à un nouveau style dramatique pour ne former qu'une longue mélodie continue. Si Richard Wagner en est l'un des instigateurs, Claude Debussy lui emboîte bientôt le pas (Pelléas et Mélisande).

• Le récitatif mélodique de Claude Debussy suit le débit naturel de la parole. Son exemple est suivi par Richard Strauss (Le Chevalier à la Rose) et Francis Poulenc (Dialogues des carmélites).

• Le Sprechgesang substitue au récitatif le procédé expressionniste de la mélodie parlée. Désormais, d'un bout à l'autre de la pièce, la phrase épouse le langage parlé dans toute sa souplesse. Alban Berg, élève d'Arnold Schoenberg, se sert du langage sériel et fait alterner la voix parlée avec des parties réellement chantées (Wozzeck).

• Avec la technique électroacoustique, Krzysztof Penderecki, Karlheinz Stockhausen, Luigi Nono travaillent la voix qu'ils intègrent au matériau sonore ou, au contraire, qu'ils émiettent au point de rendre le texte inintelligible.

Le Crépuscule des dieux de Richard Wagner, mise en scène Patrice Chéreau, festival de Bayreuth 1979

«... aux endroits où le texte, après un élan lyrique plus animé, se transforme dans le simple énoncé d'un discours exprimant un sentiment, je n'ai jamais renoncé à mon droit de déterminer le débit d'une façon aussi précise que dans les passages chantés. »

R. Wagner, extrait d'une lettre à Liszt, 1850.

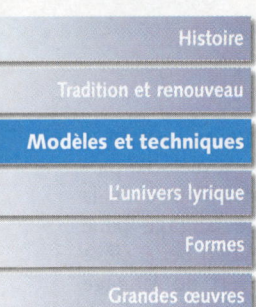

Histoire

Tradition et renouveau

Modèles et techniques

L'univers lyrique

Formes

Grandes œuvres

Livret (1).
Paroles et musique

Langage musical et langage verbal se contredisent : le rythme de la parole n'est pas celui de la musique, et l'intelligibilité du chant ne repose que sur quelques mots. De plus, la langue du texte ne s'accorde pas toujours à la musique.

L'union de la parole et de la musique

◼ Depuis toujours, la musique a accompagné les poèmes et les œuvres scéniques. Pourtant, l'union de la parole et de la musique dans le chant ne va pas de soi. La parole utilise le timbre, l'intensité, la durée, alors que d'autres moyens sont mis en œuvre dans le chant. Dans la langue allemande, la hauteur, la longueur des syllabes et des voyelles ont une importance beaucoup plus marquée qu'en français par exemple. Adapter un texte parlé sur une musique demande donc une transformation qualitative des informations.

◼ Le rythme et les sonorités du poème parlé sont transformés par le rythme qu'impose la mesure de la mélodie : les temps forts comme les temps faibles sont répartis selon les lois de la composition musicale. Le rythme musical devient nécessairement distinct du rythme prosodique ; du reste, certains poètes ont systématiquement refusé la mise en musique de leurs œuvres.

◼ Cette disparité se retrouve dans les particularités mêmes de la langue : le caractère vocalique (à base de voyelles) de l'italien donne un chant plus naturel que l'aspect consonantique (à base de consonnes) de l'allemand. Pourtant, avec Richard Wagner, l'accentuation de l'allemand marque le début de la mesure et le texte prend une place essentielle dans la composition musicale.

Musique et vers

◼ Pour pallier la difficulté de la compréhension du texte, les vers permettent à la musique d'adopter leur périodicité. Le type de vers le plus employé en français et en italien est l'octosyllabe, moins structuré que l'alexandrin. Sa souplesse d'accentuation lui permet de mieux se plier au rythme musical.

◼ Quand cesse la contrainte d'une forme musicale, la forme versifiée n'est plus nécessaire : ainsi, le texte des récitatifs d'opéra est généralement en prose.

L'intelligibilité du texte

◼ Dans un texte mis en musique, il est malaisé de distinguer phonèmes et paroles : on ne saisit au vol que quelques mots. Ces mots clés, que doit connaître le librettiste, permettent la compréhension d'un texte au langage simple, à la syntaxe minimale, au vocabulaire limité. L'écriture du livret s'oppose ainsi à celle du texte littéraire : il doit être entendu et non lu.

◼ Richard Wagner, qui écrit ses livrets, use de l'allitération (répétition d'une sonorité à l'initiale : « pour qui sont ces serpents qui sifflent sur vos têtes ? ») et de l'assonance (répétition à la fin de deux vers d'une voyelle accentuée : sombre-fondre, peintre-cintre). La lecture isolée du texte d'un de ses opéras peut sembler ridicule, mais il prend une tout autre dimension lors de sa représentation.

EXEMPLE DE PARTITION

Cathy Berberian et l'interprétation de Sequenza III de Luciano Berio

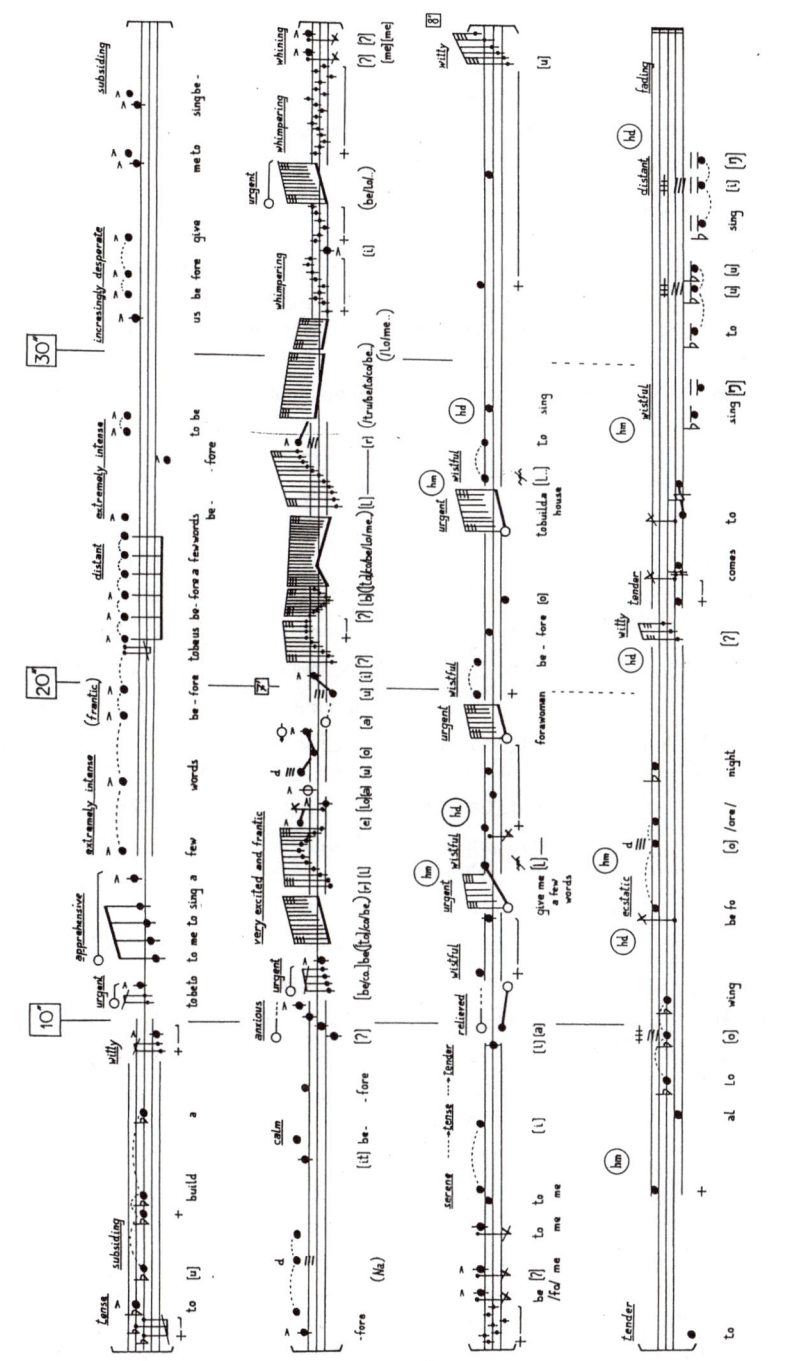

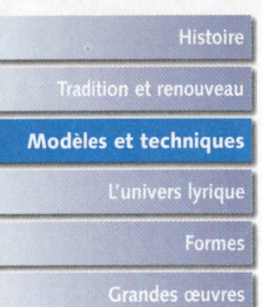

Histoire

Tradition et renouveau

Modèles et techniques

L'univers lyrique

Formes

Grandes œuvres

Livret (2).
Sur le modèle antique

L'opéra naît à l'époque baroque, qui suit la Renaissance et opère un retour à l'Antiquité. Tout naturellement, les premiers livrets puisent leurs sources dans les grands thèmes antiques, que réutiliseront bien plus tard certains livrets de l'époque romantique ou de notre siècle.

Des mythes qui acquièrent la faveur des compositeurs et librettistes

Le modèle antique attire bon nombre d'auteurs et sert souvent à constituer l'intrigue de leurs œuvres. Parmi ces mythes, on peut retenir par exemple :

Mythe	Origine	Librettiste	Compositeur	Titre de l'opéra
Acis et Galatée	Légende du cyclope Polyphème	J.-B. Campistron	M.-A. Charpentier	*Acis et Galatée* (1678)
			J.-B. Lully	*Acis et Galatée* (1686)
		R. de'Calzabigi	C.W. Gluck	*Acis et Galatée* (1767 ; version fr. 1776)
Achille	Homère, *L'Iliade*	A. Danchet	A. Campra	*Achille et Déidamie* (1735)
		I. Bentivoglio	G. Legrenzi	*Achille a Sciro* (1663)
		Pietro Trapassi dit Métastase	A. Caldara	*Achille a Sciro* (1736)
			N. Jommelli	*Achille a Sciro* (1749)
Alceste	Euripide	P. Quinault	J.-B. Lully	*Alceste ou le Triomphe d'Alcide* (1674)
		R. de'Calzabigi	C.W. Gluck	*Alceste* (1767 ; version fr. 1776)
		Trad. anglaise de G. Murray	R. Boughton	*Alkestis* (1922)
Antigone	Sophocle	Métastase	J.-A. Hasse	*Antigona* (1743)
		G. Coltellini	T. Traetta	*Antigona* (1772)
		J. Cocteau	A. Honegger	*Antigone* (1917)
Orphée	Légende d'Orphée	A. Striggio	C. Monteverdi	*La Favola d'Orfeo* (1607)
		R. de'Calzabigi	C.W. Gluck	*Orfeo ed Euridice* (1774)
et		H. Crémieux et J.-F. Halévy	J. Offenbach	*Orphée aux enfers* (1858)
Eurydice		A. Lunel	D. Milhaud	*Les Malheurs d'Orphée* (1926)
		C. Pavolini	A. Casella	*La Favola d'Orfeo* (1932)

D'autres mythes et légendes ont été particulièrement exploités dans l'opéra et mis en musique par des compositeurs célèbres : Armide (C.W. Gluck, J.-B. Lully, J. Haydn), Médée (M.-A. Charpentier, L. Cherubini), Iphigénie (D. Scarlatti, L. Cherubini, R. Strauss et C.W. Gluck), l'Olympiade, Daphné, Ariane…

ARIANE, UN MYTHE TRÈS SOLLICITÉ

▪ Ariane, une légende adoptée par de nombreux compositeurs et librettistes

Ariane a retenu la faveur de bon nombre de librettistes et compositeurs : Ottavio Rinuccini écrit le livret de l'*Arianna* mise en musique par Claudio Monteverdi en 1608 ; Benedetto Marcello fait appel à Cassani pour son *Arianna* de 1727. On peut citer Bernardo Pasquini (*Arianna*, 1685) sans oublier Luigi Cherubini, Christoph Willibald Gluck, Georg Friedrich Haendel, Antonin Dvorák, Joseph Haydn, Jean-Baptiste Lully, Gioacchino Rossini, Niccolo Piccinni, Antonio Vivaldi, Jules Massenet (*Ariane*, 1906) et jusqu'à Darius Milhaud.

▪ Richard Strauss et Hugo von Hofmannsthal perdent le fil

Pour remercier Max Reinhardt, qui avait mis en scène *Le Chevalier à la rose*, Richard Strauss et son librettiste Hugo von Hofmannsthal décidèrent d'écrire un petit opéra. À l'origine,

Strauss avait écrit une musique de scène qui ne devait se composer que d'un acte et être exécutée à la suite d'une représentation du *Bourgeois gentilhomme* de Molière. L'œuvre, *Ariane à Naxos*, fut beaucoup plus longue qu'il n'était prévu. La version définitive (1916), qui succède à une première version en un acte (1912), comprend un prologue qui se déroule chez un riche Viennois où s'affairent machinistes, musiciens, chanteurs avant la première d'un opera seria ponctué d'intervalles chantés et dansés par les comédiens. L'opéra proprement dit commence après l'intervalle. Le spectacle retrace les plaintes et le désespoir d'Ariane abandonnée dans l'île de Naxos, que fort heureusement les comédiens italiens égayent de leur présence. L'opera seria et la commedia dell'arte s'entremêlent dans cet étrange opéra, véritable théâtre dans le théâtre. C'est ainsi que, totalement remanié, le mythe d'Ariane, fille de Minos et de Pasiphaé, est devenu prétexte à la création d'une œuvre insolite et très attachante.

Ariane à Naxos de Richard Strauss, avec Montserrat Caballé

Histoire

Tradition et renouveau

Modèles et techniques

L'univers lyrique

Formes

Grandes œuvres

Livret (3). Légendes, littérature et théâtre

À l'époque romantique, les librettistes adaptent à l'opéra des romans ou développent des grands mythes et des légendes à la mode. Ils se tournent aussi vers le théâtre, où ils puisent de nombreux sujets en vogue.

● Musiciens et écrivains

La Dame aux camélias d'Alexandre Dumas fils (1824-1895) a permis à Giuseppe Verdi d'écrire avec Francesco Maria Piave (1810-1876) *La Traviata* (1853). Gioacchino Rossini, avec E. de Jout et Fl. Bis, a puisé ses sources chez Friedrich von Schiller pour *Guillaume Tell* (1829) ; Verdi s'en inspire également pour *Luisa Miller* (1848) et *Don Carlos* (1867). Deux grands poètes ont constitué une source essentielle de l'opéra romantique : Johann Wolfgang Goethe (1749-1832) et Alexandre Pouchkine (1799-1837).

Œuvres de Goethe	Musique	Œuvres de Pouchkine	Musique
La Damnation de Faust (1846)	Berlioz	*Eugène Onéguine* (1881)	Tchaïkovski
Doktor Faust (1925)	Busoni	*La Dame de Pique* (1890)	Tchaïkovski
Faust (1859)	Gounod	*Tsar Saltan* (1900)	Rimski-Korsakov
Faust (1816)	Spohr	*Russlan et Ludmilla* (1842)	Glinka
Mefistofele (1868)	Boito	*Boris Godounov* (1874)	Moussorgsky
Werther (1892)	Massenet	*Le Coq d'or* (1909)	Rimski-Korsakov
		Mavra (1922)	Stravinski

● Un grand mythe romantique : Faust

▬ Georges (ou Jean) Faust, un assez mauvais astrologue vivant entre 1480 et 1540, est tout d'abord maître d'école en Allemagne du Sud et dans les pays du Rhin. Il a suivi des études de magie à Cracovie et a séjourné à Rome et Paris avant de mourir égorgé.

▬ La légende née à son propos raconte qu'il aurait conclu un pacte avec le démon. Le *Volksbuch*, écrit anonyme de 1587, est le premier texte à retracer sa vie. Aux XVIIe et XVIIIe siècles, *Faust* est joué en Allemagne sur les tréteaux de foire et théâtres de marionnettes. Le mythe est alors bien vivant.

▬ Si Goethe va incarner en Faust sa frénésie de vivre, les romantiques allemands conduisent leur héros à la damnation (Faust est rapproché de Don Juan). Adopté en France grâce à la traduction de Gérard de Nerval, il inspire les musiciens d'opéra : les *Huit Scènes de Faust* (1828) d'Hector Berlioz deviendront en 1846 *La Damnation de Faust*. Suivront le *Faust* de Charles Gounod (1859) et *Mefistofele* d'Arrigo Boito (1868).

● Les légendes, sources d'inspiration

▬ Le mythe de Tristan et Iseult séduit Richard Wagner par son double visage : simple histoire d'adultère ou plénitude de l'amour humain.

▬ *Les Mille et Une Nuits* attirent par leur exotisme : *Abu Hassan* (1811) de Carl Maria von Weber et *Turandot* (1926) de Giacomo Puccini s'en inspirent.

Opéra et théâtre

Auteur	Compositeur	Titre de l'opéra	Librettiste et sources
Pierre-Augustin Caron de Beaumarchais	Rossini	Le Barbier de Séville (Il barbiere di Siviglia) (1816)	Sterbini, d'après la comédie du même titre (1778)
	Mozart	Les Noces de Figaro (1786)	Da Ponte, d'après Le Mariage de Figaro
Victor Hugo	Donizetti	Lucrèce Borgia (1833)	Romani, d'après le drame du même titre (1833)
	Verdi	Rigoletto (1851)	Piave, d'après Le roi s'amuse
	Ponchielli	La Gioconda (1876)	Boito, d'après Angelo, tyran de Padoue (1835)
William Shakespeare	Verdi	Macbeth (1845)	Piave, d'après la pièce du même titre
	Berlioz	Béatrix et Bénédict (1862)	D'après Much Ado about Nothing (Beaucoup de bruit pour rien)
	Britten	Le Viol de Lucrèce (1946)	D'après la pièce d'Obey, tirée elle-même du poème The Rape of Lucrece (1594)
	Purcell	La Reine des fées (The Fairy Queen) (1692)	Adaptation anonyme du Songe d'une nuit d'été
	Verdi	Otello (1887)	Boito, d'après la pièce du même titre
	Verdi	Falstaff (1893)	Boito d'après Les Joyeuses Commères de Windsor et Henry IV
	Gounod	Roméo et Juliette (1867)	Livret de Barbier et Carré
	Bellini	Les Capulets et les Montaigus (1830)	Livret de Fomani, puisant non pas dans la tragédie de Shakespeare, mais aux sources
	Britten	Le Songe d'une nuit d'été (1960)	Livret du compositeur et de Peter Pears, d'après la pièce du même titre
	Otto Nicolaï	Les Joyeuses Commères de Windsor	Hermann von Mosenthal, d'après la comédie du même titre
Oscar Wilde	Strauss	Salomé (1905)	Texte intégral de la pièce (1893)
Voltaire	Rossini	Sémiramis (1823)	Rossi, d'après la tragédie Sémiramis (1748)
Eugène Scribe	Donizetti	L'Élixir d'amour (1832)	Romani, d'après la tragédie Le Philtre, déjà traitée par Auber
Victorien Sardou	Puccini	Tosca (1900)	Livret d'Illica et Giacosa, d'après le drame La Tosca (1887)

Histoire

Tradition et renouveau

Modèles et techniques

L'univers lyrique

Formes

Grandes œuvres

La traduction du livret

Avec la circulation des hommes et des idées s'est posée la question de la traduction et de l'adaptation des œuvres musicales. Mais la langue d'origine a ses contraintes. La difficulté de la traduction la plus fidèle a mis bon nombre de librettistes dans l'embarras. D'où les différences que l'on constate souvent aujourd'hui entre l'œuvre traduite et l'œuvre originale.

Les aléas de la traduction

Parallèlement au développement des théâtres lyriques, la traduction des livrets d'opéras s'est surtout répandue au XIXe siècle, même si de nombreux essais sont tentés dès le XVIIIe siècle. Mais certaines difficultés se révèlent très vite. De par leurs spécificités, les langues d'origine exigent des techniques vocales fort différentes. On remarque dès les premiers opéras (début du XVIIe siècle) que l'allemand, l'italien et le français sont les trois langues les plus importantes de l'univers lyrique. Au XIXe siècle, le russe et l'espagnol prennent également une place non négligeable.

Chaque œuvre lyrique est musicalement caractéristique de la langue qui l'anime comme de la culture qu'elle véhicule. D'où l'extrême difficulté de traduire mot à mot, dans une langue donnée, et sur la même musique, un ouvrage écrit et conçu pour une autre langue. Tout est alors différent : la phonétique, la prononciation, la pose de la voix, les attaques, l'émission du son, mais aussi le message culturel.

C'est ainsi que, souvent, les compositeurs font appel à des librettistes qui refondent presque entièrement le texte tandis qu'eux-mêmes révisent la musique : aussi le produit final est-il souvent assez éloigné de l'œuvre originale.

Au-delà de la traduction

Dans la première moitié du XIXe siècle, l'Allemagne, la Suède et le Danemark ne représentent que des opéras traduits du français (opéras-comiques) et de l'italien (opéra bouffes). Quelques années plus tard, ces deux derniers pays produisent des œuvres dans leur langue vernaculaire. L'exemple sera suivi en Allemagne.

En France, après l'échec de *Benvenuto Cellini* d'Hector Berlioz en 1838, le drame lyrique est en panne. C'est donc de l'étranger (Italie, Allemagne) que viennent presque tous les musiciens de théâtre. On porte aux nues les interprètes, mais on ne respecte guère les chefs-d'œuvre, que l'on triture pour les accommoder à l'esprit français et au goût du jour : on ajoute un final postiche au *Don Giovanni* de Wolfgang Amadeus Mozart, et *Le Freischütz* de Carl Maria von Weber se métamorphose en *Robin des Bois*. Ce qui importe, c'est la virtuosité du ténor et ses airs de bravoure.

Les librettistes, qui adaptent et traduisent à tour de bras les textes italiens et allemands, doivent tenir compte de ces nécessités liées aux attentes du public. S'efforçant avant tout de plaire à la masse, ils sacrifient la plupart du temps toute originalité, bannissant même toute marque d'un caractère national.

D'UNE ŒUVRE À L'AUTRE

■ De l'allemand vers le français

Ayant rencontré à Vienne un accueil mitigé, Christoph Willibald Gluck vient tenter sa chance à Paris. Protégé par la future reine Marie-Antoinette, il obtient un réel succès pour *Iphigénie en Aulide* (d'après l'*Iphigénie* de Racine), qu'il fait remanier et traduire en français. À leur tour, *Orphée* et *Alceste* affrontent les feux de la rampe et déchaînent un extraordinaire enthousiasme.

■ Du français vers l'italien et inversement

En 1855, le directeur de l'Opéra de Paris passe commande à Giuseppe Verdi des *Vêpres siciliennes*. Mais les traditions, prétentions et contraintes de « la grande boutique » rebutent Verdi. L'œuvre est difficile à composer : tout, dans sa conception, trahit les tentatives du compositeur pour adhérer au schéma qui lui est imposé. Contenant une défaite française et un massacre italien, l'intrigue est souvent mutilée par les censures respectives des deux pays, d'où les différents titres de la version italienne : *Giovanni di Braganza, Giovanni di Sicilia, Batilde di Turenne, Giovanna di Guzman, I Vespri siciliani*. Toujours pour l'Opéra de Paris, Verdi remanie *I Lombardi* (*Les Lombards*, 1843) en *Jerusalem*. L'opéra *Macbeth* (1847) est traduit en français et présenté à Paris en 1865. La même année, Verdi crée en français *Don Carlos* dont il donne en 1884 une version italienne (*Don carlo*) à un théâtre de Milan.

■ Adaptation ou imitation ?

Fidelio de Ludwig van Beethoven est créé à Vienne en 1805 sous le titre de *Léonore*. Le livret est une adaptation allemande de *Léonore ou l'Amour conjugal* de Jean-Nicolas Bouilly (1763-1842), qui avait été mise en musique par Pierre Gaveaux en 1798 au théâtre Feydeau de Paris. Ce livret est réutilisé par Ferdinando Paër (1771-1839) pour Dresde en 1804.

Rigoletto de Giuseppe Verdi, mise en scène Jérôme Savary. Opéra de Paris 1998

■ De vraies traductions...

Citons pour l'exemple la traduction de *Rigoletto* de Giuseppe Verdi, en vingt et une langues, et celle de *Lohengrin* de Richard Wagner, en vingt-deux langues.

Histoire

Tradition et renouveau

Modèles et techniques

L'univers lyrique

Formes

Grandes œuvres

L'orchestre dans l'opéra

En Grèce, l'« orkhêstra » était la partie du théâtre la plus proche du public, que l'usage réservait aux évolutions du chœur.
Au XVIᵉ siècle, on choisit naturellement cet emplacement pour y grouper les musiciens chargés d'accompagner les chanteurs. Puis le terme s'appliqua aux instruments et aux formations en dehors du théâtre.

L'orchestre baroque

■ Le premier orchestre caractéristique de l'opéra, celui de l'*Orfeo* de Claudio Monteverdi (1607), consacre le rôle essentiel de la basse continue (basse instrumentale apportant un soutien harmonique à une composition) et enrichit l'accompagnement de nombreux instruments à cordes pincées ou frottées et à vent. Mais, malgré la partition écrite, les voix instrumentales sont approximatives et relèvent de l'improvisation.

■ Maître de l'opéra français, Jean-Baptiste Lully (1632-1687) fait régner la rigueur et oblige les instruments à jouer strictement les notes écrites. Son orchestre, sur la base du quintette à cordes, dépasse rarement vingt à trente musiciens.

■ Jean-Philippe Rameau (1683-1764) s'efforce de faire respecter à l'orchestre ses fonctions propres : l'orchestre ne doit pas non plus ressortir pour lui-même et accaparer l'attention au détriment des événements vocaux et de l'action scénique.

■ Georg Friedrich Haendel (1685-1759), sans modifier l'orchestre, le mène au sommet de sa complexité d'écriture.

L'orchestre classique

■ L'orchestre classique s'appuie encore sur le quintette à cordes. Joseph Haydn (1732-1809) marie avec délices cordes et vents, tandis que Wolfgang Mozart (1756-1791) intègre la clarinette, qui prend une couleur bien à part parmi les bois, et l'associe souvent aux voix féminines dont elle assure le soutien mélodique.

■ Si l'orchestre baroque avait été un événement dans l'histoire de l'accompagnement de la voix, l'orchestre classique est un modèle de pureté et d'équilibre entre les divers groupes instrumentaux comme dans leurs relations avec les voix.

De l'orchestre romantique aux formations actuelles

■ Hector Berlioz (1803-1869) lance le goût de l'immense, du démesuré, réclamant 1 200 musiciens pour sa *Symphonie militaire* et 900 pour son *Te Deum*. À l'opéra, il hypertrophie l'orchestre en lui ajoutant de nouveaux cuivres et des percussions (*Benvenuto Cellini, La Damnation de Faust, Les Troyens*).

■ L'orchestre prend une importance croissante, qu'occupe la « symphonie » (*La Pie voleuse* de Gioacchino Rossini, 1792-1868). Chez Giuseppe Verdi (1813-1901), l'art du contrepoint orchestral permet d'exprimer, lorsque chante un personnage, autre chose que ce qu'il dit (*Otello*). Plus tard, Richard Wagner (1813-1883) utilise sensiblement le même ensemble instrumental pour la *Tétralogie*. S'il renforce l'importance de l'orchestre, le maître de Bayreuth le rend invisible en le plaçant dans une fosse couverte.

■ Au début du XXᵉ siècle se dessine une individualisation des groupes instrumentaux. Outre leur rôle d'accompagnement, bois et cuivres prennent de l'importance, les cordes s'effaçant quelque peu : ainsi dans *Pelléas et Mélisande* de Claude Debussy (1862-1918).

LE CHEF D'ORCHESTRE

◣ La fonction de chef d'orchestre

Art énigmatique, la direction d'orchestre semble être le point d'aboutissement de nombreux musiciens, une étape essentielle de leur carrière artistique, même s'ils ont reçu une formation ne les prédisposant pas, a priori, à monter au pupitre. Jean-Baptiste Lully est le premier véritable chef d'orchestre. Il dirige face au public (donc face au roi) et le dos tourné à ses musiciens. Sa mission première est de marquer le rythme de toutes les manières possibles (à l'aide d'un rouleau de papier tenu dans la main, avec le pied ou en se servant d'un bâton frappant le sol). L'apparition de l'opéra entraîne des usages différents. Le plus souvent, le rôle de chef est confié au claveciniste (qui assure le rôle de basse continue à l'époque baroque) ou au compositeur lui-même. Peu à peu, le chef se voit dégagé de toute obligation instrumentale.

◣ Une règle d'or : le silence

Dès l'époque romantique, le chef d'orchestre apprend à diriger en silence. Plus de bâton frappé, mais une prise en main silencieuse de l'orchestre impliquant une technique nouvelle. Diriger un orchestre devient une spécialité, un art véritable. Les seuls mouvements de la baguette, un regard posé sur un chanteur ou

Le chef d'orchestre Myung Whum Chung

un instrumentiste doivent suffire pour conduire une œuvre. Au XIXᵉ siècle, les grands compositeurs (Robert Schumann, Hector Berlioz, Félix Mendelssohn, Gustav Mahler, etc.) sont aussi chefs d'orchestre ; ils dirigent leurs œuvres et celles de leurs contemporains. Félix Mendelssohn (1809-1847) fait aussi découvrir les œuvres de Jean-Sébastien Bach, notamment la Passion selon saint Matthieu qu'il dirige en 1829, donnant au public la première occasion de l'entendre depuis sa création.

◣ Diriger : une technique, des règles

Conduire ensemble plusieurs musiciens n'est pas tâche facile. À l'opéra, le rôle du chef est également très complexe puisqu'il aura à diriger son orchestre mais aussi les chanteurs sur la scène, adapter le tempo, le mouvement, aux exigences de la mise en scène, superviser les chœurs, s'assurer que tous ces ensembles sont parfaitement synchronisés. Les chefs d'orchestre utilisent une baguette dont le rôle est de battre la mesure. Les règles sont bien définies. Ainsi, le premier temps est indiqué de haut en bas et le dernier de bas en haut. Diriger, c'est aussi donner le tempo . Ce mouvement est généralement fixé par le compositeur lui-même, mais il n'est qu'une indication et beaucoup de chefs imposent leur conception de l'œuvre en prenant des libertés avec le tempo. Si la main droite tient la baguette, la gauche, libre, sert à indiquer les nuances (crescendo, diminuendo…) et se voit réserver, en principe, le soin de l' expression . C'est ainsi que ces éléments qui entrent dans la direction d'orchestre permettent aux chefs de donner des interprétations parfois très différentes d'une même œuvre.

Histoire

Tradition et renouveau

Modèles et techniques

L'univers lyrique

Formes

Grandes œuvres

Histoire du livret

L'histoire du livret suit pas à pas celle de l'opéra. D'abord support de l'action et des sentiments, le livret découpe l'œuvre lyrique en morceaux fermés. Peu à peu, il abandonne les thèmes mythologiques pour devenir plus réaliste, s'intéresser au pittoresque et aux sentiments : l'histoire va se trouver au centre du livret, bientôt suivie par la représentation de la vie quotidienne.

Les origines du livret

■ Le premier livret de l'histoire de l'opéra est la *Favola di Dafne* (1597) d'Ottavio Rinuccini sur une musique de Jacopo Peri, suivi en 1600 par *Euridice* donnée par la Camerata florentine. L'opéra baroque naît sous les auspices de la mythologie gréco-romaine ou de sa parodie : *Roland furieux* de l'Arioste (1474-1533) inspire Vivaldi et Haendel, *La Jérusalem délivrée* du Tasse (1544-1595), Monteverdi et Lully.

■ Le spectacle se structure en morceaux fermés (opéra à numéros), répartis entre dialogues (l'action non représentée est racontée dans le récitatif) et airs (où s'expriment passions, sentiments et états d'âme). Cette subdivision marque le livret italien jusqu'aux dernières œuvres de Verdi.

■ Le langage, destiné à faire comprendre l'action, est conventionnel. Les sentiments, exprimés selon des codes précis, s'incarnent dans des personnages types : ainsi, le méchant est représenté par une basse ou un baryton. Jusque dans la seconde moitié du XVIIIe siècle, les auteurs de ces livrets s'appellent Apostolo Zeno, Métastase, Ranieri de 'Calzabigi, Carlo Goldoni, Lorenzo Da Ponte.

De l'opera seria à l'opéra romantique

■ L'opéra bouffe impose un nouveau style dramatique : réalisme, pittoresque et expression des sentiments viennent faire pièce à la mythologie. Lorenzo Da Ponte et Mozart sont les premiers à bâtir un livret (celui des *Noces de Figaro*) sur une célèbre pièce de Beaumarchais, *Le Mariage de Figaro*. *La Flûte enchantée*, en collaboration avec Schikaneder, annonce l'opéra du XIXe siècle : au fantastique et au poétique (que l'on retrouvera dans *Le Freischütz*) se joignent un message (comme dans *Fidelio*) et des symboles qui seront exploités par Wagner.

■ Les librettistes Luigi Rossi, Felice Romani, Salvatore Cammarano, Francesco Maria Piave tirent leurs sujets de l'histoire médiévale ou moderne et des récits exotiques. Au cours du XIXe siècle, l'opéra historique s'impose à côté des représentations de la vie bourgeoise et des thèmes de la vie conjugale, apanage du vérisme (Illica, Giacosa, Adami).

Vers de nouvelles formes de livret

■ Après Wagner, qui écrit ses propres livrets, après les adaptations nombreuses de pièces de théâtre à l'opéra, le livret évolue sur des voies différentes : *The Rake's Progress*, écrit par Wystan Hugh Auden pour Stravinski, se compose d'un acte unique.

■ Chez les musiciens du XXe siècle, le choix des sujets est lié à des expériences culturelles isolées : Berg, son propre librettiste pour *Wozzeck* et *Lulu*, met en scène le type de l'antihéros, du personnage en soi insignifiant, désarmé et victime de l'ordre social.

■ Le texte devient un élément musical sonore : Stravinski fait traduire en latin le livret écrit par Jean Cocteau pour *Œdipus Rex*.

DES LIVRETS À SUCCÈS

Métastase entre dans le monde des musiciens

Pietro Domenico Bonaventura Trapassi (1698-1782), plus connu sous le nom de Métastase – hellénisation de son nom –, entre rapidement en rapport avec le monde des musiciens. Sa protectrice, la cantatrice Marianna Benti Gulgarelli, dite la Romanina, lui présente Alessandro Scarlatti, Leonardo Vinci et Nicola Porpora. En 1724, il écrit son premier livret d'opéra, *Didone abbandonata*, qui lui apporte la célébrité dans toute l'Europe. La cour d'Autriche lui propose la fonction très enviée de poète impérial comme successeur d'Apostolo Zeno (1668-1750), poste qu'il conservera jusqu'à sa mort. Les vingt-sept livrets de Métastase sont presque tous tirés de l'Antiquité gréco-romaine. Ôtant à l'opera seria tout élément comique, il établit un schéma fixe d'action dramatique en séparant l'action (commentée par les récitatifs) de l'effusion lyrique développée dans les airs. Métastase traite essentiellement des conflits entre amour et devoir, ambition politique et respect d'autrui, haine et vertu du pardon.

Métastase adopté par tous les musiciens

L'engouement pour l'opera seria attire les compositeurs, qui s'arrachent les livrets de Métastase. *Didone abbandonata* (1724), créée sur une musique de Sarri, sera reprise par vingt-six compositeurs de 1725 à 1824. Certains comme Niccolo Jommelli (1714-1774) composent même plusieurs opéras sur le même livret. *Sersè, re di Persia*, créé aussi sur une musique de Sarri en 1726, a enthousiasmé dix-huit compositeurs dont Antonio Vivaldi (1727), Georg Friedrich Haendel (1728), Johann Adolf Hasse (1733), et a même servi d'argument à un ballet en 1760. *Enzio* (1728) a inspiré vingt-deux compositeurs, dont G.F. Haendel (1732) et Christoph Willibald Gluck (1750). *L'Olimpiade (L'Olympiade)* a connu le plus beau succès : Giovanni Battista Pergolèse, Antonio Vivaldi, Alessandro Scarlatti et plus de trente autres compositeurs l'ont mise en musique. Mozart a repris plusieurs livrets de Métastase dont *La Clémence de Titus* (1775), écrite tout d'abord pour Antonio Caldara en 1734 puis reprise par C.W. Gluck et de nombreux autres musiciens. Son dernier livret, *Lucio Silla* (1772), marque la fin de l'influence de Métastase sur l'opera seria.

Métastase (1698-1782)

Histoire

Tradition et renouveau

Modèles et techniques

L'univers lyrique

Formes

Grandes œuvres

Les librettistes

La plupart des librettistes sont d'origine italienne. Le choix de leurs sujets se calque sur les modes du jour. Mais ces grands noms amènent l'opéra à se renouveler : inspirés d'abord par l'Antiquité et la mythologie, ils vont plus tard puiser dans le théâtre et s'inspirer d'une réalité plus triviale.

● Le premier librettiste

Ottavio Rinuccini (1564-1621), à l'occasion de trois séjours en France, obtient la faveur d'Henri IV et de Marie de Médicis. Sa *Favola di Dafne* (1597), mise en musique par Jacopo Peri, est le premier essai d'œuvre lyrique entièrement chantée. Ses textes seront repris par de nombreux compositeurs dont Peri, Giulo Caccini *(Euridice)*, Claudio Monteverdi *(Arianna* et le *Balletto delle ingrate)*.

● Les librettistes italiens

Ils exploitent les fables pastorales, mais aussi des thèmes historiques. Alessandro Striggio (1573-1630) écrit pour Monteverdi les textes de *La Favola d'Orfeo* (1607). Giulio Rospigliosi (1600-1669), ecclésiastique, futur pape et poète des Barberini, laisse de nombreux livrets pour Stefano Landi, Domenico Mazzochi et Marco Marazzoli.

● Les librettistes de l'âge classique

■ Apostolo Zeno (1668-1750) modifie des sujets connus pour rendre l'action plus riche et donner à ses héros des desseins plus nobles. Peu à peu, les rôles comiques laissent la place à l'opera seria, servi en particulier par Métastase *(Didone abbandonata)*, dont les livrets seront mis en musique par presque tous les compositeurs de l'époque.

■ Carlo Goldoni (1707-1793), dont le nom reste attaché à la comédie vénitienne, collabore d'abord avec C.W. Gluck *(Tigrane)*, puis avec Vincenzo Ciampi, Baldassare Galuppi et Nicola Piccinni *(La Buona Figliuola)*. Joseph Haydn *(Lo Speziale, Il Mondo della luna)*, Mozart, Domenico Cimarosa et Père Antonio Soler composeront quelque 170 opéras inspirés de son œuvre.

■ Lorenzo Da Ponte (1749-1838) s'installe à Vienne où Joseph II le nomme librettiste. Il écrit pour Antonio Salieri, mais c'est avec Mozart qu'il obtient ses principaux succès *(Les Noces de Figaro, Don Giovanni, Così fan tutte)*.

● Les librettistes du XIXᵉ siècle

■ Felice Romani (1788-1865), auteur de quatre-vingts livrets, écrit pour G. Rossini *(Le Turc en Italie)*, V. Bellini *(Norma, La Somnambule)*, G. Donizetti *(Anna Bolena, L'Élixir d'amour, Lucrèce Borgia)* et G. Verdi *(Un giorno di regno)*. Francesco Maria Piave (1810-1876) collabore régulièrement avec Verdi *(Rigoletto, La Traviata)*.

■ Face aux librettistes véristes rassemblés autour d'Arrigo Boito, en France, Eugène Scribe (1791-1861) écrit pour Daniel F.E. Auber *(La Muette de Portici, Fra Diavolo)*, François-Adrien Boieldieu *(La Dame blanche)*, Jacques Fromental Halévy *(La Juive)* et Giacomo Meyerbeer *(Robert le Diable, Les Huguenots)*.

■ L'opérette trouve en Ludovic Halévy (1834-1908) et Henri Meilhac (1831-1897) des librettistes, collaborateurs de J. Offenbach *(La Belle Hélène, La Vie parisienne…)*.

LE CAS MOZART

Mozart ou la critique du livret

Ce sont plusieurs centaines de livrets que Wolfgang Amadeus Mozart (1756-1791) a dû lire au cours de sa vie, pour en rejeter la plupart. Sans doute aurait-il aimé en mettre certains en musique, mais il a dû y renoncer faute de commande. Cependant, même quand on lui passait commande avec un livret imposé, cela ne signifiait nullement qu'il était disposé à accepter le texte tel quel, sans le modifier. Jusqu'à *Idoménée* (1781), il se conforme à la règle qui veut que le commanditaire d'un opéra en choisisse le livret. Par la suite, il continue d'accepter le livret, mais donne son avis, critique, et adapte lui-même certains passages pour mieux les mettre en relation avec sa musique. Enfin, à partir de 1786, Da Ponte (1749-1838) et Mozart forment un modèle de collaboration avec *Les Noces de Figaro* (1786), *Don Giovanni* (1787), *Così fan tutte* (1790). En adaptant Shakespeare, Molière, Goldoni ou Beaumarchais, Da Ponte sait toujours approfondir psychologiquement les personnages et les caractériser en fonction de l'action.

Mozart ou l'importance du livret

Mozart a ses idées sur les qualités d'un bon librettiste. Il considère le livret non pas comme secondaire, mais comme dépendant intégralement du projet musical. Il ne s'agit pas de mettre en musique n'importe quoi, mais de trouver le bon écrivain capable de fournir des idées originales en sachant aussi bien tenir compte de celles du compositeur. Ces idées, Mozart les explique dans une lettre qu'il écrit à son père le 13 octobre 1781, pendant la composition de *L'Enlèvement au sérail* :

« [...] Pourquoi les opéras-comiques italiens plaisent-ils partout ? Et ce malgré la totale pauvreté de leurs livrets ! Même à Paris où j'en ai été le témoin ? Parce que là règne absolument la musique qui fait oublier tout le reste. Un opéra plaira d'autant plus que le plan de la pièce est bien fait ; les paroles étant écrites uniquement en vue de la musique et non pour satisfaire ici ou là une pauvre rime qui pourtant, quelle qu'elle soit, ne contribue en rien au prix d'une représentation théâtrale, mais au contraire lui fait du tort. C'est ainsi que des strophes entières peuvent gâcher l'idée du compositeur, car si les vers sont bien indispensables pour la musique, la rime pour l'amour de la rime est bien le plus nuisible. Les gens qui se mettent au travail avec autant de pédantisme se perdront toujours, et la musique avec eux.

Ce qu'il y a de mieux est la rencontre d'un bon compositeur qui comprend le théâtre et qui est lui-même capable de donner des indications et d'un poète intelligent, ce qui est un véritable phénix. Il n'y a plus alors à s'inquiéter de l'approbation des ignorants. Les poètes habituels me font toujours l'effet des trompettes avec leurs farces de métier ! Si les compositeurs devaient toujours rester fidèles aux règles de métier – qui étaient fort bonnes jadis quand on n'en savait pas plus –, alors nous ferions d'aussi mauvaise musique qu'ils font de mauvais livrets. »

Histoire

Tradition et renouveau

Modèles et techniques

L'univers lyrique

Formes

Grandes œuvres

Librettistes et compositeurs

Jusqu'à la fin du XVIIIᵉ siècle, les compositeurs doivent le plus souvent se soumettre aux vœux des commanditaires des opéras, qui choisissent les livrets et les leur imposent. Puis, devenus plus indépendants, ils se mettent à travailler en étroite collaboration avec leurs librettistes. Cependant certains, se passant totalement de librettiste, écrivent eux-mêmes leur livret.

La première association

Vers 1660, Colbert accorde pour douze ans un privilège pour l'établissement des académies d'opéras ou représentations en musique de vers français au compositeur Robert Cambert (1628-1677) et à son librettiste l'abbé Perrin. Le premier ouvrage né de leur collaboration, *Pomone* (1671), connaît un réel succès. L'année suivante, la pastorale *Les Peines et les plaisirs de l'amour* échoue et l'entreprise fait faillite. Cambert s'exile en Angleterre et l'abbé Perrin est emprisonné. Le privilège est racheté par Jean-Baptiste Lully, contre l'avis de Molière.

De grandes collaborations librettistes-compositeurs

La collaboration entre Philippe Quinault (1635-1688) et Jean-Baptiste Lully (1632-1687) débute quand ce dernier s'intéresse à l'opéra français. Mêlant les sujets héroïques aux douceurs pastorales, Quinault donne une structure et des caractères conventionnels à l'opéra par le respect rigoureux de l'unité d'action et par l'adoption de sujets mythologiques ou chevaleresques et l'intégration d'un style galant.

Le tandem constitué par Hugo von Hofmannsthal (1874-1929) et Richard Strauss (1864-1949) est un phénomène unique de collaboration durable entre un écrivain et un musicien. Strauss met en musique mot à mot *Elektra*, début d'une longue série de chefs-d'œuvre communs (*Le Chevalier à la rose*, 1911 ; *Ariane à Naxos*, 1912 ; *La Femme sans ombre*, 1919).

Le compositeur Arrigo Boito (1842-1918), plutôt que de continuer à composer, préfère mettre ses talents de librettiste au service de Giuseppe Verdi (1813-1901). Son rôle est capital dans l'écriture des derniers drames de Verdi (*Otello*, 1887 ; *Falstaff*, 1893), œuvres d'un équilibre parfait entre expression vocale et expression instrumentale.

Les compositeurs qui ont produit leur propre livret

Pour des raisons d'adéquation entre sa conception philosophique et sa musique, Richard Wagner (1813-1883) fait imprimer le poème du *Crépuscule des dieux* dix-sept ans avant d'en commencer la partition.

D'autres compositeurs empruntent la même voie en produisant leurs propres livrets : Robert Schumann (*Geneviève*), Gustave Charpentier (*Louise*), Alban Berg (*Lulu*, *Wozzeck*), Alexandre Borodine (*Le Prince Igor*), Ernest Chausson (*Le Roi Arthus*), Vincent d'Indy, Albert Lortzing, Dimitri Chostakovitch (*Lady Macbeth de Mtsensk*, *Le Joueur*, *Le Nez*).

LIBRETTISTES ET COMPOSITEURS VÉRISTES

■ Le vérisme à l'opéra

Après l'affirmation du courant littéraire italien connu sous le nom de vérisme, *Cavalleria rusticana* de Pietro Mascagni (1863-1945) inaugure le mouvement à l'opéra. Mascagni peint des tranches de vie inspirées de la réalité, dans des opéras généralement courts et puisant leurs sujets dans des scènes de la vie quotidienne, développant les thèmes caractéristiques du vérisme littéraire : des drames amoureux qui se déroulent dans les milieux populaires et paysans. En France, le vérisme prend plutôt la forme d'un certain naturalisme social, cultivé par des compositeurs comme Alfred Bruneau (1857-1934), qui puise presque tous ses sujets dans des romans d'Émile Zola (*Le Rêve*, 1891 ; *Messidor*, 1897), et Gustave Charpentier, auteur de *Louise* (1900) et de *Julien* (1913).

- Giovacchino Forzano (1884-1970), dramaturge, metteur en scène et librettiste, écrit pour Umberto Giordano, Alberto Franchetti, Pietro Mascagni (*Lodoletta*, *Il Piccolo Marat*), Ruggero Leoncavallo (*La Reginetta delle rose*, *Edipo re*) et Giacomo Puccini (*Suor Angelica*, *Gianni Schicchi*).
- Giuseppe Giacosa (1847-1906), en collaboration avec Luigi Illica, écrit pour Puccini *La Bohème*, *Tosca* et *Madame Butterfly*.
- Luigi Illica (1857-1919) écrit soixante livrets, dont un grand nombre pour les plus grands compositeurs (*Manon Lescaut*, Puccini), et, avec Giuseppe Giacosa, *La Bohème*, *Tosca*, *Madame Butterfly* pour Puccini, *Christophe Colomb* et *Germanie* pour Franchetti, *André Chénier* pour Giordano, *Iris* et *Les Masques* pour Mascagni et *La Wally* pour Catalani.

■ Cinq librettistes véristes

- Giuseppe Adami (1878-1946) écrit pour Giacomo Puccini *La Rondine*, *Il Tabarro* et *Turandot*.
- Arrigo Boito (1842-1918) est à la fois compositeur, librettiste et écrivain. Sa première œuvre d'envergure, *Mefistofele*, inspirée du *Faust* de Goethe, date de 1868. Après un échec retentissant, Boito remanie son opéra qui connaîtra un grand succès sept ans plus tard. Il écrit également des livrets pour d'autres musiciens (Franco Faccio, Alfredo Catalani, Amilcare Ponchielli), mais c'est sa collaboration avec Giuseppe Verdi qui est la plus marquante (*Hymne des nations*, *Simon Boccanegra*, *Otello*), et en particulier son dernier opéra, *Falstaff* (1893), où se réalise à la perfection la fusion entre drame et comédie.

Madame Butterfly de Puccini, mise en scène Robert Wilson, Opéra Bastille 1997

Histoire

Tradition et renouveau

Modèles et techniques

L'univers lyrique

Formes

Grandes œuvres

Publics et répertoire

L'opéra a toujours été essentiellement destiné à une certaine élite de la société. Il reste un puissant mythe social, malgré des tentatives infructueuses pour attirer un plus vaste public. Le répertoire s'est refermé sur les succès des auteurs du passé, réservant aux contemporains la portion congrue.

L'opéra pour un public d'élite

Chez Giovanni et Jacopo Bardi, à Florence entre 1576 et 1582, les préoccupations du public sont essentiellement musicales, et quand l'opéra apparaît hors de ces laboratoires, seules de très grandes fêtes se rehaussent de son prestige. Mais bientôt, l'opéra devient le divertissement le plus prisé du XVIIIe siècle. Malgré le coût des représentations et le prix des places, grâce à l'enrichissement de la société, l'opéra prospère, le public étant essentiellement constitué d'abonnés, de courtisans ou de grands officiers d'État. Cet élitisme s'accentue plus encore au siècle suivant : l'opéra appartient à l'élite de la nation et, malgré son succès, il n'est ni un art populaire ni un art national.

Pourtant, l'opéra populaire existe dès le XVIIe siècle avec ses places à bon marché et ses représentations lyriques gratuites données pour de grandes occasions (mariage princier par exemple). Mais le public préfère les estaminets lyriques payants aux places gratuites du Grand Opéra où l'on s'efforce de donner le répertoire le plus populaire possible. L'ambition de l'art populaire – rendre accessibles au plus grand nombre les œuvres capitales – se solde par un échec : l'abonnement du samedi, créé à la fin du XIXe siècle, n'attire pas les spectateurs modestes. À l'époque, les aristocrates côtoient les tenants de la haute finance, de l'industrie, les membres influents du pouvoir.

Publics de tous pays

Partie intégrante d'une représentation lyrique par ses réactions parfois imprévisibles, le public peut ruiner ou déterminer l'avenir d'un spectacle ; il est du reste parfois arrivé qu'il prenne une place tout aussi importante que l'œuvre représentée. Au début du XVIIIe siècle, les représentations se déroulaient dans un vacarme difficile à imaginer. Dans les loges, on se rendait visite, on dînait, on flirtait, on jouait aux cartes, pour ne faire silence que lorsque paraissait le castrat vedette.

Aujourd'hui, la diversité reste de mise : indiscipliné, le public napolitain arrive en retard, bavarde, mais sait s'unir avec le chanteur qui réussit la belle phrase. En Autriche et en Allemagne, son attitude est plus sérieuse, voire religieuse, et il serait malséant de faire craquer les sièges inconfortables de Bayreuth. En Angleterre ou aux États-Unis, sa chaleur arrive parfois à déconcerter les chanteurs. En France, il peut passer de l'enthousiasme débordant aux sifflets et aux réactions houleuses si le spectacle lui déplaît.

La sclérose du répertoire

De nos jours, le public ne plébiscite qu'une dizaine de compositeurs consacrés au détriment de la découverte d'œuvres modernes. Désormais, la modernité du spectacle est assurée par la mise en scène. La relecture d'une œuvre attire toujours l'amateur, suscitant parfois une critique véhémente qui ne peut que souligner le caractère novateur du metteur en scène.

LES GRANDS SUCCÈS DU RÉPERTOIRE LYRIQUE

Un répertoire limité

Depuis les années 1940, le répertoire des théâtres se limite à quelques compositeurs classiques, romantiques et véristes. Après *Arabella* de Richard Strauss, la création lyrique s'effondre. Très peu d'œuvres entrent au répertoire après 1925 : *Wozzeck* (1927) et *Lulu* (1937) d'Alban Berg, *De la maison des morts* (1928) de Leos Janácek, *Moïse et Aaron* (1932) d'Arnold Schoenberg, *Lady Macbeth de Mtsensk* (1934) de Dimitri Chostakovitch, *Peter Grimes* (1934) de Benjamin Britten, *The Rake's Progress* (1951) d'Igor Stravinski et *Dialogues des carmélites* (1957) de Francis Poulenc. Pourtant, plus de mille opéras ont été créés depuis 1940, et certains compositeurs contemporains sont très prolifiques – Benjamin Britten (dix-sept opéras), Hanz Werner Henze (onze), Gian Carlo Menotti (quinze), Kurt Weill (neuf), Carl Orff (sept) –, mais ont éprouvé des difficultés à voir circuler leurs œuvres hors du lieu de leur commande.

Les dix compositeurs plébiscités dans le monde

Verdi, Puccini, Mozart, Wagner, Donizetti, R. Strauss, Rossini, Offenbach, Massenet et Beethoven tiennent le haut du pavé. Parmi les titres les plus représentés : *Aïda, Carmen, La Bohème, La Traviata, Faust, Rigoletto, Madame Butterfly, Les Noces de Figaro, Der Rosenkavalier, Tosca, Cavalleria rusticana, Paillasse, Le Trouvère, Lucia di Lammermoor, Le Barbier de Séville, Lohengrin, Don Giovanni, Tristan et Isolde.*

Un phénomène international

Le phénomène en effet n'a rien de spécifiquement hexagonal : ainsi, dans quelque cinquante théâtres lyriques germanophones d'Allemagne de l'Ouest, d'Autriche et de Suisse allémanique, les quinze ouvrages les plus souvent joués de 1947 à 1982 ont été :
– *La Flûte enchantée, Les Noces de Figaro, L'Enlèvement au sérail* (Mozart) ;
– *Madame Butterfly, Tosca, La Bohème* (Puccini) ;
– *Carmen* (Bizet) ;
– *Zar und Zimmermann* (Lortzing) ;
– *Le Barbier de Séville* (Rossini) ;
– *Fidelio* (Beethoven) ;
– *Der Freischütz* (Weber) ;
– *Rigoletto, La Traviata, Le Trouvère* (Verdi) ;
– *Hänsel et Gretel* (Humperdinck).

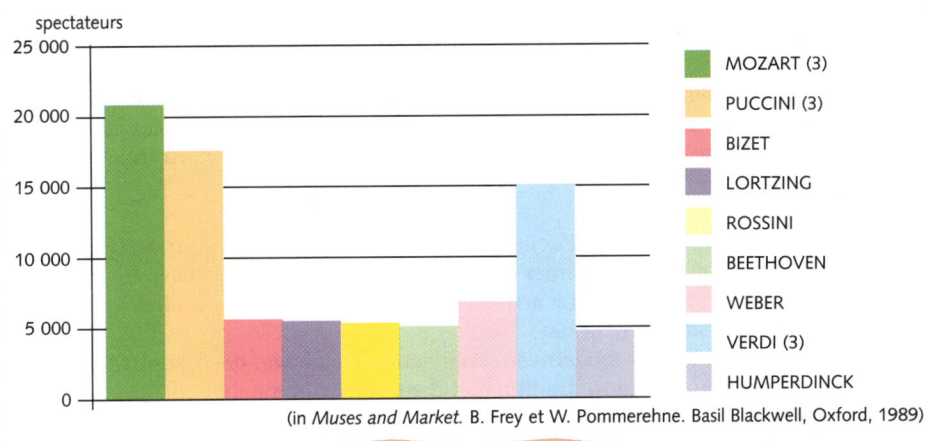

spectateurs

MOZART (3)
PUCCINI (3)
BIZET
LORTZING
ROSSINI
BEETHOVEN
WEBER
VERDI (3)
HUMPERDINCK

(in *Muses and Market*. B. Frey et W. Pommerehne. Basil Blackwell, Oxford, 1989)

Histoire

Tradition et renouveau

Modèles et techniques

L'univers lyrique

Formes

Grandes œuvres

Architecture

Si l'architecture des lieux d'opéra s'est transformée en fonction de l'évolution sociologique du public, de celle du livret, des impératifs budgétaires, une préoccupation est demeurée quasi constante : la recherche de la meilleure acoustique possible.

Les premiers lieux d'opéras

Au XVIᵉ siècle, Raphaël et Fabio Calvo de Ravenne construisent au palais Madama, à Rome, un théâtre en dur. En 1513, Bibiena crée à la cour de Castiglione une scène en perspective figurant une cité réelle.

L'architecture cultive d'un côté la technique du trompe-l'œil, d'où sortira la scène de l'opéra baroque, de l'autre la scène dénudée de la tragédie grecque adoptée plus tard par Richard Wagner.

Le teatro Olimpico de Vicence (1587), œuvre de l'architecte Palladio, associe un front de scène monumental à un fond représentant une perspective de cinq rues en éventail.

L'apparition des spectacles payants

À Venise et à Gênes, les premiers théâtres de rapport deviennent des lieux de fête et de parade où se dessinent les trois parties de l'espace théâtral moderne : le parterre, la scène et, entre les deux, l'orchestre.

Pour améliorer l'acoustique, on utilise le bois, on pose des séparations et des éléments décoratifs réduisant la réflexion. On remplace par des loges les dernier rangs de gradins (San Cassiano de Venise, 1637). La salle va former une ellipse avec une ouverture de scène perpendiculaire au grand axe : San Carlo à Naples (1737), Scala à Milan (1778), Fenice à Venise (1792).

Richard Wagner

En faisant ériger la Maison des Fêtes, le Festspielhaus (O. Brückwald et G. Semper, 1886), Wagner renoue avec le théâtre antique : dans un espace rectangulaire, sans apparat extérieur, la salle de mille cinq cents places environ se distribue en éventail. Une galerie de deux cents places domine neuf loges situées au fond et en haut de la salle.

Les grandes coulisses latérales se prolongent en saillie à l'intérieur de la salle, permettant la réflexion du son. L'accès se fait par dix portes latérales. L'abîme mystique cache l'orchestre et se répartit sur six niveaux situés au-dessous du parterre.

La révolution théâtrale

Théoriciens (Appia, Craig, Fuchs) et metteurs en scène modernes (Ponnelle, Strehler, Chéreau) s'attachent à créer des œuvres contemporaines dans des édifices d'une autre époque, même s'il leur arrive de choisir des espaces insolites (ancienne usine électrique du teatro del Popolo).

Les moyens techniques modernes (sonorisation, éclairage, décoration) transportent parfois l'opéra de son cadre traditionnel dans des lieux inhabituels : palais omnisports, murs antiques, pyramides…

DES PREMIERS THÉÂTRES AUX SALLES D'AUJOURD'HUI

▪ Les premiers théâtres

• Le premier type de théâtre grec est le théâtre athénien classique (théâtre de Dionysos à Athènes, Vᵉ s. av. J.-C.), édifice de plein air dont les surfaces de réflexion horizontales sont constituées par l'« orkhestra » et la planche de la « skenê ».

• Au IVᵉ siècle, le modèle athénien est remplacé par le modèle hellénistique aux dimensions plus vastes

Théâtre grec d'Épidaure, IVᵉ siècle av. J.-C.

(Épidaure, 340 av. J.-C.) : la distance entre la scène et la dernière rangée des sièges est doublée (67 m) et permet d'augmenter le nombre des spectateurs et d'améliorer le confinement du son.

• Le théâtre romain, sous les directives de Vitruve (De architectura), adopte des gradins en lignes successives pour loger les spectateurs. La scène est composée de baraques de planches peintes représentant les différents édifices de la cité. Dans le souci d'une meilleure acoustique, on place au-dessus du « proskenion » un auvent incliné vers le parterre afin de réfléchir les voix vers les gradins, ainsi qu'une galerie au-dessus de la « summa cavea » pour retenir et réfléchir le son vers l'intérieur (théâtre d'Orange, Iᵉʳ s. av. J.-C.). Toujours pour améliorer l'acoustique, un système de résonateurs de bronze est disposé au milieu des spectateurs.

▪ Petit lexique

Orkhestra : lieu où se placent le chœur et les musiciens.
Skenê : loge et mur de scène en pierre.
Proskenion (proscenium) : partie du théâtre ancien qui comprenait ce que l'on appelle la scène et l'avant-scène.

L'Opéra House construit en 1973, à Sidney, Australie

Histoire

Tradition et renouveau

Modèles et techniques

L'univers lyrique

Formes

Grandes œuvres

Divas

Phénomène relativement récent dans l'histoire de l'opéra, les divas, ou « prima donna » désignant la principale chanteuse d'un opéra, et aujourd'hui une chanteuse de premier plan, ont pris la place des chanteurs-vedettes au firmament lyrique. Leur vogue connaît des fortunes diverses.

Les débuts de l'opéra : le règne des castrats

Les femmes étant interdites de scène par ordonnance papale, les castrats tiennent les rôles féminins et règnent sur l'Europe lyrique jusqu'à la fin du XVIIIe siècle. Capables d'étonnantes prouesses vocales avec un registre étendu sur trois octaves, une longueur de souffle et une incroyable dextérité alliés à la puissance d'émission des adultes, ils obtiennent des compositeurs les plus beaux rôles : Orphée de Gluck, Cecilio et Idamante de Mozart par exemple.

Les femmes montent sur scène

Après 1750, les réformes de l'opéra transforment radicalement la distribution des rôles. Les femmes rivalisent avec les castrats en virtuosité, mais aussi par l'étendue de leur registre : Faustina Bordoni (1700-1781) atteint aisément le contre-ut. Ces nouvelles capacités vocales amènent les compositeurs à leur donner des rôles jusqu'alors interdits. Mozart écrit les airs de la Reine de la nuit après avoir entendu Lucrezia Aguiari à Parme. La réforme de Gluck, bannissant ornements et vocalises, porte aux castrats un coup décisif : désormais, les compositeurs se plient de moins en moins à leurs volontés et refusent leur dictature.

La diva succède au divo

L'opéra du XIXe siècle s'adresse au grand public. La fascination qu'il exerce est la même que celle du cinéma un siècle plus tard. De brillantes distributions en garantissent le succès. On en oublie jusqu'au nom du compositeur : la présence de la Colbran suffit pour attirer l'attention sur *Élisabeth, reine d'Angleterre* donné au San Carlo de Naples. Pour asseoir son pouvoir, Rossini en fera son épouse.

La représentation lyrique devient le lieu de la vie mondaine à la fin du XIXe siècle. Là se déroulent les intrigues, les rendez-vous politiques. Reflet sur scène de la vie sociale du parterre et des loges, la diva devient un véritable objet de culte. La fidèle Norma, la délurée Violetta, la provocante Carmen, l'érotique Salomé, la terrible Lulu ne sont-elles pas l'image de la vie privée de leurs interprètes ?

Les nouvelles idoles du XXe siècle

Le pouvoir grandissant du cinéma, la diffusion des images de stars éloignent les divas du devant de la scène. L'image que le public se faisait d'elles par les gravures et le portrait se précise avec la photographie et l'enregistrement phonographique. Plus accessible, le mythe devient plus fragile. À la popularité du théâtre lyrique du XIXe siècle et à ses divas succède celle du cinéma et les stars d'Hollywood.

Quand en 1955, à la Scala, Maria Callas chante *La Traviata*, elle se plie aux exigences du metteur en scène Luchino Visconti et du chef Carlo Maria Giulini. La dernière des divas ouvre les voies du théâtre lyrique moderne.

LE MYTHE MARIA CALLAS (1923-1977)

Des qualités vocales hors du commun

On a coutume de dire que l'activité artistique de Maria Callas a commencé aux arènes de Vérone en 1947 dans *La Gioconda*. En 1949, quand elle remplace au pied levé Margherita Carioso à la Fenice de Venise dans Elvira des *Puritains* de Vincenzo Bellini, le triomphe de la jeune élève de la célèbre Elvira de Hidalgo commence. L'étendue et la robustesse de sa voix, sa technique parfaite lui permettent de passer allègrement de Mozart (Constance) à Christoph Willibald Gluck (les deux Iphigénie, Eurydice), Giuseppe Verdi (Lady Macbeth, Aïda, Violetta), Giacomo Puccini (Tosca, Turandot, Cio-Cio-San) ou Umberto Giordano (Fedora).

Une comédienne exceptionnelle

Callas ajoute à ses qualités vocales la science du geste, la finesse psychologique et des dons innés de comédienne. Elle se révèle une grande tragédienne dans *Médée* de Luigi Cherubini, qui fut remonté à son intention par le Mai musical florentin et qu'elle interpréta sur les plus grandes scènes européennes et américaines. Sa collaboration avec Luchino Visconti la porte au firmament jusqu'en 1958.

Le scandale qu'elle provoque à l'Opéra de Rome en présence du président de la République italienne, où elle ne peut terminer *Norma*, marque le début de son déclin vocal. Sept ans plus tard, sur la scène de l'Opéra de Paris, Callas ne peut à nouveau terminer *Norma*. *Tosca*, qu'elle chante au Covent Garden de Londres, est un fiasco à la suite duquel elle quitte la scène. Quelques tournées avec Giuseppe di Stefano (1973-1975) n'améliorent pas son image.

Callas disparaît deux ans plus tard, à cinquante-quatre ans. Le mythe reste toujours vivant.

Maria Callas dans *Norma*, de Vincenzo Bellini, juin 1964

Histoire

Tradition et renouveau

Modèles et techniques

L'univers lyrique

Formes

Grandes œuvres

Mise en scène et décors

L'opéra n'entre dans l'ère de la mise en scène qu'au début du XIXᵉ siècle. Une réforme radicale se met en place avec les réflexions d'Adolphe Appia. À la suite des travaux de Wieland Wagner, les metteurs en scène venus du théâtre ou du cinéma s'emparent de l'opéra qu'ils vont relire à leur manière, n'hésitant pas à transformer l'esprit même de l'œuvre.

Des débuts jusqu'au XIXᵉ siècle

■ Tout d'abord destiné aux princes, l'opéra s'ouvre peu à peu au grand public, qui vient autant pour l'œil que pour la musique. Une scénographie fastueuse, aux multiples changements de décors et aux machines compliquées, doit l'émerveiller. Les règles de la perspective accentuent l'effet d'éloignement : le chanteur ne peut donc quitter le devant de la scène. Pour faire déplacer les nuages, s'écrouler des palais, on utilise poids, contrepoids, poulies, trappes, balançoires. Les costumes, dont la lourdeur empêche les comédiens de se mouvoir en scène, s'éloignent souvent de la vérité historique. Pour tirer partie de la faible lumière des lampes à huile, dont la fumée irrite la gorge des chanteurs, ils sont de couleurs vives.

■ Au XVIIIᵉ siècle, le public encourage les prouesses vocales des sopranos et des castrats mais se désintéresse des décors comme des livrets. Le goût des machines s'atténue, et les chanteurs restent statiques sur le devant de la scène. Pourtant, le Florentin Servandoni étonne le public par la monumentalité de ses décors. On commence à confier la décoration de chaque acte à un peintre différent.

■ Gluck rénove l'opéra par ses théories, mais aussi par ses partitions qu'il émaille d'indications très précises sur les sentiments que ses chanteurs doivent exprimer. Comme dans la tragédie antique, les chœurs participent à l'action.

Du XIXᵉ siècle à Adolphe Appia

Le livret s'intéresse désormais aux sujets historiques. On veut éblouir le spectateur de reconstitutions historiques, de grands défilés de foule, de décors surchargés en trompe-l'œil. Le compositeur s'implique dans l'organisation des décors, dispose les chœurs et règle les éclairages, mais les interprètes restent livrés à eux-mêmes. Wagner intervient dans le jeu des acteurs à qui il demande de réciter le texte de leur rôle. C'est le Genevois Adolphe Appia (1862-1928) qui va définir le rôle de la mise en scène. Mahler et le décorateur Alfred Roller mettent en scène *Tristan*, *L'Or du Rhin* et *Don Giovanni*.

Le règne des metteurs en scène

Quand il reprend le Festival de Bayreuth en 1951, Wieland Wagner s'attache à une nouvelle expression scénique des œuvres de son grand-père. Les talents de comédienne de Callas, outre son art vocal, sont soulignés par les metteurs en scène L. Visconti et F. Zeffirelli. À leur tour, chorégraphes (M. Béjart) et hommes de théâtre (J. Vilar, J.-L. Barrault) se tournent vers la scène lyrique. Georgio Strehler et Luca Ronconi en Italie, Walter Felsenstein et Goetz Friedrich en Allemagne, Patrice Chéreau en France (le *Ring*, 1976) apportent chacun leur esthétique propre. Certaines relectures surprennent : on a pu voir les personnages de *La Flûte enchantée* transportés sous un chapiteau de cirque, devenus des clowns au visage blanchi, parés de costumes multicolores.

QUELQUES GRANDS METTEURS EN SCÈNE

◾ Le précurseur : Adolphe Appia (1862-1928)

C'est après avoir assisté en 1886, à Bayreuth, à une représentation de *Parsifal*, qu'Appia décide de se consacrer à la réforme de la représentation scénique. Pour lui, la mise en scène est un moyen d'expression à part entière. Il établit la hiérarchie acteur-espace-lumière-peinture. Il donne une importance toute particulière à la lumière qui vient vivifier aussi bien l'espace scénique que le corps de l'acteur. Pour réaliser l'unité et l'harmonie entre le texte, le jeu de l'acteur, le décor, l'éclairage, l'élément principal est la musique. Il monte *Orphée* de Christoph Willibald Gluck en 1912 en Allemagne, *Tristan et Isolde* à la Scala de Milan sous la direction d'Arturo Toscanini (1923), *L'Or du Rhin* et *La Walkyrie* au théâtre de Bâle en 1925. Il laisse de nombreux écrits, dont *La Mise en scène du drame wagnérien* (1899) et *L'Œuvre d'art vivant* (1921).

◾ Le rôle de Wieland Wagner (1917-1966) : le décor dépouillé

Fils de Siegfried Wagner, compositeur, chef d'orchestre, metteur en scène et directeur du Festival Wagner, il débute avec la réalisation des décors de *Parsifal* (1936) et des *Maîtres chanteurs de Nuremberg* (1943). Avec la réouverture du Festival en 1951, il apporte une conception révolutionnaire de la mise en scène par l'adoption de décors lumineux dépouillés dans *Parsifal* et la *Tétralogie*. Il met en scène l'ensemble des œuvres de son grand-père. Pour Wieland Wagner, ce qui importe, ce sont d'incessantes variations de lumière animant un décor fait d'éléments simples.

◾ Patrice Chéreau (né en 1944)

À 21 ans, il participe au festival de Nancy avec *L'Héritier de village* de Marivaux. Il travaille dans une salle de la banlieue parisienne (1966-1969), puis part pour l'Italie au Pic-colo Teatro de Milan. Les machineries visibles, les fumées, les outrances du jeu, les décors aux architectures gigantesques (hauts murs, façades délabrées) déterminent son style si particulier. Codirecteur avec Roger Planchon du TNP de Villeurbanne en 1972, il va se diriger vers la scène lyrique : *Les Contes d'Hoffmann* de Jacques Offenbach (1974) et surtout la *Tétralogie* avec Pierre Boulez. Il montera *Lulu* d'Alban Berg en 1979 et deux opéras de Mozart, *Lucio Silla* et *Don Giovanni*, en 1993.

◾ Jorge Lavelli (né en 1931)

Argentin formé à Paris, il débute au théâtre (*Medea* de Sénèque, *L'Échange* de Paul Claudel) avant de se tourner vers la scène lyrique : *La Traviata* de Giuseppe Verdi au festival d'Aix-en-Provence (1976), *Dardanus* de Jean-Philippe Rameau, *Les Noces de Figaro* de Mozart également à Aix, *L'Heure espagnole* de Maurice Ravel, *Le Château de Barbe-Bleue* de Béla Bartók. Pour les scènes françaises et européennes, il monte *Norma* de Vincenzo Bellini, *Faust* de Charles Gounod, *Orphée aux enfers* de Jacques Offenbach, *Salomé* de Richard Strauss…

◾ Luca Ronconi (né en 1935)

Arrivé en France avec *Orlando furioso* de Georg Friedrich Haendel en 1970, Ronconi monte pour l'opéra, à côté de son activité théâtrale, *Wozzeck* d'Alban Berg, *Aïda* de Giuseppe Verdi, *Moïse* de Gioacchino Rossini. Depuis 1989, il dirige le Teatro Stabile de Turin.

Histoire

Tradition et renouveau

Modèles et techniques

L'univers lyrique

Formes

Grandes œuvres

Théâtre nô, opéra de Pékin

Le théâtre nô, issu du théâtre japonais, remonte au XIVe siècle. Plus ancien (il remonte à la dynastie Tang, VIIe-Xe siècle), l'opéra chinois ou l'opéra de Pékin, d'abord ensemble de figures rituelles, prend des formes proches de l'opéra actuel qui est adopté par la cour impériale au XIXe siècle.

Le théâtre nô japonais

Mêlant poésie, mime, danse et musique, le nô est un spectacle abstrait et très épuré. Pour traduire les émotions du personnage principal, le plus souvent un esprit ou un fantôme, les danses solennelles sont mêlées de poèmes, voire de farces écrites en langage familier. Un personnage secondaire met en valeur le personnage principal.

Ce théâtre d'origine religieuse, proche de la pensée bouddhiste zen, comprend également un orchestre placé derrière la scène principale et limité à quatre instruments : une flûte traversière (fuye ou nô-kan), le seul instrument mélodique du nô, accompagnée du ko-tsuzumi, petit tambour en forme de sablier, du ô-tsuzumi, autre sorte de tambour, et du taiko, grand tambour à caisse plate, joué avec deux baguettes, qui marque la césure entre deux phrases musicales.

Les spectacles nô sont donnés dans un théâtre dont la scène, recouverte d'un toit, est entourée par les spectateurs assis sur deux ou trois côtés. Les acteurs sont masculins, mais, lorsqu'ils interprètent des personnages féminins, ils portent des masques splendides. Assis sur un côté de la scène, un chœur accompagne le spectacle. Les accessoires sont symboliques (un rameau figurant la forêt), le décor représente un pin sur la toile de fond.

Le programme se compose de cinq pièces entre lesquelles s'intercale une farce, une petite pièce satyrique n'épargnant pas le nô lui-même, dont elle est une parodie. Devenu un divertissement tout intellectuel, le nô est un théâtre religieux dans lequel le spectateur laisse libre son imagination.

L'opéra de Pékin

C'est la principale et la plus connue des trois cents formes régionales du théâtre traditionnel en Chine. En 1790, à l'occasion des 80 ans de l'empereur Qialong, les acteurs du pihuang (opéra claquoir, en raison du rôle important tenu par des sortes de castagnettes en bois) donnent des représentations à Pékin.

D'abord considéré comme un divertissement vulgaire, l'opéra de Pékin devient un art sérieux lorsqu'il reçoit la protection de l'impératrice Cixi à la fin du XIXe siècle. La Chine communiste le détourne de ses thèmes traditionnels (pièces littéraires, wenxi, où le chant prend une place importante, et pièces guerrières, wuxi, laissant plutôt évoluer les ballets) pour adopter des sujets révolutionnaires. L'amour n'est traité que rarement, mais l'histoire de la Chine tient une place prépondérante dans le répertoire. On trouve également des contes fantastiques ou mythologiques, des histoires de brigands, mais l'aspect moral est toujours respecté.

Cette forme d'opéra évolue sans cesse avec son temps. Le théâtre chinois moderne a introduit des pièces occidentales (*La Case de l'oncle Tom, Maison de poupée*), exploitant aussi le théâtre grec : l'opéra de Pékin a adapté l'histoire de Phèdre dans *L'Orage*.

OPÉRA DE PÉKIN : PERSONNAGES, MUSIQUE, BALLET : DES RÈGLES BIEN DÉFINIES

Personnages

On distingue :
– les personnages masculins (sheng), qui ont le rôle le plus important. Parmi eux, les vieillards à barbe blanche, les hommes d'âge mûr avec barbe, les guerriers, les jeunes premiers ;
– les personnages féminins (dan) : vieilles femmes, femmes respectables, coquettes et servantes, femmes guerrières ;
– les visages peints : ministres traîtres au visage blanc, visages peints de couleurs brillantes ;
– les clowns (chou), représentant soit des guerriers, soit des personnages civils.

Musique

L'orchestre se compose d'instruments à cordes (violon à deux cordes ou jinghu, instruments apparentés à la guitare) et à vent (flûte de bambou, instruments à deux anches, trompette chinoise) accompagnés de percussions ; s'y sont récemment ajoutés des instruments occidentaux. Les percussions, qui marquent le rythme, sont constituées de gongs, cymbales, tambours et claquoirs. Elles ponctuent les scènes de combat, tandis que le petit tambour rythme le reste du spectacle.

Ballet

Chaque geste obéit à des règles strictes et porte un nom. Les mouvements des yeux sont eux aussi fixés. La plupart des pièces contiennent des ballets (danse des épées, danse des écharpes), auxquels s'adjoignent des éléments d'acrobatie (sauts périlleux) et de jonglerie.

Le Pavillon aux pivoines,
mise en scène Chen Shi-Zheng,
Grande Halle de la Villette,
novembre 1999

Histoire

Tradition et renouveau

Modèles et techniques

L'univers lyrique

Formes

Grandes œuvres

Opéra et cinéma

Depuis sa naissance, le cinéma rêve d'opéra. L'opéra filmé est une représentation, à l'écran, d'un spectacle qui se déroule sur scène. Le film-opéra est un prétexte pour raconter une histoire. La musique de bon nombre d'opéras illustre souvent les images de films dont les scénarios n'ont pas grand-chose à voir avec les livrets des œuvres utilisées.

L'opéra filmé

Le premier opéra filmé est *Carmen* (1915), en version muette accompagnée par un musicien qui joue du piano au-dessous de l'écran. La musique de Georges Bizet est rarement interprétée, au profit de faux airs espagnols destinés à soutenir l'image. *Don Quichotte* de Jules Massenet (1933), avec à l'écran Féodor Chaliapine, baryton-basse, est une réussite du genre.

Quelques années plus tard, Maria Callas donne toute sa dimension à l'opéra filmé par son immense talent de comédienne : *Médée*, réalisé par Pier Paolo Pasolini et projeté en janvier 1970 au Palais-Garnier, ouvre définitivement la voie à l'opéra filmé. Parmi les réalisations qui marquent cette période, on retient *La Flûte enchantée* de Mozart par Ingmar Bergman (1978), au regard plus détaché, *Don Giovanni* de Mozart sous la direction de Joseph Losey (1979), qui fait entrer de plain-pied le spectateur dans Venise et sa lagune, sortant du décor fermé de la scène lyrique.

Les réalisations de Francesco Zeffirelli (*La Traviata*, 1982, *Otello*, 1986), de Götz Friedrich (*Elektra*, 1981) sous la direction du grand chef Karl Böhm, sa toute dernière direction, *Macbeth* de Verdi réalisé par Claude d'Anna (1987), ou *Carmen* par Francesco Rosi (1984) jettent un éclairage cinématographique original sur des œuvres fétiches de la scène lyrique.

Le film-opéra

Alexandre Nevski (1938) et *Ivan le Terrible* (1945) de Serge Eisenstein, sur une musique de Serge Prokofiev, sont, selon leur réalisateur, un spectacle total alliant son, lumière et formes. Parallèlement, de nombreux films sont structurés comme de véritables opéras : *Senso* (1954), *Les Damnés* (1970), *Ludwig* (1973) de Luchino Visconti font suite à la grande époque de l'opéra mélo porté à l'écran par Gallone et Mario Costa, dont les héros avaient pour nom Verdi, Puccini, Bellini. Même si les airs d'opéras étaient mal doublés à l'écran et la synchronisation imparfaite, ces films attiraient un public toujours plus nombreux vers l'opéra : citons *Paillasse* et *Folie per l'opera* de Costa (1948), *Puccini* de Gallone (1948).

Opéra et cinéma

Parfois, la bande sonore est aux antipodes du sujet traité à l'écran : *L'Honneur des Prizzi* (1985) utilise des extraits de Rossini, Bellini et Verdi, tandis que *Diva* (1980) de J.-J. Beneix raconte un fait divers sur la musique de *La Wally* de Catalani. *Fitzcarraldo* (1982), avec Klaus Kinski, retrace l'histoire d'un fou d'opéra qui veut l'implanter dans la jungle d'Amazonie. Le réalisateur, W. Herzog, avait d'abord choisi *La Walkyrie* pour la fin de son film, puis il préféra Bellini, alors que F.F. Coppola, dans *Apocalypse now* (1979), n'hésite pas à faire surgir ses escadrons de la mort au Vietnam sur les accents de Wagner.

CINÉMA ET OPÉRA : UN MARIAGE HEUREUX ?

La caméra indiscrète

Des premières réalisations muettes aux super-productions récentes, le cinéma est fasciné par l'opéra. Il rêve de montrer au public ce qu'il n'a jamais vu : la caméra se glisse sur la scène du drame, la beauté des décors apporte sa part de rêve, la mise en scène connaît une parfaite liberté de mouvement. La caméra place tout près de la diva un spectateur qui, assis dans le théâtre, ne pouvait avoir malgré ses jumelles qu'une vision plus détachée de son idole. Pourtant, on peut se demander si le spectacle a réellement besoin de tels artifices. Surtout, la grand-messe entre public, chef d'orchestre et interprètes a disparu au cinéma. Pire, avec le magnétoscope, l'opéra filmé est reproduit sur une étroite fenêtre cathodique tandis que la musique s'échappe de haut-parleurs dont la qualité laisse souvent à désirer…

Le cinéma, faire-valoir de l'opéra

On pourrait penser que ces arguments portent un préjudice définitif au film d'opéra ; pourtant on se souvient de l'année 1987, lorsque le festival de Cannes avait consacré une journée aux opéras filmés. Claude Samuel, dans *Le Monde de la musique*, avait alors écrit : « La nouvelle vedette musicale annexée par le festival de Cannes s'appelle l'opéra. » La passion pour les films d'opéra culminait avec les projets du producteur Daniel Toscan du Plantier qui, après les succès de *Don Giovanni*, *Carmen* et *Parsifal*, envisageait plusieurs superproductions aux distributions prodigieuses. L'engouement pour l'opéra au cinéma semble s'être relativement calmé, mais si ce mariage a choqué les puristes, le cinéma aura été l'occasion pour beaucoup de rencontrer – fut-ce partiellement – la magie de l'opéra.

Bergman ou l'opéra enchanté

« Comme nous n'allions pas jouer *La Flûte enchantée* sur une scène, mais devant des micros et une caméra, nous n'avions pas besoin de grandes voix. Il nous fallait, par contre, des voix chaleureuses, sensuelles, qui aient de la personnalité. Il était, en outre, absolument décisif pour moi que la pièce fût jouée par des interprètes jeunes, naturellement proches des sauts vertigineux entre la joie et la douleur, le sentiment et la passion. »

Ingmar Bergman, *Images*,
trad. C.G. Bjurström et L. Albertini,
© éd. Gallimard.

La Flûte enchantée, d'Ingmar Bergman (1978)

Histoire

Tradition et renouveau

Modèles et techniques

L'univers lyrique

Formes

Grandes œuvres

Intermezzo, opéra bouffe

Lors des pauses occasionnées par les changements de décor, l'intermezzo divertit le spectateur. L'opéra bouffe, qui lui succède, est très vite adopté par l'Europe entière. Plus tard, le mot intermezzo prend une signification différente, notamment chez les musiciens romantiques du XIXe siècle.

Intermezzo

Né à Naples au début du XVIIIe siècle, l'intermezzo met en scène un nombre réduit de personnages (trois au plus) qui évoluent devant le rideau baissé et s'expriment souvent en dialecte local.

Généralement en deux actes, ce divertissement est bâti sur l'alternance du récitatif secco (l'accompagnement est réalisé par la seule basse continue ou continuo) et de l'aria, à laquelle s'ajoutent plus tard des duos, des trios, des finales concertants et élaborés.

La fusion de l'intermezzo avec le genre bouffe donnera naissance au grand opera buffa et à ses dérivés plus ambitieux, le dramma giocoso et l'opera semiseria.

Opéra bouffe (ou opera buffa)

Né en Italie, au début du XVIIIe siècle, de la réunion des deux actes des intermezzi, il s'inspire d'abord de la commedia dell'arte et du réalisme comique du XVIIe siècle. Distinct de l'opera seria par ses moyens modestes et ses sujets issus de l'univers bourgeois ou populaire, et non pas noble ou mythologique, il traite de la vie quotidienne selon une construction dramatique moins conventionnelle, avec une forme plus claire et sans complication, une musique simple et mélodieuse.

La Serva padrona (1733), qui déclencha en 1752 la fameuse querelle des Bouffons, fut un des premiers intermezzi à conquérir ses galons d'opéra bouffe, d'œuvre indépendante. Expression d'un dramatisme plus réaliste et moins figé que l'opera seria, l'opéra bouffe se répand en Europe, inspirant l'opéra-comique (puis l'opérette) en France et le Singspiel en Allemagne et en Autriche. Au XVIIIe siècle, il brille avec Logroscino, Leo, Paisiello, Galuppi, Cimarosa dont *Il Matrimonio segreto (Le Mariage secret)* connaît un immense succès.

La verve de la musique, l'importance donnée aux finales lui confèrent un caractère enlevé et brillant. *Les Noces de Figaro* (1786) et *Così fan tutte* (1790) de Mozart sont devenus des chefs-d'œuvre du genre. Avec l'opéra bouffe, l'œuvre est plus libre et ouverte au renouvellement des idées et servira de modèle pour le futur opéra romantique. Au XIXe siècle, il trouve en Rossini un génial défenseur (*Le Barbier de Séville*, 1816). Mais, malgré le talent de Donizetti (*Don Pasquale*, 1843) et de Verdi (*Falstaff*, 1893), il ne cesse de décliner tout au long du siècle.

Le nouveau sens d'intermezzo

Au XIXe siècle, intermezzo désigne un intermède orchestral séparant les actes ou les tableaux d'un opéra, ainsi que certaines pages instrumentales isolées (opus 4 de Schumann, pièces des opus 116-119 de Brahms) ou faisant partie d'œuvres plus vastes. Il prend également le sens d'interlude : pièce musicale, parfois sorte de court poème symphonique placé entre deux scènes. *Intermezzo* est enfin le titre d'un opéra de Richard Strauss, créé à Dresde le 24 novembre 1924.

UNE SERVANTE
À L'ORIGINE DE BIEN DES QUERELLES

La Serva padrona (La Servante Maîtresse) de Giovanni Battista Pergolèse (1710-1736)

• Pergolèse, malgré une vie très courte (vingt-six ans), a composé une abondante musique de chambre et sacrée (dont le célèbre *Stabat Mater*), ainsi que des opéras sérieux et comiques. *La Serva padrona* est le seul qui ait été régulièrement joué. La fraîcheur de la musique est d'autant plus remarquable que l'œuvre fut au cœur de la guerre des Bouffons , qui eut lieu à Paris. Sa représentation en 1752 par une troupe italienne renforce la division entre les deux camps de musiciens et d'intellectuels français : moitié pour l'opéra italien (le parti de la reine), moitié pour l'opéra français (le parti du roi).

• *La Serva padrona* connut cent représentations à l'Opéra de Paris avant de passer à la Comédie-Française en 1753, où l'œuvre fut jouée quatre-vingt-seize fois.

• Dans cet opéra à petite échelle, l'orchestre n'est composé que d'un quatuor à cordes, alors que, dans les orchestres de la fin de l'époque classique et du romantisme, chaque pupitre de cordes comprend plusieurs instruments (jusqu'à plusieurs dizaines). La pièce contient une ouverture et deux intermezzi distincts composés chacun d'une aria pour les deux personnages et d'un duo.

L'intrigue

L'intrigue, caractéristique des intermezzi, se réduit à trois personnages : Uberto (basse), Serpina, sa servante (soprano) et Vespone, un autre domestique (rôle muet). Uberto est irrité par sa servante, Serpina, qui se comporte avec lui trop librement à ses yeux. Il décide de prendre épouse et charge Vespone de l'affaire. Cependant, Serpina présente à son maître le capitaine Tempête (Vespone déguisé) pour son fiancé. Celui-ci exige brutalement une dot pour épouser Serpina. Effrayé, Uberto décide d'épouser sa servante pour mettre un terme à ces embarras. Les fiançailles du maître et de la servante sont à peine conclues que Vespone arrache son déguisement. Uberto, satisfait, avoue son amour pour Serpina.

La Serva Padrona, de Pergolèse, mise en scène Éric Vigié, maison de la musique, Nanterre 1996

Histoire

Tradition et renouveau

Modèles et techniques

L'univers lyrique

Formes

Grandes œuvres

Opera seria

En opposition avec l'opera buffa, l'opera seria traite de sujets
« sérieux » et porte la virtuosité vocale à l'extrême (bel canto).
D'origine aristocratique, il est imprégné de l'esprit des Lumières.
La réforme de l'opéra et l'évolution des goûts du public précipiteront
son déclin au profit de l'opéra romantique.

L'opera seria, un genre bien particulier

Ce type d'opéra italien ne présente ni scènes ni personnages comiques et puise ses sujets dans la mythologie, l'Antiquité ou encore l'Histoire. En général, l'action en est tragique (le terme signifie « œuvre sérieuse » en italien) et se conclut par une fin heureuse.

À la fois statique (les chanteurs font face au public), mais aussi somptueux par la mise en scène, l'importance des machineries et le faste des décors, l'opera seria repose sur l'alternance de récitatifs et d'arias : castrats et cantatrices improvisent sur certains passages mélodiques. Le genre offre des modèles héroïques et déploie une abondance de valeurs abstraites et de vertus incarnées dans des personnages fortement idéalisés (apologie de la clémence, de la générosité, du renoncement, du pardon…).

Le règne de l'opera seria

Les compositeurs notent un schéma sur lequel le chanteur élabore une exécution de plus en plus complexe. La musique est très éloignée du texte. Bientôt, l'opéra se fige en conventions formelles : le livret prend un intérêt secondaire, les récitatifs succèdent aux arias et le public n'attend que les morceaux de bravoure. Le primo soprano (principal soprano), la prima donna (principale chanteuse d'un opéra) et le ténor doivent en général chanter chacun cinq airs différents qui, devenus interchangeables, passent d'une œuvre à l'autre. Mais le public, déjà au fait des sujets, n'écoute que peu de chose.

Le principal artisan de l'opera seria, Alessandro Scarlatti (1660-1725), écrira plus de cent quinze œuvres pour la scène ; il sera suivi par Johann Adolf Hasse, Agostino Steffani, Leonardo Leo, Niccolo Jomelli, Nicola Porpora, Giovanni Battista Pergolèse, Georg Friedrich Haendel et Wolfgang Amadeus Mozart.

La vie éphémère de l'opera seria

Vers 1750, l'opera seria subit une réforme avec l'inclusion de duos et d'ensembles : l'*Elfrida* de Ranieri de 'Calzabigi et Giovanni Paisiello, premier opéra de sujet médiéval et à la fin tragique (mort du héros), est sous-titré « tragedia seria ».

Son dramatisme secondaire, l'artifice de son imagerie baroque et de ses conventions psychologiques l'éloignent peu à peu du goût de l'époque. Avec les caprices des interprètes, la dégénérescence formelle et le coût excessif des représentations, la querelle des Bouffons et la réforme de Christoph Willibald Gluck vont précipiter son abandon en faveur du drame lyrique et du drame musical des romantiques.

Opera semiseria

Genre hybride, l'opera semiseria tient de l'opera buffa et de l'opera seria, avec des partitions ménageant tous les goûts : pathos, comédie, tragédie, gaieté… *La Vera Costanza* (J. Haydn) et *La Pie voleuse* (Gioacchino Rossini) en sont les exemples les plus typiques.

IDOMÉNÉE : DE L'ARCHAÏSME DE L'OPERA SERIA VERS LA MODERNITÉ

▪▪ Un argument dans la lignée des opera seria

• L'action est située dans l'île de Crète. Revenant de la guerre de Troie, Idoménée, roi de Crète, a essuyé une violente tempête et a fait vœu au dieu de la Mer de lui sacrifier le premier être humain qu'il rencontrerait en débarquant. Le hasard fait que ce soit son propre fils, Idamante, aimé de la princesse Ilia. Le roi tente d'éviter l'accomplissement de son vœu en envoyant Idamante accompagner Electra à Argos. Une fois encore, une tempête éclate et Neptune irrité fait surgir des flots un monstre marin qui ravage l'île. Idoménée avoue sa culpabilité et se déclare prêt à mourir. Idamante combat le monstre et le tue ; il est néanmoins prêt à se sacrifier afin que soit respecté le vœu de son père. La voix du dieu le sauve mais déclare qu'Idoménée doit abdiquer. Idamante monte sur le trône avec Ilia.
• Curieusement, c'est un livret médiocre (déjà traité par André Campra en 1712) que Mozart a retenu pour cet opéra de 1781.

▪▪ Mozart et l'opera seria

Mozart a écrit quatre opera seria : *Mithridate*, *Lucio Silla*, *Idoménée, roi de Crète* et *La Clémence de Titus*.
Quand il aborde la partition d'*Idoménée*, il est dans sa pleine maturité (huit ans séparent *Idoménée* de *Lucio Silla* et dix ans de son ultime opéra, *La Clémence de Titus*). Gluck triomphe alors avec son *Iphigénie en Aulide* d'après la tragédie de Racine : Mozart n'aura pas été insensible au renouveau de l'opera seria en train de s'opérer. C'est ainsi que l'ouverture se clôt sur le rappel du début de l'ouverture d'*Iphigénie en Aulide*. Plus marquante est l'importance donnée aux chœurs : aucun opera seria traditionnel ne la leur avait jamais reconnue.
Si la première audition d'*Idoménée* peut donner une impression d'archaïsme, pourtant Mozart a transformé la forme figée de l'opera seria en limitant le plus possible le recitativo secco dans lequel il se complaît traditionnellement. C'est ainsi qu'il va multiplier les récits accompagnato avec l'orchestre entier. L'aria aussi est transformée par Mozart, qui lui donne une déclamation plus libre , lui permet de dialoguer avec l'orchestre entier, change les tempi. Les airs et les ensembles donnent la mesure du génie lyrique du musicien : « l'esprit de la tragédie semble dominer entièrement la musique » (Alfred Einstein, musicologue américain, 1880-1952).
Mozart aurait pu se confiner aux règles strictes de l'opera seria alors que son génie lui permet au contraire de faire évoluer ce genre déjà moribond : l'intensité dramatique des récitatifs avec orchestre est pleine d'audace et de raccourcis qui dynamisent l'ensemble de l'œuvre. En enchaînant par des transitions modulantes les airs et les ensembles, Mozart anticipe la révolution wagnérienne. Les chœurs, à qui il confie le rôle de protagoniste, prennent une place à part dans son œuvre.

Histoire

Tradition et renouveau

Modèles et techniques

L'univers lyrique

Formes

Grandes œuvres

Singspiel

Cette forme allemande d'opéra populaire, proche de l'opéra-comique français, a des origines diverses. Le Singspiel se développe jusqu'à la fin du XVIIIe siècle, où il atteint son apogée avec Mozart. Beethoven puis Weber affirmeront son identité, permettant à l'art lyrique allemand de concurrencer l'opéra italien.

Des origines cosmopolites

Mélange original d'éléments fantastiques et de caractères réalistes et populaires, le Singspiel a des origines qui remontent aux spectacles de foire du XVIIIe siècle qui mêlaient, en France comme en Allemagne, théâtre et chanson. Ces œuvres chantées et parlées se retrouvent en Italie, au XVIe siècle, sous forme de madrigaux. Mais certains font remonter les origines du Singspiel à la farsa ou à la comedia con musica du XVe siècle puis, à partir de la première moitié du XVIIe siècle, à l'entremés ou zarzuela espagnole et enfin à la tonadilla italienne. En Angleterre, on l'apparente au ballad opera qui se développe à partir des pièces de théâtre à intermèdes musicaux et atteint son apogée avec *The Beggar's Opera* (1728) de John Gay (1685-1732) et John Christoph Pepusch (1667-1752). En Allemagne, les jeux du Mardi gras et les Singetspilen avaient été détachés du cadre théâtral par le poète allemand Hans Sachs (1494-1576).

Johann Adam Hiller (1728-1804), considéré comme le créateur du genre nouveau qu'il contribue à rendre populaire, y intègre les influences françaises et italiennes. Des Singspiele sont tirés de modèles français sur des livrets de Charles-Simon Favart *(La Fée Urgèle, Ninette à la cour)* ou Michel Sedaine *(Blaise le savetier)*. Le dialogue en prose, facile à suivre, parfois même grossier, traite principalement des thèmes issus de la petite bourgeoisie et met en évidence son opposition avec la noblesse.

Par réaction à l'opéra italien, le Singspiel s'impose

Tout d'abord relégué dans les petits théâtres, le Singspiel prend son essor tout au long du XVIIIe siècle. En 1778, Joseph II, empereur germanique et corégent des États des Habsbourg, fonde le Singspiel National Theater à Vienne. Mozart, quelques années auparavant, avait déjà écrit un premier essai de Singspiel, *Bastien et Bastienne* (1768). Il récidive avec *L'Enlèvement au sérail* (1782), qui fait appel à un livret flattant le goût du public pour les turqueries.

Mais le Viennois Carl Ditters von Dittersdorf (1739-1799), avec *Doktor und Apotheker* (1786), obtient un succès éclatant et relègue loin derrière tous les ouvrages du genre composés et présentés par ses contemporains les plus célèbres.

Du déclin de l'opéra-comique à la domination du Singspiel

Alors que l'opéra-comique français dégénère en un médiocre divertissement, le Singspiel permet à l'art lyrique allemand de s'affirmer comme un art national tout en ouvrant les voies au grand opéra romantique de C. von Weber, L. Spohr ou A. Lortzing ainsi qu'à l'opéra « merveilleux » inauguré par P. Vranicky *(Kaspar der Faggottist)*. On assiste alors à un véritable clivage entre musique sérieuse et musique de divertissement. À la fin du XIXe siècle, bien que ses œuvres n'utilisent pas la dénomination du genre, E. Humperdinck donne au théâtre les derniers Singspiele.

BASTIEN ET BASTIENNE

Mozart et le Singspiel

Cette pièce en un acte, que Léopold Mozart consigne dans le catalogue de jeunesse de son fils comme « opérette en allemand », ne représente pas le premier travail de Mozart dans le domaine de l'opéra, mais sa première contribution originale au genre du Singspiel.

En 1782, Mozart connut un succès impressionnant avec son Singspiel *L'Enlèvement au sérail* et, en 1791, parvint avec *La Flûte enchantée* à un sommet que le genre ne dépasserait plus.

De Rousseau à Mozart

Selon une tradition non entièrement prouvée, *Bastien et Bastienne* serait une commande de Franz Anton Mesmer (1734-1815), célèbre médecin et magnétiseur. D'après certains biographes de Mozart, il fit jouer l'œuvre dans son théâtre de verdure en automne 1768. La première représentation attestée formellement eut lieu le 2 octobre 1790 à Berlin, à l'Architektenhaus.

Le livret provient du *Devin de village*, intermède de Jean-Jacques Rousseau composé en 1752 à Paris. Sans doute grâce à son originalité (il s'agissait d'une réplique aux intermèdes bouffes italiens alors à la mode), cet opéra a connu un immense succès. Il ne devait d'ailleurs quitter la scène qu'en 1864 !

Une parodie de l'ouvrage de Rousseau, intitulée *Les Amours de Bastien et Bastienne*, est représentée à Paris en 1753. L'aspect parodique consistait avant tout en une transposition des personnages idylliques de Rousseau dans un milieu plus rustique. En outre, les mélodies originales y étaient remplacées par des chansons populaires.

Il est impossible d'établir quels dialogues ont servi de base à la version de Mozart, mais le livret annonce par certains traits ses opéras ultérieurs. Colas préfigure Don Alfonso, le philosophe de *Così fan tutte* (1790), et certains musicologues voient dans l'allusion à la châtelaine le germe de la critique sociale exprimée par *Les Noces de Figaro* (1786).

Conformément aux lois du genre, Mozart renonce, pour l'ouverture, à la sinfonia traditionnelle en trois mouvements, qu'il remplace par une brève introduction (intrada). L'orchestre se compose avant tout de cordes et du continuo. Les cors et les hautbois n'ont que des fonctions de coloris. Les airs, tous en deux parties, sont des sortes de chansons simples. Les répétitions de texte servent à le souligner ou à le renforcer. Les changements d'émotion s'accompagnent en général d'un changement de mesure ou de tempo.

Argument

La bergère Bastienne souffre d'avoir été abandonnée par son amoureux, Bastien. Dans sa détresse, elle demande l'aide du présumé magicien Colas. Celui-ci établit que Bastien n'est pas infidèle mais n'a fait que céder passagèrement aux avances de la noble châtelaine. Colas conseille à Bastienne de jouer la volage. On raconte à Bastien que Bastienne a trouvé un autre soupirant, mais, après une cérémonie magique, il lui sera donné de revoir son amour. Ruse et divination font leur effet, le couple se réconcilie et chante les louanges de Colas.

Histoire

Tradition et renouveau

Modèles et techniques

L'univers lyrique

Formes

Grandes œuvres

Opéra-comique

Tenant de la comédie par le langage et de l'opéra par le chant, l'opéra-comique est une critique légère et gaie des mœurs à la mode. Il connaît son apogée au début du XIXe siècle, mais bientôt ne se distingue plus des ouvrages destinés à l'Opéra. L'opéra bouffe et surtout l'opérette auront davantage de succès.

Un genre aux sources variées

Dès le XIIIe siècle, dans *Le Jeu de Robin et de Marion*, l'alternance d'airs et de dialogues tient à la fois de la pastorale (composition s'inspirant d'une scène évoquant la nature) par ses sujets et de l'opéra-comique par ses refrains.

L'origine de l'opéra-comique remonte aussi au spectacle divertissant mi-parlé, mi-chanté qui se joue au début du XVIIIe siècle dans les foires Saint-Germain et Saint-Laurent à Paris, puis plus régulièrement au Théâtre-Italien. Ces pièces, qui tournent en dérision les opéras en vogue, apparaissent après la mort de Jean-Baptiste Lully en 1687.

Mais les forains sont en butte aux tracasseries des spectacles privilégiés de la Comédie-Française et de l'Académie royale de musique jusqu'en 1716, année où un arrêt du roi autorise leurs représentations en contrepartie d'une redevance annuelle.

Vers le succès

Dans la première moitié du XVIIIe siècle, Alain-René Lesage avec *La Ceinture de Vénus* (1715), Alexis Piron avec *L'Endriague* (1723) ou Charles-Simon Favart avec *La Chercheuse d'esprit* (1741) portent ombrage au « grand opéra ». En 1746, alors que la Comédie-Française et l'Opéra ont obtenu la suppression de l'Opéra-Comique, la querelle des Bouffons va lui donner une nouvelle vie avec *Le Devin de village* de Jean-Jacques Rousseau (1752) et les idées avancées par Marivaux.

Les spécialistes du genre sont Pierre-Alexandre Monsigny *(Les Aveux indiscrets)*, F. A. Danican Philidor *(Blaise le Savetier, Tom Jones)* et André-Modeste Grétry *(Richard Cœur de Lion, Le Huron)*. Nicolas Dalayrac obtient un succès durable avec *Nina ou la Folle par amour* (1786), suivi par François-Joseph Gossec avec *Le Tonnelier*.

Du triomphe du genre au déclin

Dans la première moitié du XIXe siècle, François-Adrien Boieldieu *(La Dame blanche)* opère la transition entre le XVIIIe siècle et le romantisme naissant. D. F. Esprit Auber *(Fra Diavolo)* et Ferdinand Hérold *(Zampa, Le Pré-aux-Clercs)* figurent parmi les compositeurs qui vont influencer les musiciens étrangers, Ludwig von Beethoven dans *Fidelio* par exemple. Ils sont suivis par Ambroise Thomas (*La Fille du régiment*, *Mignon*, 1866), Jacques Offenbach (*Les Contes d'Hoffmann*, 1881), Léo Delibes (*Lakmé*, 1883) et Jules Massenet (*Manon*, 1884). Le relais est pris par Charles Gounod (*Faust*, 1859) et Georges Bizet (*Carmen*, 1875).

Il devient peu à peu malaisé de distinguer l'opéra de l'opéra-comique, car le « parlé » qui distinguait ce dernier genre a tendance à disparaître. Des tentatives de réhabilitation au XXe siècle sont dues à Henri Rabaud (*Mârouf, savetier du Caire*, 1914) et à Claude Terrasse *(Le Mariage de Télémaque)*.

L'HISTOIRE DE L'OPÉRA-COMIQUE DE PARIS

▪ La salle Favart

À l'emplacement de l'actuel Opéra-Comique à Paris, trois théâtres se sont succédé. À la suite d'une faillite, le duc de Choiseul vend en 1783 des terrains où va se construire un opéra pour accueillir la troupe de l'Opéra-Comique de l'Hôtel de Bourgogne. Deux incendies ravagent le théâtre en 1838 et 1887, à la suite desquels on construit l'actuelle salle, l'Opéra-Comique de Paris, appelé salle Favart du nom de Charles-Simon Favart (1710-1792), dramaturge et librettiste, auteur de cent cinquante œuvres théâtrales *(La Chercheuse d'esprit, Les Amours de Bastien et Bastienne, Les Trois Sultans…).*

▪ Les grandes créations lyriques

L'Opéra-Comique se fit connaître en créant des œuvres d'Étienne Méhul, Luigi Cherubini, Léo Delibes. Les premières les plus marquantes furent *Mignon* d'Ambroise Thomas, *Carmen* de Georges Bizet, *Les Contes d'Hoffmann* de Jacques Offenbach, *Lakmé* de Léo Delibes, *Manon* de Jules Massenet, et surtout *Pelléas et Mélisande* de Claude Debussy et *L'Heure espagnole* de Maurice Ravel. On a donné également sur sa scène quelques grandes œuvres véristes en version française : *Cavalleria rusticana* (1892) de Pietro Mascagni, *La Bohème* (1898), *Tosca* (1903), *Madame Butterfly* (1908) de Giacomo Puccini, *Paillasse* (1910) de Ruggero Leoncavallo. En 1972, le ministère des Affaires culturelles décide de fermer l'Opéra-Comique. Pendant quelques saisons, il abrite l'Opéra Studio puis sert d'annexe au Palais-Garnier jusqu'en 1982, date à laquelle il reprend une activité régulière avant de connaître une nouvelle réduction d'activité. À partir de 1989, il redevient une salle d'opéra indépendante ; il entre dans le XXIe siècle sous la direction de Jérôme Savary qui le rend à sa vocation première.

L'Opéra-Comique de Paris

Histoire

Tradition et renouveau

Modèles et techniques

L'univers lyrique

Formes

Grandes œuvres

Opéra de chambre

Ce terme désigne la forme prise par l'opéra vers l'année 1600. Au XXᵉ siècle, en réaction au post-romantisme et au caractère colossal des œuvres lyriques dont la voie avait été ouverte par Wagner, plusieurs musiciens adoptent l'opéra de chambre, qui réunit un nombre réduit d'instrumentistes et de solistes dans des pièces très brèves.

L'opéra de chambre à Florence, la Camerata fiorentina

Vers 1575, un groupe d'intellectuels composé de chanteurs, d'humanistes (Vincenzo Galilei, le père de l'astronome, Emilio de'Cavalieri), de poètes (Ottavio Rinuccini), d'artistes et de musiciens (Jacopo Peri, Pietro Strozzi, Giulio Caccini) se réunit dans une pièce (« camera » en italien) du palais de deux aristocrates florentins, Giovanni et Jacopo Bardi.

Les membres de la Camerata fiorentina ainsi constituée veulent mettre en œuvre le style dramatique tel qu'il avait été pratiqué dans la tragédie grecque. Soulignant l'effet moral du style monodique (à une seule voix) ou stile rappresentativo qu'elle choisit, la Camerata abandonne la polyphonie habituelle de la Renaissance : la mélodie rend le texte intelligible, la musique d'accompagnement jouant un rôle secondaire.

Le premier opéra, *Dafne* de Jacopo Peri (1600), dénommé dramma per musica et hélas perdu, est conçu selon ces nouvelles règles. Il est probable que cette œuvre était une suite de récitatifs qui accentuaient le sens des paroles sur un mince accompagnement de luths et d'épinettes. Sept ans plus tard, l'*Orfeo* de Claudio Monteverdi, chef-d'œuvre absolu, marque le véritable début de l'histoire de l'opéra.

The English Opera Group

Ce groupe anglais, fondé par le compositeur Benjamin Britten (1913-1976), le librettiste Eric Crozier et le décorateur John Piper en 1946, après la première représentation de *The Rape of Lucretia*, se proposait d'ouvrir un nouveau débouché « pour la création et la représentation d'opéras nouveaux et pour encourager les poètes et les dramaturges à écrire des livrets en collaboration avec les musiciens ».

Le groupe crée le Festival d'Aldeburgh et en prend la direction artistique. Il monte alors, avec un soin extrême, plusieurs opéras de Britten (*Albert Herring*, 1947 ; *The Turn of the Screw*, 1954) et de Lennox Berkeley *(Ruth)*, ainsi que la reprise d'œuvres anciennes, d'Henry Purcell en particulier. En 1949, le groupe fonde l'Opera Studio qui devient l'Opera School puis la National School of Opera. C'est sous son impulsion que de nombreux opéras de chambre sont réapparus sur scène. Tournant le dos au style pompeux des grandes productions post-romantiques, on rapproche du public chanteurs et instrumentistes. On préfère une œuvre conçue sur une petite échelle, avec peu de chanteurs et d'instrumentistes, qui raconte une histoire simple et brève. Ainsi, Darius Milhaud avait composé des œuvres appelées « opéras de poche » : *L'Enlèvement d'Europe* (1927), *L'Abandon d'Ariane* (1928), *La Délivrance de Thésée* (1928).

QUELQUES OPÉRAS DE CHAMBRE DU XXᵉ SIÈCLE

Maurice Ravel (1875-1937)	1911	*L'Heure espagnole*
Richard Strauss (1864-1949)	1912-1916	*Ariane à Naxos (Ariadne auf Naxos)*
Ferruccio Busoni (1866-1924)	1917	*Arlecchino oder Die Fenster*
Francis Poulenc (1899-1963)	1947	*Les Mamelles de Tirésias*
Igor Stravinski (1882-1971)	1922	*Mavra, Renard*
Paul Hindemith (1895-1963)	1927	*Aller et Retour (Hin und Zurück)*
Kurt Weill (1900-1950)	1928	*Le Tsar se fait photographier (Der Zar lässt sich photographieren)*
Gian Carlo Menotti (1911)	1947	*Le Téléphone, Le Médium*
Goffredo Petrassi (1904)	1949 1950	*Le Cordouan* *Mort de l'air (Morte dell'aria)*
Luciano Berio (1925)	1965 1972	*Laborintus II* *Récital I*

Les Mamelles de Tirésias de Francis Poulenc, mise en scène Olivier Bénézech 1999

Histoire

Tradition et renouveau

Modèles et techniques

L'univers lyrique

Formes

Grandes œuvres

Opérette

Œuvre lyrique de caractère léger, formée de dialogues parlés, de pièces chantées et de danses à la mode, l'opérette a des origines lointaines. Son apogée se situe dans la seconde partie du XIXe siècle, quand de nombreuses scènes s'ouvrent à Paris. Sa vogue dure jusqu'à la Seconde Guerre mondiale.

De l'opéra-comique à l'opérette

« L'opéra-comique est une comédie en musique tandis que l'opérette est une pièce musicale comique » (Claude Terrasse). Les débuts de l'opérette remontent en fait aux foires Saint-Germain et Saint-Laurent où se donnaient les petits ouvrages d'Edigio Romoaldo Duni, Pierre-Alexandre Monsigny, Danican Philidor, opérettes avant la lettre faisant appel aux succès du jour et proches du vaudeville. Mozart utilisait déjà le terme « opérette » pour se moquer d'œuvrettes de l'époque.

L'opérette naît en réaction à l'opéra-comique, devenu plus ampoulé au début du XIXe siècle et dont la musique a tendance à prendre une place de plus en plus marquée par rapport au texte. Florimond Ronger, dit Hervé (1825-1892), et Jacques Offenbach (1819-1880), « le petit Mozart des Champs-Élysées » (Rossini), proposent au public parisien des œuvres parodiques et satiriques qui séduisent rapidement les élus du Second Empire et le public de la rue, avides de gaieté et de frivolité.

Des théâtres spécialement créés pour l'opérette

S'opposant au répertoire des scènes officielles (Opéra-Comique, Opéra, Théâtre-Lyrique, Théâtre-Italien), seules autorisées à présenter des ouvrages lyriques, Hervé fonde les Folies-Concertantes tandis qu'Offenbach crée les Bouffes-Parisiens.

S'ils ne sont d'abord autorisés à présenter que des pièces en un acte et à trois personnages, le triomphe de leurs compositions permet l'ouverture de nombreuses scènes lyriques à Paris : Marigny, Palais-Royal, Variétés, Folies-Dramatiques, Fantaisies-Parisiennes, Nouveautés, Athénée, Gaîté, qui amplifient le succès des Bouffes-Parisiens.

Les compositeurs qui trouvent avec difficulté des débouchés dans les théâtres officiels proposent leur talent à ces nouvelles scènes : Charles Lecoq, Léon Vasseur, Paul Lacôme, Edmond Audran, Emmanuel Chabrier, Louis Varney, André Messager, Claude Terrasse.

La concurrence étrangère

Le genre connaît de vifs succès en France, qui s'estompent à partir de la défaite de Sedan en 1870. L'opérette devient moins caustique, plus sentimentale, se rapproche de l'opéra-comique et sert de refuge à ceux qui n'apprécient pas la gravité dramatique.

Les opérettes étrangères concurrencent l'opérette française : l'opérette viennoise, née de la valse, dont J. Strauss est le représentant le plus remarqué, et l'opérette américaine au déhanchement syncopé du jazz, constituée de rythmes, d'airs, d'ensembles choraux et chorégraphiques, vont pratiquement éliminer le genre français du répertoire.

Des compositeurs de talent – Vincent Scotto, Gérard Calvi, Francis Lopez, Joseph Szulc –, résistant à cette mode, offrent de grands spectacles au Châtelet et à Mogador après la Seconde Guerre mondiale.

OPÉRETTE : QUI A ÉCRIT QUOI ?

Les précurseurs	Jacques Offenbach	1819-1880	1
	Hervé (pseudonyme de Florimond Ronger)	1825-1892	2
La grande opérette française	André Messager	1853-1929	3
	Claude Terrasse	1867-1925	4
	Louis Varney	1844-1908	5
	Victor Roger	1853-1903	6
	Louis Ganne	1862-1923	7
	Gaston Serpette	1846-1923	8
	Léon Vasseur	1844-1917	9
	Robert Planquette	1848-1903	10
	Henri Christiné	1867-1941	11
	Reynaldo Hahn	1875-1947	12
	Raoul Moretti	1893-1954	13
	Vincent Scotto	1876-1952	14
	Francis Lopez	1916-1995	15
	Arthur Honegger	1892-1955	16
Les Viennois	Franz von Suppé	1819-1895	17
	Johann Strauss	1825-1899	18
	Oskar Straus	1870-1954	19
	Franz Lehar	1870-1948	20
	Ralph Benatzky	1887-1957	21
Les Anglais	Sir Arthur Sullivan	1842-1900	22
Les Italiens	G. Pietri	1886-1946	23
	Pietro Mascagni	1863-1945	24
	Ruggero Leoncavallo	1858-1919	25
Les Américains	Rudolf Friml	1879-1972	26
	Jerôme Kern	1885-1945	27
	Irving Berlin	1888-1989	28
	George Gershwin	1898-1937	29
	Frederick Loewe	né en 1904	30

A : La Chauve-Souris ; B : La Belle Hélène ; C : Véronique ; D : La Veuve Joyeuse ; E : La Belle de Cadix ; F : My Fair Lady ; G : Si ; H : L'Auberge du Cheval-Blanc ; I : Mam'zelle Nitouche ; J : Ciboulette ; K : Phi-Phi ; L : Adieu Jeunesse ; M : Show Boat ; N : Mikado ; O : Un rêve de valse ; P : Les Saltimbanques ; Q : Les Cloches de Corneville ; R : Les Mousquetaires au couvent ; S : Les Travaux d'Hercule ; T : Troublez-moi ; U : Boccacio ; V : La Petite Reine des roses ; W : Rose-Marie ; X : Le Manoir du pic tordu ; Y : Les Vingt-Huit Jours de Clairette ; Z : La Timbale d'argent ; & : Les Aventures du roi Pausole ; ø : Tip Toes ; $: Violettes impériales (à utiliser deux fois).

Réponse : 1B - 2I - 3C - 4S - 5R - 6Y - 7P - 8X - 9Z - 10Q
- 11K - 12J - 13T - 14$ - 15E - 16& - 17U - 18A
- 19O - 20D - 21H - 22N - 23L - 24G - 25V
- 26W - 27M - 28$ - 29ø - 30F.

Histoire

Tradition et renouveau

Modèles et techniques

L'univers lyrique

Formes

Grandes œuvres

Opéra-ballade

Comédie comique et satirique, l'opéra-ballade est un genre éphémère mais à l'influence manifeste sur l'opéra-comique. Le premier exemple en est le *Beggar's Opera*, *L'Opéra des gueux* (1728), de John Gay, qui est un énorme succès. Au XXᵉ siècle, plusieurs compositeurs (Austin, Pabst, Britten, Weill) reprennent ce genre abandonné.

En réaction contre la vague italienne

▬ Apparue en Grande-Bretagne dans la première moitié du XVIIIᵉ siècle, cette forme de théâtre populaire connaît un engouement spectaculaire. Les paroles, souvent comiques, parfois d'inspiration sentimentale, sont chantées sur des mélodies préexistantes, généralement populaires.

▬ *The Beggar's Opera* brocarde l'enthousiasme des aristocrates pour l'opéra italien de Georg Friedrich Haendel, mais il a aussi une connotation politique, attaquant la corruption du gouvernement : la ressemblance est en effet frappante entre les faits et gestes des criminels et ceux du Premier ministre anglais, Robert Walpole.

▬ La musique contient quelques chansons populaires anglaises ainsi que des mélodies d'Henry Purcell, de Haendel et de compositeurs italiens. C'est le musicien et théoricien allemand John Christoph Pepusch (1667-1752) qui en compose l'ouverture et quelques basses d'accompagnement.

Un succès éphémère

▬ Ce triomphe extraordinaire entraîne une floraison de l'opéra-ballade. Après ce succès, J. Gay écrit *Polly*, suite du *Beggar's Opera*, une satire plus acerbe où la musique exploite des sources anciennes mais aussi françaises, *Pills to Purge Melancholy* de Thomas d'Urfey, anthologie d'airs connus publiée quelques années auparavant. Cette réussite est vue d'un assez mauvais œil par les autorités qui interdisent bientôt les représentations.

▬ Plus de cinquante opéras-ballades sont alors composés et représentés entre 1728 et 1740. *The Devil to Pay* de Charles Coffey (Londres, 1731) est traduit et monté en Allemagne en 1743 sous le titre de *Der Teufel ist los*. Dès 1750, le genre décline, supplanté par le pastiche (fait d'extraits d'œuvres préexistantes d'un ou de plusieurs compositeurs) et par l'opéra-comique qui prépare le Singspiel en Allemagne et en Autriche. Cependant, au XXᵉ siècle, on assistera à une certaine renaissance du genre.

L'opéra-ballade revient au XXᵉ siècle

▬ Quelques musiciens ont repris les principes de l'opéra-ballade, notamment Ralph Vaughan-Williams (1872-1958) dans *Hugh the Drover* (1924). *L'Opéra des gueux*, adapté en 1920 par Frederick Austin, est joué 1463 fois de suite. En 1944, une nouvelle adaptation de Edward-Joseph Dent (1876-1957) est donnée à Birmingham sous un chapiteau de cirque, dans la ville détruite par les bombardements.

▬ En 1953, Benjamin Britten (1913-1976) en écrit une nouvelle version tellement éloignée de l'œuvre originale qu'elle peut être considérée comme un nouvel opéra. Chaque morceau porte un habit orchestral individuel, éblouissante démonstration de virtuosité de la part de l'orchestre de chambre. La grande réussite de Britten est la continuité de la pièce, les parties parlées, l'atmosphère créée par la musique et les airs se succédant sans hiatus.

DE L'OPÉRA DES GUEUX À L'OPÉRA DE QUAT'SOUS

◼ L'Opéra des gueux (The Beggar's Opera), 1728

• Les auteurs : le librettiste John Gay, ami de Jonathan Swift (écrivain anglais), écrivit plusieurs opéras-ballades ainsi que le livret de *Acis et Galatée* pour Georg Friedrich Haendel. Le compositeur John Christoph Pepusch, originaire de Berlin, était organiste à la cour de Prusse et directeur du Lincoln's Inn Fields où est créé *The Beggar's Opera*.

• L'argument : un mendiant décide d'écrire un opéra dont les protagonistes ne seront pas de nobles personnages comme dans l'opéra traditionnel, mais des truands de son espèce : le fripier Peachum, chef du syndicat des mendiants, sa femme et leur fille Polly, le séduisant Macheath, bandit et souteneur, le gardien de prison Lockit et sa fille Lucy. L'opéra raconte les amours tumultueuses de Macheath, que s'arrachent Polly et Lucy : il épouse la première mais ne renonce pas à la seconde, plongeant dans l'embarras son beau-père qui est aussi un indicateur de la police. Macheath est arrêté et pendu... à moins qu'il n'en réchappe, puisqu'il s'agit d'une farce imaginée par le gueux et qu'il le veut ainsi.

◼ L'Opéra de Quat'sous (Dreigroschenop) de Kurt Weill (1900-1950)

• Créé le 31 août 1928 au Schiff-bauerdamm de Berlin sur un livret de Bertolt Brecht (écrivain et dramaturge allemand), l'opéra, au contenu social et politique évident, reprend les thèses déjà exposées dans la première œuvre de Weill, *Grandeur et décadence de la ville de Maha-gonny*. Le public est ici invité à réfléchir sur l'injustice de la société. À l'origine, l'œuvre se composait de 69 « tunes » (chansons parodiques) tirées pour la plupart d'airs populaires : 28 anglais, 15 irlandais, 5 écossais, 3 français et les 18 autres d'auteurs divers. Parmi les « songs » les plus marquants, on peut citer la *Complainte de Mackie*, le *Song de Barbara*, *Jenny des lupanars*, le *Chant des canons*.

• Il s'agit d'une gigantesque parodie d'opéra qui utilise les techniques personnelles de Weill et le style du « song », la chanson allemande développée depuis 1880 dans les cabarets. La musique prend à partie l'auditeur en le désarçonnant à coups d'accents mal équarris et de ruptures harmoniques. Son caractère populaire n'appartient qu'au compositeur : fausses basses, harmonies creuses... La mélodie, sorte de récitatif mi-parlé, mi-chanté, d'un strict accompagnement rythmique, requiert une interprétation « inexpressive ». L'accompagnement musical, qui participe au commentaire de l'action scénique par ses accents vulgaires, est confié à un petit orchestre inspiré de la formation de jazz, familier depuis *L'Histoire du soldat* d'Igor Stravinski, et comptant des instruments à connotation populaire (harmonium, bandonéon ou guitare hawaïenne).

L'Opéra de Quat'sous de K. Weill, mise en scène Jean-Claude Fall, théâtre d'Ivry, janvier 2000

Histoire

Tradition et renouveau

Modèles et techniques

L'univers lyrique

Formes

Grandes œuvres

Le drame

Œuvre chantée destinée à la représentation théâtrale ou liturgique, le drame se voit en général qualifié par son auteur : il peut prendre un caractère joyeux, dramatique, lyrique, sacré, romantique, populaire...

Le drame liturgique

▬ Sans rapport avec l'opéra, le drame liturgique lui est très antérieur. Né de la messe au Moyen Âge, il célèbre deux thèmes principaux : les cycles de Noël et de Pâques. Avec lui, la Passion quitte l'église pour être jouée sur son parvis. *Le Jeu d'Adam et Ève* du manuscrit de Tours est une véritable représentation où alternent chants liturgiques et dialogues parlés en vers français.

▬ Au XIVe siècle, ces représentations populaires prennent une ampleur considérable et peuvent durer plusieurs jours. Elles sont interdites au XVIe siècle lorsque gagne l'esprit de la Réforme, et le terme de drame liturgique est exclusivement réservé aux œuvres qui s'insèrent dans l'office religieux.

Le stile rappresentativo

Cette expression, utilisée pour la première fois par G.R. Caccini à propos de son opéra *Euridice* en 1600, désigne le nouveau style d'écriture vocale dramatique élaboré par la Camerata fiorentina pour retrouver la puissance de la musique grecque antique. Sentiments et passions s'expriment dans le recitativo.

Dramma per musica, dramma giocoso, drame larmoyant

▬ Le terme « dramma per musica » désigne, aux XVIIe et XVIIIe siècles, les premiers opéras italiens écrits sur des sujets sérieux (A. Salieri, A. Sacchini).

▬ Le qualificatif « giocoso » (joyeux) est employé par N. Piccinni, J. Haydn, G. Paisiello, A. Salieri, W.A. Mozart, pour désigner des opéras semiseria (semi-sérieux) où se mêlent des éléments tristes et gais. Ce terme est utilisé jusqu'au milieu du XIXe siècle par G. Verdi, qui qualifie aussi ses œuvres de « melodramma giocoso ».

▬ À l'inverse, le drame larmoyant est, au théâtre, un genre sentimental et pathétique au dénouement heureux. Le théâtre lyrique s'empare du terme pour des œuvres où les poèmes sont mis en musique par les compositeurs français d'opéras-comiques : ainsi P.-A. Monsigny (1729-1817) avec *Le Déserteur*.

Drame lyrique

Équivalent français de l'opera seria, on le trouve chez C.W. Gluck *(Alceste)*, G. Verdi *(Ernani, Otello)*, C. Gounod *(Faust)*, A. Thomas *(Mignon)*, J. Massenet *(Werther)*, C. Debussy *(Pelléas et Mélisande)*. À la différence de l'opéra, il se déroule sans césure entre les actes, les différents tableaux étant reliés par des interludes. Curieusement, le terme est repris par R. Wagner exclusivement pour *Tristan et Isolde*. En effet, il marque une antinomie avec l'opéra, où la musique prévaut sur le texte. En fait, on qualifie de « drame lyrique » des œuvres dont la nature et la structure s'apparentent à celles du « drame musical » conçu par Wagner.

LES COULEURS DU DRAME LYRIQUE

▪ Le drame lyrique symboliste

Apparu au milieu du XIXe siècle, le symbolisme est un mouvement artistique caractérisé par une expression métaphorique ou allusive de la vérité. Il s'oppose au néo-classicisme, accusé de sécheresse, et au romantisme vulgaire. Charles Baudelaire (Les Fleurs du mal) et Stéphane Mallarmé en littérature, Paul Gauguin en peinture sont les figures marquantes du mouvement. En France, le symbolisme aura indéniablement marqué de son empreinte Pelléas et Mélisande (1892) de Claude Debussy (1862-1918), dont la musique se présente comme ajoutant au texte ce qui lui manquait pour saisir la réalité du sujet, autant qu'Ariane et Barbe Bleue (1907) de Paul Dukas (1865-1935), également composé sur un livret de Maurice Maeterlinck.

▪ Le néo-hellénisme

Si, grand admirateur de Richard Wagner, Gabriel Fauré (1845-1924) s'est rendu à Cologne pour écouter L'Or du Rhin et La Walkyrie, puis à Munich pour assister à la Tétralogie, à la différence de Debussy, il n'a nullement subi l'influence du maître de Bayreuth. Ses opéras Prométhée (1900) ou Pénélope (1913) se situent dans la mouvance du néo-hellénisme en faveur au début du siècle.

▪ Le vérisme

Ce courant italien, tout d'abord littéraire puis par extension appliqué au genre lyrique, choisit des sujets tirés de la vie du peuple avec des personnages mus par les passions humaines les plus simples et immédiates (amour, jalousie, vengeance). Le romancier Giovanni Verga (1840-1922) lui donne ses lettres de noblesse avec le sujet de Cavalleria rusticana (1890) de Pietro Mascagni (1863-1945).

▪ Le drame lyrique en Russie

Délaissant le grand opéra italo-slave, la Russie aborde le drame lyrique sous l'angle historique : il est illustré par Alexandre Sergueïevitch Dargomyjski (1813-1869) avec Roussalka (1856) et Le Convive de pierre (commencé en 1866, achevé par César Cui et orchestré par Nicolaï Rimski-Korsakov en 1872), et par Modeste Moussorgski (1839-1881) avec Boris Godounov (1874).

▪ Le drame lyrique en Allemagne

Précédé par Wagner puis Hans Pfitzner (1869-1949), qui compose Palestrina (1917), Richard Strauss (1864-1949), avec Salomé (1905), Elektra (1908) et La Femme sans ombre (1919), va amener le genre de la conversation musicale qui s'épanouit dans Capriccio (1942) et marque l'ultime étape du drame lyrique en Europe centrale.

Salomé de Richard Strauss,
mise en scène André Engel, Opéra Bastille 1996

Histoire

Tradition et renouveau

Modèles et techniques

L'univers lyrique

Formes

Grandes œuvres

La comédie musicale

Adaptation de l'opérette européenne aux goûts et aux habitudes américains, la comédie musicale est un grand spectacle qui inclut des parties dansées. Elle connaît son apogée vers 1950, avant d'être annexée par le cinéma. Le genre évolue ensuite en fonction des nouveaux styles de musique à la mode.

Tin Pan Alley

Dans le quartier de New York situé vers la 28e Rue, à Tin Pan Alley, les émigrants d'Europe s'efforcent de vendre leurs chansons pour les revues. En 1866, le producteur Wheatley écrit une épopée dramatique, *L'Escroc noir*, premier succès du genre. En 1900, une autre production, *Voyage à Chinatown*, écrite à partir de danses et de mélodies populaires, obtient les suffrages du public.

Avec *Show Boat* (1927) triomphent le compositeur Jérôme Kern (1885-1945) et le librettiste Oscar Hammerstein II (1895-1960). En réaction au krach boursier de 1929, la comédie musicale se fait grandiose. C'est l'année de *Broadway Melody* de Harry Beaumont et d'*Hallelujah* de King Vidor. Irving Berlin (1888-1989), connu pour sa chanson *White Christmas*, mêle ses mélodies à de véritables *negro spirituals*. Les plus grands artistes rejoignent cette mode : Lily Pons, Marlène Dietrich, Jimmy Durante, Cab Calloway, Alice Faye… Les frères Gershwin, George (1898-1937), compositeur, et Ira, parolier, montent *Of Thee Sing* (1931) puis *Porgy and Bess* (1935), qui se situe aux limites de l'opéra. Les sorciers de la chorégraphie (Busby Berkeley) et les interprètes prodigieux (Fred Astaire, Ginger Rogers, Judy Garland…) envahissent les écrans.

L'âge d'or au cinéma

Avec la guerre, la comédie musicale sert de propagande pour susciter l'enthousiasme des populations.

Entre 1940 et 1960, elle passe à la superproduction cinématographique. Les salles deviennent plus grandioses et attirent de nombreux artistes : Leslie Caron, Gene Kelly, Donald O'Connor, Danny Kay, Betty Grable, Frank Sinatra, Doris Day, Cyd Charisse, Debbie Reynolds, Kim Novak, Julie Andrews, Barbra Streisand, Yves Montand…

Une longue série de succès tient l'affiche : *Oklahoma* (1943), *Le Chant du Missouri* (1944), *South Pacific* (1949), *Un jour à New York* (1950), *Le Roi et moi* (1951), *Un Américain à Paris* (1951), *Chantons sous la pluie* (1952), *Camelot* (1967), etc.

Vers un nouveau style

En France, *Les Parapluies de Cherbourg* (1963) et *Les Demoiselles de Rochefort* (1967), en Angleterre, *The Boyfriend* (1971) font suite aux productions américaines *Star*, *Dr Dolittle* et *Hello Dolly* (1964-1965), *Funny Girl* (1967), alors que se dessinent de nouvelles voies : l'opéra rock (*Twist Around the Clock*, 1961 ; *Two a Penny*, 1968), la *pop music* des Beatles (*A Hard Day's Night*, 1964 ; *Help*, 1965) puis la voie hippie (*Hair*, 1969) ou la grandiloquence de *Quadrophenia* (1973).

Les Français, avec Éric Charden (*Mayflower*, 1976) et Michel Berger (*Starmania*, 1979), s'imposent face aux films musicaux de ces vingt dernières années (*Grease*, 1978 ; *Flashdance*, 1983).

Des grands maîtres de la comédie musicale outre-atlantique

■ Jérôme Kern (1885-1945)

Fils d'émigrés juifs de Tchécoslovaquie, il remporte d'énormes succès avec *Very Good Eddie* (1915), *Oh Boy* (1917), *Sally* (1920) et surtout *Show Boat* (1935), d'après la pièce musicale qu'il avait écrite en 1927 sur un livret d'Oscar Hammerstein II. Cette comédie musicale sera mise en scène à trois reprises sur les écrans (*La Reine de Broadway*, 1944, avec Rita Hayworth et Gene Kelly).

■ Irving Berlin (1888-1989)

Israélite originaire de Sibérie, arrivé aux États-Unis en 1893, il exerce de nombreux métiers dont celui de garçon de café-chanteur. Il apprend la musique en autodidacte et en 1907 connaît un premier succès avec *Sadie Salome, go home* (1911). En 1911, il compose *Alexander's Ragtime Band* et *Everybody's Doin't Now*, chansons vite devenues populaires. En 1925, il écrit *Cocoanuts* pour les Marx Brothers ainsi que des mélodies dont *Cheek to Cheek* dans *Top Hat, White Christmas*, puis, en 1946, *Annie Get Your Gun* et *La Mélodie du bonheur*.

■ Cole Porter (1893-1964)

Après des études à Harvard et à Paris avec Vincent d'Indy (1851-1931), il écrit une pléiade de chansons et de ballets jusqu'à son premier spectacle londonien, *Wake Up and Dream* (1929), puis *Night and Day* (1932), *Anything Goes* (1934), *Broadway qui danse* (1940), *Kiss me Kate* (1948) d'après *La Mégère apprivoisée* de William Shakespeare.

■ George Gershwin (1898-1937)

Personnalité la plus brillante de l'époque, Gershwin vit dans les quartiers populaires de New York, où il apprend le ragtime, et connaît les vieilles chansons populaires. Il poursuit des études musicales et débute en pianotant des chansons nouvelles pour les clients d'une maison d'édition, puis est pianiste accompagnateur. Avec *Swanee* (1919), il entre sur les scènes de Broadway. En 1924, il compose *Rhapsody in blue*. *Un Américain à Paris* (1928), réalisé au cinéma par Vincente Minelli en 1951, fait directement référence au jazz. *Porgy and Bess* (1935), opéra populaire trempé aux sources profondes de la musique noire, est son chef-d'œuvre.

■ Leonard Bernstein (1918-1990)

Tout d'abord pianiste et chef d'orchestre, Bernstein est également un compositeur d'inspiration néoromantique, sensible au folklore d'Amérique du Nord. Ses comédies musicales (*On the Town*, 1944 ; *Wonderful Town*, 1952 ; *Candide*, 1956 ; et surtout *West Side Story*, 1957) lui apportent un immense succès. Il compose également de la musique de ballet, des œuvres symphoniques et chorales ainsi que des musiques de film et de la musique instrumentale de chambre.

■ Michel Legrand (né en 1932)

Après des études au conservatoire de Paris sous la direction de Nadia Boulanger (1887-1979), il séduit le public américain et entreprend une collaboration avec Jacques Demy. Tous deux deviennent vite représentatifs de la comédie musicale « à la française » (*Les Parapluies de Cherbourg, Les Demoiselles de Rochefort*).

Histoire

Tradition et renouveau

Modèles et techniques

L'univers lyrique

Formes

Grandes œuvres

Le ballet dans l'opéra

Avant d'être intégré à l'opéra, le ballet avait une existence propre en tant que ballet de cour. L'engouement pour l'opéra-ballet français au temps de Lully est exceptionnel. Peu à peu, opéra et ballet redeviennent indépendants : l'opéra-ballet n'a rien à voir avec la musique de ballet.

● Avant le ballet

Inspiré des « entremets » qui, au Moyen Âge, égayaient les repas des seigneurs, le ballet comme divertissement théâtral dansé apparaît au XVᵉ siècle en Italie. Au XVIᵉ siècle, l'art du ballet de cour se répand. Les thèmes en sont galants (pastorales) ou mythologiques. Les Italiens tiennent la vedette, la troupe vénitienne des Gelosi se produit dans toute l'Europe et en particulier à la cour d'Henri III en 1577. Le ballet est un spectacle de choix, dans lesquels les grands seigneurs et même les rois se plaisent à danser. Les parties vocales et la partition instrumentale écrite exclusivement pour la danse sont distinctes : il existe une nette séparation entre lyrique et chorégraphie. Pour la création d'un ballet de cour, le musicien travaille en collaboration directe avec le chorégraphe. En fait, la danse est valorisée par rapport à la partie lyrique : la partition destinée aux ballets a une qualité certaine, alors qu'elle est plus simple pour les parties chantées.

● Le ballet entre dans l'opéra

▬ En France, désireuse de voir s'harmoniser poésie, musique et danse (à l'imitation des Anciens), l'Académie de poésie et de musique n'est pas étrangère au développement du ballet. Mais, grand amateur d'opéra, Mazarin considère le ballet comme un détournement de l'action ; aussi le ballet commence-t-il à décliner.

▬ Cependant, Jean-Baptiste Lully (1632-1687) l'intègre dans ses opéras. Avec Molière, il crée la « comédie-ballet » qui va enchanter les fêtes de Chambord puis celles de Versailles d'un spectacle total qui réunit danse, musique, voix, symphonie et machines. Lully a sous-titré en 1681 « Ballet en vingt entrées » son *Triomphe de l'amour*.

▬ Le terme « opéra-ballet » apparaît en 1688 avec *Zéphyr et Flore*, sur une musique des deux fils de Lully. Le genre diffère de l'opéra (sans ballet), car il n'implique pas d'unité d'action : le prologue y présente un thème général auquel succèdent des « entrées » exposant chacune une action générale (l'âge, les saisons, les éléments). L'opéra-ballet atteint la perfection avec *L'Europe galante* (1697) d'André Campra (1660-1744), et bientôt se succèdent les œuvres de Michel de la Barre (*Le Triomphe des arts*, 1700), Jean-Joseph Mouret (*Les Fêtes de Thalie*, 1714), Jean-Philippe Rameau (*Les Indes galantes*, 1735).

● Le retour du ballet au XIXᵉ siècle

Au XVIIIᵉ siècle, le public et la critique accusent souvent la danse de rompre la progression dramatique ; aussi assiste-t-on bientôt à une scission entre ballet et opéra. Pourtant, au milieu du XIXᵉ siècle, on voit réapparaître à l'opéra une action chorégraphique dans *La Traviata* et *Les Vêpres siciliennes* de G. Verdi, *La Damnation de Faust* et *Les Troyens* d'H. Berlioz, *Eugène Onéguine* et *La Dame de pique* de P.I. Tchaïkovski.

OPÉRA-BALLET ET MUSIQUE DE BALLET

L'avènement de la musique de ballet

Depuis toujours, musique, danse, pantomime se côtoient. Jean-Georges Noverre (1727-1810), danseur et chorégraphe qui fait représenter *Les Caprices de Galathée* (1776), premier ballet sans chant, à l'Opéra, est le grand réformateur du ballet, prônant un ballet d'action sous forme d'un drame musical et chorégraphique. Plus tard, Ludwig van Beethoven compose *Les Créatures de Prométhée* (1801) pour le chorégraphe italien Salvatore Vigano (1769-1821). Bientôt, le ballet romantique se transforme et décrit un monde enchanté : *Zéphire et Flore* (1815) ou *La Sylphide* (1832) de Jean-Marie Schneitzhoeffer exploitent une vision fantomatique des êtres et du monde. Avec *Gisèle ou les Willis* (1841) d'Adolphe Adam s'ouvre le règne des ballerines. Pourtant, les plus brillantes partitions, celles de Léo Delibes (*Coppélia ou la Fille aux yeux d'émail*, 1876 ; *Sylvia*, 1876), d'Édouard Lalo (*Namouna*, 1882) ou d'André Messager (*Les Deux Pigeons*, 1886), ne permettent pas au ballet de prendre en France la place qui lui revient. En Russie, en revanche, le genre connaît un développement exceptionnel : Piotr Illitch Tchaïkovski s'en fait le spécialiste avec *La Belle au bois dormant* (1890), *Casse-Noisette* (1892) et *Le Lac des cygnes* (1895).

Le ballet, spectacle du XXᵉ siècle

Au XXᵉ siècle, avec Serge de Diaghilev (1872-1929), organisateur de spectacles et fondateur des Ballets Russes, le ballet retrouve grâce aux yeux du public. Les Ballets Russes font appel aux plus grands musiciens du siècle : Igor Stravinski compose pour eux *L'Oiseau de feu* (1910), *Petrouchka* (1911), *Le Sacre du printemps* (1913) ; Maurice Ravel, *Daphnis et Chloé* (1912) ; Claude Debussy, *Jeux* (1913) ; Erik Satie, *Parade* (1917) ; Manuel de Falla, *Le Tricorne*

La Dame de Pique de Tchaïkovski, mise en scène A. Konchalovsky, Opéra de Paris 1991

(1919) ; Henri Sauguet, *La Chatte* (1927). À la suite de Diaghilev, d'autres compagnies vont danser sur des musiques moins spécifiques : ainsi, Isadora Duncan (1877-1927) monte des ballets sur des œuvres de Franz Schubert, Frédéric Chopin, Richard Wagner. Désormais, le ballet n'est plus considéré comme un genre mineur ; de nombreuses partitions de musique contemporaine illustrent le genre : *La Péri* de Paul Dukas (1921), *Padmâvati* d'Albert Roussel (1923), *Le Mandarin merveilleux* de Béla Bartók (1942), *Hérodiade* de Paul Hindemith (1944), *Les Sept Péchés capitaux* de Kurt Weill (1933), *L'Amour sorcier* de Manuel de Falla (1915), *The Prince of Pagodes* de Benjamin Britten (1957), *Roméo et Juliette* de Serge Prokofiev (1940), *L'Âge d'or* de Dimitri Chostakovitch (1930), *Age of Anxiety* de Leonard Bernstein (1949), *Le Loup* d'Henri Dutilleux (1953).

Maurice Béjart (né en 1927)

Danseur puis chorégraphe, fondateur du Ballet du Vingtième Siècle, Béjart donne au ballet un nouveau souffle. Mariant les différents types de chorégraphie avec tous les styles de musique, il remporte d'immenses succès dans le monde entier.

Histoire

Tradition et renouveau

Modèles et techniques

L'univers lyrique

Formes

Grandes œuvres

Claudio Monteverdi, *La Favola d'Orfeo*

Événement unique dans l'histoire de la musique, l'*Orfeo* est un des premiers opéras connus, avec une partition complète pour les voix et les instruments. C'est une réussite exceptionnelle dans l'art du chant, une véritable révolution musicale.

Claudio Monteverdi (1567-1643)

Né à Crémone, Claudio Monteverdi montre dès l'âge de seize ans, par la composition de madrigaux, une étonnante aisance dans l'écriture des voix. Sa notoriété lui vaut d'entrer en 1590 au service du duc de Gonzague à Mantoue, où il devient maître de musique.

Après l'*Orfeo*, Monteverdi offre les *Vêpres de la Vierge* au pape Paul V, au service duquel il espère entrer. Mais, à la mort du duc de Gonzague, il s'installe à Venise où il obtient le poste prestigieux de maître de chapelle de Saint-Marc.

Lorsque la peste emporte son fils en 1631, Monteverdi entre dans les ordres ; mais l'ouverture du premier théâtre de Venise en 1636 l'incite à composer des œuvres dramatiques : *Le Retour d'Ulysse* (1641), *Le Couronnement de Poppée* (1642). Lorsqu'il meurt, l'année suivante, son corps est enseveli auprès des grands personnages de la République vénitienne.

Histoire de l'œuvre

Après avoir assisté, à Florence, à la représentation de l'*Euridice* de Jacopo Peri, le duc de Mantoue commande à Monteverdi une mise en musique de la légende d'Orphée. Le livret d'Alessandro Striggio (1573-1630) fournit au compositeur un support solide, porteur d'intenses situations dramatiques par sa capacité à exprimer les passions humaines et par l'ampleur de son souffle.

Lors de sa première représentation, au palais ducal de Mantoue le 14 février 1607, l'opéra remporte un vif succès et est bientôt repris dans toute l'Italie du Nord.

L'*Orfeo* est considéré comme un des premiers opéras de l'histoire. Monteverdi y fixe clairement le rôle des chœurs, des récitatifs et des timbres instrumentaux.

Argument

Un pâtre raconte le bonheur d'Orphée qui a gagné l'amour d'Eurydice, et invite nymphes et bergers à partager l'allégresse du nouvel époux. Tous rendent grâce aux dieux. Peu après, la messagère Sylvie vient annoncer à Orphée la mort d'Eurydice. Terrassé par la douleur, Orphée décide de descendre au royaume des morts pour la rechercher.

Aux Enfers, il arrive sur les bords du Styx, frontière entre le monde des morts et celui des vivants. Charmé par le doux chant d'Orphée (qui s'accompagne à la cithare), Charon, le passeur des âmes, refuse de le transporter. Les Dieux viennent alors à son secours et endorment Charon. Proserpine intercède auprès de Pluton, qui rend Eurydice à son époux : mais Orphée devra la ramener sans jamais se retourner pour la regarder.

Or, pensant avoir été trompé, Orphée se retourne : Eurydice disparaît pour toujours dans le royaume des morts. Inconsolable, Orphée soupire éternellement en évoquant son Eurydice.

L'ŒUVRE EN QUESTION

Personnages

Type de voix	Personnage	Rôle
Soprano	La Musique Eurydice Une nymphe L'Espoir Proserpine	 Épouse d'Orphée Reine du monde des Ténèbres
Ténor ou baryton Ténor	Orphée Trois bergers	Poète et époux d'Eurydice
Baryton ou ténor	Apollon	
Basse	Un berger Charon	 Passeur des âmes

Chant d'Orphée (acte 1)

C'est un hymne au soleil, un récitatif extrêmement expressif. Mais est-ce vraiment un récitatif ou une monodie accompagnée ? La frontière entre les deux est mince. Monteverdi laisse volontiers planer le doute. Le chant d'Orphée s'enchaîne à celui d'Eurydice et à la reprise du chœur des Nymphes, comme un choral proche de ceux de J.S Bach. Cet air ramène les acteurs sur la terre : après l'adoration du ciel, on souhaite en effet aux amants que le soleil chasse à jamais les ténèbres de la douleur et des tourments.

Air de Sylvie, la messagère (acte II)

Sylvie est la messagère de la mort. Elle vient annoncer à Orphée la mort d'Eurydice : c'est une plainte terrible, aux modulations fulgurantes vers le mineur (technique du parlando). Tout en restant attentif à la simplicité du mot, Monteverdi parvient à donner un relief et une vie incomparables à ce parlando par le jeu des modulations et des harmonies. Survient la tragédie qui chasse bonheur et tendresse. Poignant dialogue avec Orphée, dont la subtilité s'entend dans les variations d'intensité et l'allongement des durées jusqu'à l'ultime « hélas ! ». Sommet et centre de gravité de l'opéra, ce récit s'étend sur près de 50 mesures d'une singulière instabilité rythmique et tonale. La déploration d'Orphée, au gré des dissonances, est une véritable désintégration psychique du personnage. Ses adieux déchirants vont bien au-delà de la douleur. Ne peut suivre que le silence…

Fin de l'acte IV

Orphée a endormi Charon et convaincu Proserpine et Pluton de lui rendre son épouse. Suivi d'Eurydice, il remonte vers la clarté, chantant sa joie dans la radieuse tonalité de sol Majeur. Mais, passé les trois premières strophes, l'allègre musique s'interrompt, le récitatif traduit la soudaine inquiétude du héros et le doute qui s'insinue en lui : et si Pluton avait menti, et si Eurydice ne le suivait pas ? Orphée, tenaillé par l'angoisse, se retourne : sa bien-aimée s'évanouit alors dans les ténèbres en même temps que sa plainte soupirée. Souffrance d'Orphée, se retrouvant seul avec lui-même. Tout est irrémédiablement fini, et le chœur des Esprits infernaux tire la conclusion de sa fatale imprudence, nouvel et magistral exemple de polyphonie, judicieusement doublée dans le grave par l'or sombre des trombones…

Histoire

Tradition et renouveau

Modèles et techniques

L'univers lyrique

Formes

Grandes œuvres

Henry Purcell, *Le Roi Arthur*

L'opéra triomphe en Italie et se diffuse dans toutes les autres régions de l'Europe dès le début du XVIIe siècle. En Angleterre, il faudra attendre Henry Purcell, avec un genre très particulier (le semi-opéra) dont *Le Roi Arthur (King Arthur)* est une des œuvres les plus représentatives.

Henry Purcell (1659-1695)

Entré très tôt à la maîtrise de Westminster, Purcell y est nommé titulaire des orgues dès l'âge de vingt ans. Contrairement à celle de bien d'autres musiciens, sa carrière ne subit pas les aléas dynastiques du pays : la mort de Charles II en 1685 ne modifie en rien sa position officielle ; après la chute de Jacques Ier dont il avait été le claveciniste privé, Purcell devient tout naturellement compositeur de Guillaume d'Orange quand celui-ci prend la couronne.

Soucieux des goûts et des mentalités de l'époque, il compose de nombreuses pièces adaptées aux événements de la cour et de l'Église *(Anthems, Ode à sainte Cécile…)*. Il se tourne également vers le théâtre avec des semi-opéras : *Didon et Énée, La Reine des fées (The Fairy Queen), Le Roi Arthur…* Il meurt à trente-six ans d'une tuberculose pulmonaire.

Histoire de l'œuvre

Le Roi Arthur date de 1691. Il pose à l'auditeur (tout comme *The Fairy Queen, Didon et Énée…*) un problème préalable, celui d'un genre insolite. En effet, ce n'est ni une pièce de théâtre, ni un opéra, mais un hybride des deux genres qu'on baptise généralement semi-opéra. Chez les Anglais, le semi-opéra est dans le prolongement de la tradition fort ancienne du masque.

Pièce de John Dryden (1631-1700), poète officiel de la cour de Charles II, *Le Roi Arthur* célèbre le vingt-cinquième anniversaire du souverain. L'œuvre fut créée pour le théâtre de la Reine, alors le plus grand et le plus somptueux d'Angleterre. Quarante-cinq acteurs, renforcés par quelques chanteurs et des danseurs, assurèrent la première représentation.

Argument

L'intrigue est vaguement tirée de la légende du roi Arthur. Il ne faut pas s'attendre à y retrouver tous les héros connus. L'essentiel de l'action se rapporte aux tentatives d'Arthur (aidé par Merlin) pour libérer sa bien-aimée Emmeline (qui est aveugle) des griffes d'Oswald et de son magicien maléfique Osmond.

La pièce est d'essence patriotique, mais on est frappé par son humour grossier, voire obscène, le mélange des sentiments et de la magie. L'œuvre explore également l'éveil de la sexualité et la perte de l'innocence.

Toute la musique de Purcell se met au service de la pièce. L'importance du mouvement et l'utilisation de l'espace sont de la plus haute importance dans *Le Roi Arthur*.

L'ŒUVRE EN QUESTION

Personnages

Type de voix	Personnage	Rôle
Soprano	Cupidon	
	Vénus	Nymphe
	Philidel	
	She	Elle (Emmeline)
	Sheperdess 1	Première bergère
	Siren 1	Première sirène
	Honour	L'Honneur
	Nereid	Néréide
	Sheperdess 2	Seconde bergère
	Siren 2	Seconde sirène
Ténor	Comus	
	Sheperd	Berger
Baryton	Cold Genious	Le Génie du Froid (Osmond)
	He	Lui (Arthur)
	Pan	
Basse	Grimbald	
	Sylvan	

Ouverture (chaconne, ouverture, air)

Dès le début de l'œuvre, la trompette signale que la vaillance martiale sera l'un des thèmes du *Roi Arthur*. La longue séquence musicale de l'acte I décrit un sacrifice humain rituel que l'armée saxonne offre avant la bataille aux dieux Wotan, Thor et Freya. Cette scène se compose de réponses chorales solennelles entre des incantations solistes et des chœurs développés (plainte des victimes et reconnaissance de leur courage). Puis les Saxons se livrent à une beuverie orgiaque pour se préparer à la bataille.

Le Génie du Froid

L'intrigue se noue à l'acte III. Dans un épisode mystérieux, Philidel rend la vue à Emmeline en lui instillant quelques gouttes dans les yeux. Elle peut désormais voir le visage de celui qui la retient prisonnière. Elle repousse les avances d'Osmond qui, vexé, fait une démonstration de ses pouvoirs magiques en créant un paysage de contrées glacées : il veut montrer à Emmeline ce qu'est l'amour qu'elle suscite. Certains diront que la scène du froid est l'expression allégorique de la frigidité supposée d'Emmeline, ce que contredit la musique, terriblement sensuelle. Cet air, une des réussites majeures de Purcell, est extrêmement chromatique et contient des enchaînements harmoniques préfigurant déjà l'âge classique.

Acte IV

Le milieu de l'acte IV, centre de gravité de l'opéra, est une grande passacaille chantée par les Nymphes pour attirer Arthur dans la forêt enchantée où il trouverait la mort. C'est sans doute le mouvement le plus long écrit par Purcell (basse obstinée de 4 mesures, répétée 59 fois avec des variations ingénieuses de plus en plus complexes ; succession de duos, solos, trios, chœurs et interludes instrumentaux dansés).

Histoire

Tradition et renouveau

Modèles et techniques

L'univers lyrique

Formes

Grandes œuvres

Jean-Philippe Rameau, *Les Indes galantes*

Compositeur de génie, Rameau a attendu l'âge de cinquante ans pour produire son premier opéra. Il construit ses lignes mélodiques en fonction des textes et met en valeur la diction du chanteur plus que sa virtuosité.

Jean-Philippe Rameau (1683-1764)

Compositeur, théoricien, auteur d'opéras, Rameau est un des grands noms de la musique baroque. Ses traités d'harmonie font encore référence aujourd'hui. Après son premier opéra, *Hippolyte et Aricie* (1733), il se consacre à l'écriture de tragédies lyriques et de comédies-ballets : *Les Indes galantes*, *Castor et Pollux*, *Platée*, *Les Boréades*.

Rameau rénove l'opéra français par ses audaces chorales, harmoniques et orchestrales. Il est peu compris par les philosophes de l'époque, plus portés vers la mode italienne. Utilisant les formes anciennes, il introduit dans l'opéra une instrumentation variée, une déclamation soignée et une harmonie audacieuse.

Histoire de l'œuvre

Les Indes galantes, opéra-ballet sur un texte de Louis Fuzelier (1672-1752), ne contiennent pas, hormis un prologue allégorique, de scène mythologique. La musique suit souplement la variété des situations et souligne le caractère des personnages dans leurs différences et leurs contrastes.

L'œuvre, donnée pour la première fois à l'Opéra de Paris le 23 août 1735, reçoit un accueil mitigé. Rameau remanie alors son texte et, l'année suivante, l'opéra est repris avec une entrée supplémentaire, « les Sauvages », qui connaît aussitôt un immense succès.

L'influence des *Indes galantes* fut sensible auprès des artistes de l'époque, puisque des grands airs de l'œuvre circulèrent dans toute l'Europe.

Argument

Prologue : Hébé, déesse de la Jeunesse, appelle les Amants à se réjouir parmi les jeux et la musique. Constatant la désertion de la jeunesse, elle envoie ses Amours sur les rivages des Indes.

Première entrée, le Turc généreux : le pacha Osman rend la liberté à la chrétienne Émilie, son esclave, amoureuse de Valère qui autrefois l'a lui-même tirée de l'esclavage.

Deuxième entrée, les Incas du Pérou : Huascar, grand prêtre du Soleil, aime la princesse péruvienne Phani, elle-même éprise de l'Espagnol Don Carlos. Huascar périra dans le séisme dû à sa colère jalouse.

Troisième entrée, les Fleurs, fête persane : Tacmas, prince persan, entre déguisé en marchand dans le jardin de son favori Ali. Il est amoureux de Zaïre, la belle esclave d'Ali, tandis que sa propre esclave, Fatime, aime Ali. Elle arrive, déguisée en polonais, et manque d'être tuée par Tacmas qui la prend pour un ennemi. Le quiproquo est dénoué à temps et les deux maîtres échangent leurs esclaves.

Quatrième entrée, les Sauvages : dans une forêt d'Amérique, le Français Damon et l'Espagnol Don Alvar courtisent une jeune Indienne, Zima, fidèle au chef de la nation sauvage, Adario. La fête du Calumet de la paix scelle l'union de Zima et d'Adario.

L'ŒUVRE EN QUESTION

Personnages

Type de voix	Personnage	Rôle
Soprano	L'Amour	
	Émilie	Jeune Provençale, esclave d'Osman
	Phani	Princesse péruvienne
	Zaïre	Princesse de Circassie, esclave d'Ali
	Fatime	Esclave de Tacmas
	Zima	Fille d'un chef d'une nation sauvage
Ténor	Valère	Officier de marine, amant d'Émilie
	Don Carlos	Officier espagnol, amant de Phani
	Tacmas	Prince persan
	Damon	Officier français
	Adario	Guerrier, amant de Zima
Basse	Osman	Pacha d'une île turque
	Huascar	Inca, grand prêtre du Soleil
	Ali	Favori de Tacmas
	Don Alvar	Officier espagnol

Première entrée : le Turc généreux

Le prélude de cette entrée est une grande page de musique pure, fugue à quatre voix au thème complexe. La scène de récitatif qui suit est un remarquable modèle de l'art français. Émilie raconte son histoire et celle de son amant.

On ne sait s'il faut admirer davantage la justesse de la récitation, l'émotion née de l'harmonie dispensée par le compositeur ou les richesses des lignes de l'orchestre. Cette forme est indéfinissable en termes d'opéra : ce n'est ni un air ni un récit. La pulsation des mots détermine celle des notes. Ce passage est plus souple, plus rond, plus fourni qu'un récitatif.

Quatrième entrée : les Sauvages

La fête commence par le fameux air des Sauvages, brillamment orchestré. Mais la surprise vient lorsque, sur le thème bien inscrit dans la mémoire, viennent se greffer un duo entre Zima et Adario, puis un chœur. Jamais on n'a exploité aussi heureusement un air à succès avec une musique plus riche et plus gaie. L'œuvre pourrait s'achever ici, la chute serait triomphale. Mais comme, dans l'opéra-ballet, il faut laisser place à la danse, suivent deux menuets pour les Guerriers et les Amazones.

Histoire

Tradition et renouveau

Modèles et techniques

L'univers lyrique

Formes

Grandes œuvres

Wolfgang Amadeus Mozart, *Don Giovanni*

Mélange quasi unique de comique irrésistible et de sérieux tragique, opéra au rythme de l'action musicale et dramatique inégalable, richesse inouïe de l'inspiration, *Don Giovanni (Don Juan)* a été et reste, sinon le plus populaire des opéras, du moins le plus apprécié.

● Histoire de l'œuvre

Dramma giocoso (ou opéra bouffe ?), en deux actes et dix tableaux sur un livret de Lorenzo Da Ponte, cette œuvre est tirée de la pièce de Tirso de Molina *El Burlador de Sevilla* (qu'utilisa aussi Molière). *Il Dissoluto punito, ossia Il Don Giovanni (Le Libertin puni, ou Dom Juan)* fut créé le 28 octobre 1787 au Théâtre national de Prague. Le public, parmi lequel se trouvait Giacomo Casanova, fit à l'opéra un accueil aussi chaleureux qu'aux *Noces de Figaro* données dans la même ville l'année précédente.

● Argument

À Séville, au XVIIe siècle.

Acte I : poursuivi par Donna Anna, Don Giovanni est provoqué par le Commandeur qui s'écroule, mortellement blessé après un bref duel. Don Giovanni laisse à son valet, Leporello, le soin d'expliquer à son épouse délaissée, Donna Elvire, qu'elle n'est pas sa première victime. Au cours d'une noce de village, Don Giovanni entreprend la conquête de la jeune fiancée, Zerline ; mais paraît Donna Elvire qui la sauve. Don Giovanni prépare une fête. Masetto, jaloux, accuse sa fiancée Zerline, qui le rassure. Donna Anna, Ottavio et Donna Elvire, masqués, se font inviter à la fête. Une fois encore, Don Giovanni tente de séduire Zerline dont les cris interrompent ses élans. Les trois se découvrent et accusent Don Giovanni ; il doit fuir.

Acte II : Don Giovanni veut éloigner Donna Elvire pour séduire sa servante. Il chante une sérénade, accompagné à la mandoline, mais Masetto surgit. Don Giovanni se débarrasse des gêneurs et rosse Masetto. Anna, Ottavio, Zerline et Masetto sont prêts à la vengeance. Toujours amoureuse, Donna Elvire intercède en faveur de l'infidèle et lui pardonne une fois de plus. Dans un cimetière, la voix de la statue du Commandeur annonce à Don Giovanni un châtiment prochain. Par dérision, celui-ci ordonne à son valet d'inviter la statue à souper avec lui le soir même. La statue accepte. Dans le palais de Don Giovanni, la table est dressée ; Leporello et son maître font honneur au souper. Donna Elvire supplie son mari de renoncer à cette vie indigne. La statue du Commandeur avance pour entraîner Don Giovanni aux enfers. Les victimes du séducteur tirent la morale de l'histoire en un sextuor final dans la tradition du dramma giocoso.

L'ŒUVRE EN QUESTION

Personnages

Type de voix	Personnage	Rôle
Soprano dramatique	Donna Anna	Fille du Commandeur
Soprano lyrique	Donna Elvire	Dame de Burgos, épouse abandonnée de Don Giovanni
Mezzo-soprano ou soprano	Zerline	Paysanne
Ténor léger	Don Ottavio	Fiancé de Donna Anna
Baryton	Don Giovanni	Jeune noble
ou baryton-basse	Masetto	Fiancé de Zerline
Basse	Le Commandeur	
Basse bouffe	Leporello	Valet de Don Giovanni

« Là ci darem la mano »

Acte I. Don Giovanni, seul avec Zerline, cherche à la séduire par un discours tendrement insinuant, sensuel et enveloppant, qui introduit un charmant duo : « *Là ci darem la mano, là mi dirai di si. Vedi, non è lontano ; partiam, ben mio, da qui* » (Là-bas tu me donneras la main, là-bas tu me diras oui. Tu vois, ce n'est pas loin. Partons, mon trésor, partons d'ici).

« Or sai chi l'onore »

Donna Anna a reconnu la voix de l'assassin de son père, son propre séducteur. Cette aria exige une virtuosité immense pour une voix de soprano : « *Or sai chi l'onore rapire a me volse, chi fu il traditore che il padre mi tolse* » (Tu sais maintenant qui en voulait à mon honneur, qui était le traître qui a tué mon père).

« Di rider finirai pria dell'aurora ! » (Ton rire cessera avant l'aurore)

Acte II. Le tableau du cimetière précède la scène finale du souper. Le Commandeur revenant d'outre-tombe reste le personnage principal du drame. Ces courtes mesures aux accents solennels et vengeurs de la statue du Commandeur sont à un tout autre niveau. Finis le grotesque, la dérision ; place au tragique.

Don Giovanni : comédie ou tragédie ?

> « Partition sublime et terrible… où l'ombre de la mort se projette sans cesse sur les personnages de la farce. »
>
> Roland Manuel.

Don Giovanni est-il un pécheur endurci, un libertin, un profanateur ? Probablement rien de cela et tout à la fois. Il va de l'avant sans retour sur lui-même, porté par un irrésistible appétit de vivre. Cynique, il ne connaît pas plus le regret que le remords. Le Don Giovanni de Mozart, qui entre dans la légende, est probablement le premier héros romantique du répertoire lyrique.

Histoire

Tradition et renouveau

Modèles et techniques

L'univers lyrique

Formes

Grandes œuvres

Gioacchino Rossini, *Le Barbier de Séville*

Dans son *Barbier de Séville*, Rossini a réussi à faire sentir ce que la musique, qui passe pour si conventionnelle, arbitraire, irréelle, ajoute de vie, de mouvement et de vérité à une comédie ou à un drame. Ainsi, cet ouvrage est un des grands succès de l'histoire de l'opéra.

Gioacchino Rossini (1792-1868)

■ Fils d'un inspecteur des boucheries devenu corniste et d'une cantatrice, Rossini sait jouer du violon et compose dès l'âge de douze ans. Très jeune, il est nommé directeur de l'opéra de Naples. Son *Barbier de Séville* (1816) conquiert bientôt toutes les scènes d'Europe.

■ En 1824, il devient à Paris le premier compositeur de Charles X. Mais, à trente-sept ans, le succès mitigé de *Guillaume Tell* décide Rossini à mettre un point final à sa carrière. Il retourne vivre en Italie puis s'installe en France, où il meurt en 1868.

■ Après *Guillaume Tell*, Rossini a composé un *Stabat Mater* (1842), la *Petite Messe solennelle* et quelque deux cents piécettes qu'il a intitulées « péchés de vieillesse ».

Histoire de l'œuvre

■ Malgré de nombreuses précautions, malgré le changement de titre, l'œuvre, sur un livret de Cesare Sterbini (1784-1831) d'après Beaumarchais, fut l'objet de vives attaques de la part de l'entourage de Giovanni Paisiello (1740-1816) qui avait composé trente auparavant un autre *Barbier de Séville*… C'est sans doute l'une des raisons de l'échec retentissant de la première à Rome, au teatro Argentina, le 20 février 1816 (sous le titre *Almaviva ossia l'Inutile precauzione*).

■ Les 1 600 pages du *Barbier de Séville* furent écrites, aux dires de Rossini, en onze jours ; il est en tout cas prouvé qu'il n'y consacra pas plus de vingt jours. Dans cette œuvre, Rossini approfondit la psychologie des personnages de Beaumarchais déjà mis en scène par Mozart.

Argument

■ Acte I : à Séville, au XVIIIe siècle. Le vieux docteur Bartolo décide d'épouser sa pupille Rosine, qui aime le comte Almaviva. Avec la complicité de Figaro, barbier et factotum, Almaviva se fait passer pour un autre (Lindoro) et lui fait donner une sérénade. La jeune fille répond positivement. Elle veut faire parvenir un billet à Lindoro et demande l'aide de Figaro. Don Basile, maître de musique, est également amoureux de Rosine. Il conseille à Bartolo d'éliminer Almaviva, possible rival… Almaviva, déguisé en soldat, se retrouve en face de Bartolo qui tente sans succès de le faire arrêter.

■ Acte II : le comte Almaviva réapparaît sous les habits d'un maître de musique en remplacement de Don Basile, prétendument malade. Rosine reconnaît Lindoro et accepte de montrer sa virtuosité vocale. Les amoureux peuvent chanter et échanger leurs sentiments. Paraît Don Basile, mais une bourse bien remplie offerte par le comte le convainc de ne rien dire. Bartolo démasque le comte et chasse tout le monde. La nuit suivante, Figaro révèle à Rosine l'identité de Lindoro (qui est le comte Almaviva). Survient Basile avec un notaire, qui marie les deux jeunes gens sur-le-champ.

Personnages

Type de voix	Personnage	Rôle
Soprano (contralto à l'origine)	Rosine Berta	Riche pupille de Bartolo Vieille servante de Bartolo
Ténor	Almaviva (Lindoro) Fiorello	Comte, amoureux de Rosine Domestique du comte Almaviva
Baryton	Figaro	Barbier, factotum de Séville
Basse	Bartolo Don Basile Ambrogio Un officier	Docteur, tuteur de Rosine Maître de musique de Rosine Chef des gardes

Ouverture

Rossini l'a empruntée à un de ses ouvrages antérieurs. Après une introduction lente, cette ouverture a tant de malice mélodique qu'elle s'adapte merveilleusement par avance à la railleuse comédie de Beaumarchais, de même que son traditionnel crescendo (une spécialité de Rossini) semble annoncer celui que nous trouverons plus loin, dans l'air fameux de la Calomnie chanté par Don Basile.

Air de Rosine, acte II

Le deuxième acte s'ouvre par la scène de Rosine, seule, relisant sa lettre à Almaviva. C'est l'occasion d'un air partagé, comme le caractère de Rosine elle-même, entre la tendresse et la malice. Les vocalises qu'y a prodiguées Rossini, selon le goût démesuré de l'époque, dans une virtuosité absolue, prennent ici une valeur expressive, comme pour figurer le caprice de cette jeune fille dont l'imagination vole à travers les barreaux de sa cage dorée (voir extrait ci-dessous).

L'air de la Calomnie (Don Basile)

Beaumarchais, dans la réplique de Don Basile sur la calomnie, avait glissé trois termes de musique : piano, rinforzando, crescendo. De ces trois mots, Rossini fait un air admirable d'esprit et d'ampleur, depuis les rumeurs légères du début jusqu'au « colpo di canone » et à l'accablement du malheureux qui en est terrassé. Simple formule à succès dans les ouvertures de Rossini, ce crescendo prend ici une force et une vérité dramatique prodigieuses.

U - na vo - ce po - co fà qui nel cor mi ri - suo - no

Io so - no do - ci - le, son ris - pet - to - - sa,

Histoire

Tradition et renouveau

Modèles et techniques

L'univers lyrique

Formes

Grandes œuvres

Giuseppe Verdi, *La Traviata*

La Traviata est une des œuvres les plus populaires de Verdi. Sa musique simple, son livret mélodramatique, le thème de la rédemption par l'amour et celui de la fatalité, le romanesque en font une œuvre qui garde depuis toujours les faveurs du public.

 L'histoire de l'œuvre

■ Opéra en trois actes et quatre tableaux sur un livret de Francesco Maria Piave d'après la pièce d'Alexandre Dumas fils *La Dame aux camélias* (1853), il est connu par le public anglais sous le titre de *Camille* et joué dans des costumes et des décors contemporains. Le librettiste conserva ce décor moderne, si bien que *La Traviata* est un des rares ouvrages lyriques à être tiré d'un argument contemporain, préfigurant les drames de l'école vériste.

■ L'œuvre, créée le 6 mars 1853 à la Fenice de Venise, provoqua le scandale : ce pamphlet contre la société bourgeoise et ses vices, le jeu et les femmes, fut un échec retentissant, mais le succès s'affirma dès l'année suivante.

■ Les plus grandes cantatrices ont voulu interpréter Violetta : Adelina Patti, Birgit Nilsson, Nelly Melba, Élisabeth Schwarzkopf, Maria Callas, Renata Tebaldi, Mirella Freni…

Argument

L'action se passe à Paris et dans ses environs, en 1850.

■ Acte I : un salon chez Violetta. Au cours d'une soirée, le jeune Alfredo Germont rencontre la courtisane Violetta dont il tombe amoureux. La jeune femme fait semblant de prendre la chose à la légère. Après le départ d'Alfredo, Violetta avoue que pour la première fois son cœur est touché.

■ Acte II : une maison de campagne, près de Paris, où Alfredo et Violetta cachent leur bonheur. Le jeune homme apprend par la servante Annina que sa maîtresse vend ses bijoux pour vivre. Survient Giorgio, le père d'Alfredo, qui a persuadé Violetta de renoncer à sa liaison avec son fils pour ne pas compromettre le mariage d'une sœur d'Alfredo. Resté seul, Alfredo reçoit la lettre de rupture de Violetta. Effondré, se croyant trahi par la femme qu'il aime, il se réfugie dans les bras de son père. Il se reprend et, convaincu de la trahison de sa maîtresse, il décide de se venger.

■ Chez Flora, amie de Violetta. Assis à une table de jeu, Alfredo surprend Violetta au bras du baron Douphol, un ancien amant. Alfredo provoque le rival aux cartes, puis jette aux pieds de Violetta l'argent qu'il a gagné. Celle-ci, respectant la parole donnée à Giorgio Germont, tait ses vrais sentiments. Le père du jeune homme lui reproche d'avoir insulté publiquement une femme ; il l'emmène.

■ Acte III : dans la chambre de Violetta. Minée par la tuberculose, Violetta se meurt. Une lettre de Giorgio Germont lui apprend qu'il a tout révélé à son fils. Alfredo veut emmener Violetta loin de Paris, mais il est trop tard. Violetta meurt dans les bras d'Alfredo sous le regard accablé de Giorgio Germont.

L'ŒUVRE EN QUESTION

■ Personnages

Type de voix	Personnage	Rôle
Soprano dramatique colorature Soprano	Violetta Valéry Annina	Demi-mondaine Servante et confidente de Violetta
Mezzo-soprano léger	Flora Bervoix	Amie de Violetta
Ténor Ténor léger	Giuseppe Alfredo Germont	Domestique de Violetta Amant de Violetta
Baryton Baryton léger	Giorgio Germont Le baron Douphol	Père d'Alfredo Rival d'Alfredo
Basse	Le marquis d'Obigny Le docteur Grenvil	

■ « Libiamo ne'lieti calici » (Buvons à la coupe débordante de vin)

Le rideau se lève sur une brillante soirée donnée par la belle Violetta. Les invités vont, viennent et devisent en attendant le souper. Pendant la quasi-totalité du premier acte, l'orchestre peint une toile de fond sur laquelle se détachent les personnages. L'un des invités présente Alfredo à la maîtresse de maison. Celui-ci, pour répondre à la bienvenue des assistants, entonne une chanson à boire, reprise par Violetta et les invités. Plus tard, tandis que ses hôtes passent souper, Violetta est prise d'un vif malaise. Survient Alfredo qui lui déclare son amour, auquel elle répond d'abord avec ironie…

Li - bia . . . mo li - bia-mo ne' lie - - ti ca - - li - ci

■ « Addio del passato » (Adieu à la vie)

Sentant venir la mort, Violetta doute qu'Alfredo puisse arriver à temps. Celui-ci se présente à elle néanmoins. Violetta lui fait ses adieux, lui souhaitant d'autres amours. L'orchestre, reprenant le thème des premiers aveux d'Alfredo, donne un instant à la mourante l'illusion de la guérison, et c'est dans un rêve de bonheur qu'elle rend son dernier soupir.

Ad - di - o del pas - sa - to boi - sog - ni ri - den - ti

Histoire

Tradition et renouveau

Modèles et techniques

L'univers lyrique

Formes

Grandes œuvres

Charles Gounod, *Faust*

En composant son *Faust*, Charles Gounod ne prévoyait certainement pas le triomphe mondial que cet opéra allait lui apporter. Loin des œuvres des autres romantiques inspirées par Goethe, Gounod parvient à humaniser son héros en le rendant plus proche du public.

Charles Gounod (1818-1893)

Entré au Conservatoire, Gounod obtient le second Prix de Rome, s'installe à la villa Médicis et découvre l'opéra italien. Il lit aussi beaucoup et étudie les œuvres de W.A. Mozart, C.W. Gluck et J.B. Lully. Plus tard, F. Mendelssohn lui fera découvrir J.S. Bach sur les claviers des orgues de Saint-Thomas de Leipzig.

Composées sous le Second Empire, ses œuvres lyriques (*Faust*, *Mireille*, 1864 ; *Roméo et Juliette*, 1867) remportent un vif succès.

Histoire de l'œuvre

À trente-deux ans, Gounod, séduit par la pièce de Michel Carré *Faust et Marguerite*, décide d'en faire un opéra. Il commande à Jules Barbier un livret d'après le *Premier Faust* de Goethe (1808).

Rejeté par l'Opéra de Paris, le projet fut accepté par Léon Carvalho, directeur du Théâtre-Lyrique, non conventionné. La première eut lieu le 19 mars 1859 avec Mme Carvalho dans le rôle de Marguerite. Le succès, exceptionnel, se prolongea sans discontinuer pendant cinquante-sept représentations.

Il fallut ensuite attendre trois ans pour que *Faust* soit à nouveau donné. Retravaillé par le compositeur qui avait remplacé les dialogues par des récitatifs, *Faust* dans sa nouvelle version connut un nouvel engouement du public.

Argument

Acte I : vieillard méditant sur sa jeunesse perdue, le docteur Faust s'apprête à boire un poison. Le diable lui propose alors de retrouver sa jeunesse en échange de son âme. Pour le convaincre, Méphisto lui montre le portrait de la belle Marguerite.

Acte II : un jour de kermesse, Méphisto amuse les buveurs. Provoqué par Valentin, frère de Marguerite, qui part pour la guerre, il interrompt la fête par de sinistres présages. Faust rencontre Marguerite.

Acte III : Méphisto et Faust arrivent chez Marguerite. Ils déposent à sa porte un coffret de bijoux. Elle le trouve, se pare des joyaux. Faust déclare sa flamme à Marguerite. Dans la nuit, les deux amoureux finissent par se rejoindre.

Acte IV : à l'intérieur d'une église, Marguerite, qui attend un enfant de Faust, essaie de prier tandis que Méphisto la tourmente en lui prédisant la damnation éternelle. Valentin revient de la guerre. Apprenant que sa sœur a été séduite par Faust, il le provoque en duel et est mortellement blessé.

Acte V : Méphisto entraîne Faust dans son château où se déroule une bacchanale. Mais Faust n'a plus le cœur au plaisir. Il demande à Méphisto de le conduire auprès de Marguerite, emprisonnée dans l'attente du jugement pour le meurtre de son enfant. Faust lui demande de fuir avec lui. Elle refuse et expire.

L'ŒUVRE EN QUESTION

Personnages

Type de voix	Personnage	Rôle
Soprano	Marguerite	
Mezzo-soprano	Siebel Marthe	Étudiant chargé de veiller sur Marguerite Gouvernante de Marguerite
Ténor	Docteur Faust	
Baryton	Valentin	Frère de Marguerite
Basse	Méphistophélès Wagner	Le Diable Élève de Faust

Introduction

Gounod est un grand dramaturge : d'emblée, dans l'introduction, le climat est donné. On peut noter l'analogie des grandes notes tenues avec l'ouverture du *Don Giovanni* de Mozart. La sérénité paraît grâce à la harpe et au jeu de questions-réponses qu'elle élabore avec les bois et les cordes. Cette introduction a pour but de mettre en place le décor : le cabinet de Faust, sa méditation sur sa vie…

« Il était un roi de Thulé », l'air des bijoux

Faust est presque tenté de ne pas aller rejoindre Marguerite – du reste, il n'a rien à lui offrir. Qu'à cela ne tienne : Méphisto apporte un coffret contenant des bijoux et un miroir qu'il dépose devant sa porte. Marguerite sort et s'installe au rouet en fredonnant la chanson du roi de Thulé. Elle chante deux charmants couplets d'un archaïsme raffiné. Par deux fois, la pensée obsédante de Faust interrompt le chant. On remarquera ici tout le génie de Gounod pour mettre la mélodie en évidence. Il joue à la fois sur les rythmes et sur les intensités en proposant une introduction éclatante (du type de celle du *Veau d'or*) sur un rythme pointé de polka. On attend alors une mélodie endiablée, or, apparaît une chanson douce, presque une berceuse, empreinte de romantisme simple mais pur, dont la puissance émotionnelle tient essentiellement à cette simplicité. L'attrait des bijoux est tel que Marguerite ne peut se résoudre à les remettre en place ; elle s'en pare et contemple son image dans le miroir.

For For For For … Ah . . . . ' Je ris de me voir si belle en ce mi-roir

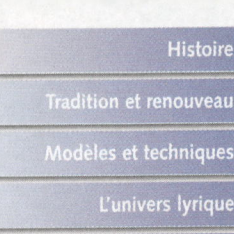

Histoire

Tradition et renouveau

Modèles et techniques

L'univers lyrique

Formes

Grandes œuvres

Georges Bizet, *Carmen*

Avec *Carmen*, ultime opéra de Georges Bizet, la musique lyrique française retrouve le niveau qu'elle avait perdu depuis Rameau, Gluck et Berlioz. *Carmen* est l'ouvrage lyrique le plus représenté du répertoire.

Georges Bizet (1838-1875)

Brillant élève du Conservatoire où il entre à l'âge de dix ans, Prix de Rome, excellent pianiste, Bizet, qui n'a vécu que trente-sept ans, a laissé un nombre impressionnant de compositions : des pièces pour piano, de la musique symphonique (la *Symphonie en ut Majeur*, *L'Arlésienne*), dix opéras dont *Les Pêcheurs de perles* (1863), *La Jolie Fille de Perth* (1867), *Djamileh*, bref opéra en un acte (1872) et, bien sûr, *Carmen*.

Histoire de l'œuvre

Opéra en quatre actes sur un livret d'Henri Meilhac (1831-1897) et Ludovic Halévy (1799-1862), d'après le roman de Prosper Mérimée (1803-1870), *Carmen* occupe une place à part dans le répertoire lyrique. L'ouvrage fut froidement accueilli à sa création à l'Opéra-Comique de Paris en 1875 (avec Galli-Marié dans le rôle titre), mais le succès ne tarda pas et ne s'est jamais démenti.

Écrite par Bizet sous forme d'opéra-comique, les passages parlés alternant avec les parties chantées, *Carmen* fut ensuite adaptée en version entièrement chantée, où le parlé est remplacé par des récitatifs écrits par Ernest Guiraud (1837-1892) après la mort du compositeur.

Argument

Séville dans les années 1820.

Acte I : une place à Séville. À la suite d'une rixe, la cigarière Carmen, une gitane passionnée mais volage, doit être incarcérée. Le brigadier Don José, ensorcelé, la laisse s'enfuir.

Acte II : dans la taverne de Lillas Pastia, Carmen chante et danse pour séduire le torero Escamillo quand survient Don José. Une rixe éclate, à la suite de laquelle Don José, éperdument amoureux, déserte pour la suivre dans les montagnes.

Acte III : dans le repaire des contrebandiers. Carmen n'aime plus Don José que Micaëla, sa fiancée, vient chercher pour assister sa mère mourante. Escamillo, épris de Carmen, lui fixe rendez-vous aux prochaines courses de taureaux de Séville.

Acte IV : une place de Séville, aux portes des arènes. La foule acclame Escamillo qui s'approche de l'arène, Carmen à son bras. Paraît Don José, suppliant ; Carmen le repousse. L'amoureux éconduit la poignarde avant de se laisser arrêter.

L'ŒUVRE EN QUESTION

Personnages

Type de voix	Personnage	Rôle
Soprano	Carmen Micaëla Frasquita et Mercedes	Gitane et cigarière Paysanne Gitanes, amies de Carmen
Ténor	Don José El Dancairo et El Remendado	Caporal des dragons Contrebandiers
Baryton	Escamillo Morales	Torero Sous-officier
Basse	Zuniga	Un capitaine

La *Habanera* (acte I)

Seul thème authentiquement espagnol de l'œuvre, la *Habanera* caractérise le personnage de Carmen. Le reste de l'œuvre ne contient pas une note, pas une inflexion de musique espagnole. « C'est un exercice de séduction, irrésistible, satanique, ironiquement provocant. C'est ainsi que les anciens imaginaient Éros. Je ne connais rien de semblable en [musique] », écrivait Nietzsche, plein d'admiration. Le motif musical de cette danse est emprunté par Bizet à un compositeur de chansons espagnoles, Yradier :

L'a - mour est un oi - seau re -

bel - le Que nul ne peut ap - pri - voi - ser

L'amour est un oiseau rebelle
Que nul ne peut apprivoiser,
Et c'est bien en vain qu'on l'appelle
S'il lui convient de refuser.
Rien n'y fait ; menace ou prière,
L'un parle bien, l'autre se tait ;
Et c'est l'autre que je préfère,
Il n'a rien dit mais il me plaît.

« La fleur que tu m'avais jetée » (acte II)

À la fin de l'acte II, Carmen reproche à son amant de placer son devoir au-dessus de son amour pour elle. Pourtant, l'émotion sincère de Don José s'exprime dans cette scène que Bizet introduit par un solo de cor anglais. Cette confidence murmurée du cœur exprime le lyrisme passionné de Don José.

« *Carmen* fut créée le troisième jour du troisième mois de l'année. Trois mois plus tard, le 3 juin, Bizet succomba à une rupture d'anévrisme au moment où Mme Galli-Marié, chantant pour la trente-troisième fois de l'année le Trio des cartes, au 3e acte, retournait "la carte impitoyable qui dit toujours : la Mort !". Le fait que *Carmen* ait atteint trente-trois représentations en trois mois (une fois tous les trois jours dans un théâtre d'alternance) prouve que l'accueil du public n'avait pas été si mauvais. »

M. Tassard, *Avant-Scène Opéra* n° 26, 1980.

Histoire

Tradition et renouveau

Modèles et techniques

L'univers lyrique

Formes

Grandes œuvres

Richard Wagner, *Parsifal*

Mêlant à la légende celtique des éléments cathares et orientaux et combinant spiritualité chrétienne et tradition ésotérique, *Parsifal* est un véritable service sacré pour les fidèles de Wagner qui résume l'essentiel de la religion du maître de Bayreuth.

● Histoire de l'œuvre

Wagner s'est inspiré du poème inachevé de Chrétien de Troyes, *Perceval* (XIIᵉ siècle). Ce Buhnenweihfestpiel (solennité scénique) en trois actes et six tableaux, sur un livret du compositeur, a été créé à Bayreuth le 28 juillet 1882. Seule déception, Louis II avait annoncé qu'il ne viendrait pas. Mais Franz Liszt et de nombreux amis et admirateurs parmi les pèlerins de Bayreuth – Camille Saint-Saëns, Vincent d'Indy, Léo Delibes, Ernest Chausson, Catulle Mendès – participèrent au triomphe des seize représentations échelonnées sur tout le mois d'août.

Un violent orage se déchaîna sur Bayreuth au moment de la dernière représentation, Wagner dirigeant l'œuvre en remplacement d'Hermann Lévi, souffrant. Le compositeur en fut profondément attristé : ce symbole ne signifiait-il pas de mauvais présages pour l'avenir ? De fait, *Parsifal* fut son dernier opéra : le 13 février de l'année suivante, il s'éteignait à Venise.

● Argument

Acte I : au Moyen Âge, au domaine de Montsalvat, la confrérie des chevaliers du Saint-Graal conserve le vase qui recueillit le sang du Christ. Armé de la Lance sacrée, Amfortas, fils de Titurel, a été blessé par le magicien Klingsor qui s'est emparé de la Lance. Pour guérir, seul un innocent pourra reconquérir la Lance.

Acte II : Klingsor demande à Kundry (enchanteresse qui ne peut résister au sortilège du magicien) de séduire Parsifal, le rédempteur d'Amfortas, qui n'est pas resté insensible aux charmes des filles-fleurs. Kundry donne à Parsifal le baiser auquel nul n'a jamais résisté. Le jeune homme prend conscience du péché d'Amfortas, du rôle qu'il est amené à jouer, de la signification du Graal. Quand Klingsor veut l'abattre avec la Lance, l'arme s'arrête miraculeusement au-dessus de la tête de Parsifal qui s'en empare et fait le signe de la croix ; le domaine enchanté tombe alors en ruine.

Acte III : vingt ans plus tard, Parsifal, exténué mais en possession de la Lance, reparaît à Montsalvat. Il s'agenouille en prière et est reconnu par Kundry et Gurnemanz qui sacre Parsifal roi du Graal. Lors des funérailles de Titurel, son fils Amfortas n'aspire qu'à la mort pour être délivré de ses souffrances. De la pointe de la Sainte Lance, Parsifal touche la blessure d'Amfortas pour lui apporter guérison et rédemption. Parsifal peut désormais célébrer l'office. Il élève le Graal qui irradie à nouveau sa lumière. Les chevaliers rendent hommage à leur nouveau roi alors que Kundry s'abîme doucement dans le sommeil de la mort et du pardon qu'elle désire depuis si longtemps.

L'ŒUVRE EN QUESTION

■ Personnages

Type de voix	Personnage	Rôle
Soprano Grand soprano dramatique	Six filles-fleurs de Klingsor Kundry	Humble servante des chevaliers du Graal et esclave dévouée de Klingsor
Ténor	Parsifal	Fils de Gamuret et d'Herzeleïde
Baryton héroïque ou baryton-basse	Amfortas Klingsor	Roi du Graal et fils de Titurel Magicien et ennemi juré de la sainte confrérie
Basse	Titurel Gurnemanz Des écuyers	Ancien roi du Graal Doyen des chevaliers du Graal Gardiens du Graal et de la Sainte Lance

■ La réalité mystérieuse des symboles

Comme dans tous ses opéras, Wagner utilise le principe du leitmotiv. Voici les principaux thèmes musicaux de *Parsifal* :

• Le Graal :

• La foi :

• La Lance :

• La souffrance d'Amfortas :

• Parsifal :

• L'appel du Sauveur :

• Les cloches de Montsalvat :

Parsifal reste encore aujourd'hui l'œuvre la moins accessible du répertoire wagnérien et avec *Tristan*, la plus audacieuse. Le chromatisme est omniprésent et toute trace de l'opéra traditionnel a disparu. Mais la séduction immédiate de *Parsifal*, c'est son orchestre immatériel, translucide, aux rapports de timbres imprévisibles et à la couleur orchestrale nouvelle au XIXe siècle, qui faisait dire à Debussy qu'il semblait éclairé par-derrière.

Histoire

Tradition et renouveau

Modèles et techniques

L'univers lyrique

Formes

Grandes œuvres

Modeste Moussorgsky, *Boris Godounov*

Chef-d'œuvre indiscuté de la musique russe, *Boris Godounov* a été maintes fois remanié : par le compositeur lui-même, par Rimski-Korsakov et par Chostakovitch. Le monde d'assassins, de conspirateurs, d'illuminés qu'a créé le compositeur est une grande réussite.

● Modeste Pietrovitch Moussorgsky (1839-1881)

▬ Membre du fameux groupe des Cinq, Moussorgsky écrit comme il sent et comme il entend, l'alcoolisme et la neurasthénie l'isolant peu à peu de ses amis. Il compose *Une nuit sur le mont Chauve* et surtout les *Tableaux d'une exposition*, exemple unique de littérature pianistique, qui sera orchestré quelques années plus tard par Maurice Ravel (1875-1937), ainsi que de très belles mélodies, les *Chants et danses de la mort*.
▬ Moussorgsky est d'abord connu comme l'auteur de *Boris Godounov*, mais ses opéras *La Khovanchtchina* (1866) et *La Foire de Sorotchintsy* contiennent des passages remarquables.

● Histoire de l'œuvre

Drame musical populaire en un prologue et quatre actes, sur un livret du compositeur d'après Alexandre Pouchkine, *Boris Godounov* a connu quatre versions principales : deux de Moussorgsky et deux de Nicolaï Rimski-Korsakov (1844-1908). Il a été créé en version originale le 27 janvier 1874 à Saint-Pétersbourg (deuxième version du compositeur) puis en version arrangée avec coupures et instrumentée par Rimski-Korsakov le 10 décembre 1896. Une version originale a été rétablie et instrumentée (1966) par Dimitri Chostakovitch (1906-1975).

● Argument

▬ Le livret retrace un épisode de l'histoire de la Russie aux XVIe et XVIIe siècles. Boris Godounov, beau-frère et ministre du tsar Feodor, a fait assassiner le jeune Dimitri, demi-frère et héritier du tsar Ivan le Terrible. À la mort de Feodor, Boris monte sur le trône. Un jeune moine, Gregori, se fait passer pour le tsarévitch Dimitri, présumé mort.
▬ Prologue : Boris, soumis aux pressions du gouvernement et du peuple, finit par accepter la couronne.
▬ Acte I : cinq ans ont passé. Un vieux moine, Pimène, rédige la chronique de Russie. Gregori jure de venger Dimitri : il se rend dans une auberge, échappe à la police et se dirige vers la Lituanie.
▬ Acte II : au Kremlin, Shouiski, conseiller du tsar, lui annonce qu'un prétendant au trône est en Lituanie. Boris se fait confirmer que le corps de Dimitri a vraiment été enterré. Boris, en proie à une hystérie qui tourne à la folie, tombe en sanglotant sur le sol, suppliant Dieu de lui pardonner.
▬ Acte III : au château de Sandomir, Marina, maîtresse du faux Dimitri, rêve au moment où elle sera tsarine et lui enjoint de ne pas renoncer à ses ambitions.
▬ Acte IV : Dimitri est acclamé par les paysans. À Moscou, tandis que la Douma prend des mesures pour repousser l'invasion, le tsar est poursuivi par son crime. Boris meurt en affirmant à son fils qu'il est l'héritier légitime du trône de Russie.

L'ŒUVRE EN QUESTION

Personnages

Type de voix	Personnage	Rôle
Soprano	Xenia	Fille de Boris Godounov
	Marina Mnishek	Princesse polonaise
Mezzo-soprano	Feodor	Fils de Boris Godounov
	Une hôtesse	
Alto	La Nourrice	
Ténor	Kroutchov	Un boyard
	Le prince Shouiski	Conseiller du tsar
Ténor lyrique	Missaïl	Un moine vagabond
	Gregori	Le prétendant Dimitri
	L'Innocent	
Baryton	Andreï Tchelkalov	Secrétaire de la Douma
Baryton-basse	Boris Godounov	Tsar de Russie
Basse	Pimène	Moine chroniqueur
	Varlaam	Moine vagabond
	Rangoni	Jésuite déguisé
	Nikitich	Officier de police

Une œuvre monumentale

« Chronique musicale à la manière des drames historiques de Shakespeare » (César Cui), l'opéra est remarquable par la richesse des personnages qu'il met en scène, par le rôle pathétique de Boris, par l'importance des chœurs, par la variété des caractères que la musique de Moussorgsky permet de définir avec une précision extrême. Dans un monde de conspirateurs, d'assassins, d'illuminés, seul le peuple est éternel : il fait l'essentiel de l'œuvre, car Moussorgsky donne au peuple russe un rôle à part entière. Pour certains, Rimski-Korsakov, qui remanié l'œuvre, lui a fait perdre beaucoup de son originalité : une succession de scènes contrastées, de lieux variés, d'atmosphères différentes, hors de toute chronologie stricte. Quoi qu'il en soit, la musique de Moussorgsky exprime non seulement les sentiments mais aussi les intonations de la parole et se confond intimement avec le langage.

La mort de Boris

La scène de la mort du tsar est un des sommets de l'histoire du théâtre lyrique par son intensité tragique et humaine. Moussorgsky introduit un premier thème qui retrace la hantise de la faute et la peur du châtiment :

Survient un second thème : le remords et l'obsession du tsarévitch assassiné :

Histoire

Tradition et renouveau

Modèles et techniques

L'univers lyrique

Formes

Grandes œuvres

Richard Strauss, *Le Chevalier à la rose*

Comédie ? Tragédie ? *Le Chevalier à la rose*, type de la parfaite collaboration entre librettiste et compositeur, connaît toujours un immense succès. Tournant dans la carrière du compositeur, *Le Chevalier* marque aussi la fin du XIXe siècle lyrique.

● Richard Strauss (1864-1949)

■ Si la première partie des œuvres de Strauss reste influencée par Richard Wagner, il adopte un style plus raffiné avec *Le Chevalier à la rose*, œuvre qualifiée de néo-baroque pour son rapprochement avec l'esprit galant du XVIIIe siècle. Il poursuit dans cette voie avec *Ariane à Naxos* (1916), *La Femme sans ombre* (1919) et *Arabella* (1933). Jusqu'à la Seconde Guerre mondiale, il dirige l'Opéra de Vienne.

■ Richard Strauss a connu l'apogée de l'Empire des Hohenzollern, puis sa défaite, la République de Weimar, le IIIe Reich et le partage de l'Allemagne. Il a connu le choc créé par Claude Debussy et les mouvements musicaux modernes, l'atonalité, le dodécaphonisme : mais il semble avoir toujours accueilli ces événements avec une froide indifférence.

● Histoire de l'œuvre

■ Opéra en trois actes composé sur un livret d'Hugo von Hofmannsthal (1874-1929), *Le Chevalier à la rose* fut créé le 26 janvier 1911 à Dresde, au théâtre de la Cour.

■ On peut remarquer la longueur de l'acte I et la prépondérance des voix féminines. Strauss tourne le dos au post-romantisme et ressuscite la tradition lyrique mozartienne.

● Argument

À Vienne, en 1740, sous le règne de l'impératrice Marie-Thérèse.

■ Acte I : au petit jour, dans la chambre à coucher de la Maréchale, son jeune amant Octavian est à ses pieds. Survient le baron Ochs, un hobereau ruiné et sans manières, qui annonce à la Maréchale son intention d'épouser la jeune Sophie. Il lui demande également de lui recommander un jeune noble pour porter la rose symbolique de demande en mariage : Octavian sera ce chevalier. En attendant, travesti en femme de chambre, il est courtisé par Ochs.

■ Acte II : Sophie attend le chevalier, qui paraît tout de blanc et d'argent vêtu. Les deux jeunes gens s'éprennent immédiatement l'un de l'autre. Ochs, qui est alors présenté, choque la jeune fille par ses manières rudes et ses familiarités. Sophie refuse le mariage. Ochs et Octavian se battent en duel et Ochs est légèrement blessé. Annina remet à Ochs un billet pour un rendez-vous galant avec la soubrette de la Maréchale (Octavian travesti).

■ Acte III : dans une auberge, Octavian, vêtu en femme, s'apprête à souper avec Ochs. Celui-ci entame une cour pressante. Surviennent alors une prétendue épouse d'Ochs et ses enfants ; Sophie et son père arrivent pour constater le flagrant délit. Octavian et Sophie se retrouvent seuls ; la Maréchale, résignée, se retire discrètement.

L'ŒUVRE EN QUESTION

▪ Personnages

Type de voix	Personnage	Rôle
Soprano	La Maréchale Octavian Rofrano (Quinquin) Sophie Une couturière Marianne Leitmetzerin	Princesse von Werdenberg Jeune noble Fille de M. de Faninal Une duègne
Alto ou mezzo-soprano	Annina	Complice de Valzacchi
Ténor	Le majordome de la Maréchale Le majordome de Faninal Valzacchi Un chanteur italien Un aubergiste	Un intrigant
Baryton	M. de Faninal	
Basse	Le baron Ochs von Lerchenau Un commissaire de police Un notaire	

▪ L'apogée de Strauss

Le côté baroque de l'opéra est donné par la cohabitation d'une comédie légère et d'un drame pathétique : d'une part, une jeune fille refuse d'épouser un vieux barbon, d'autre part s'achève l'amour heureux d'une femme dans toute la splendeur de sa maturité avec son jeune amant. Dans l'esprit des opéras mozartiens, *Le Chevalier à la rose*, qui sembla d'abord en retrait par rapport à *Salomé* et *Elektra*, marque en réalité l'apogée de l'activité créatrice de Strauss. Le rôle prépondérant de l'orchestre va jusqu'à noyer les scènes de Hofmannsthal dans les scènes d'ensemble. L'évolution psychologique est à chaque instant rendue par la musique. L'invention de Strauss est inoubliable, celle de Hofmannsthal est élégante : leur collaboration est une sorte de conversation musicale.

▪ La rose

Le brillant de la rose est rendu par des accords polytonaux de flûtes, célesta, harpe et trois violons solistes, contrastant avec l'ensemble qui se déroule sur un rythme de valse viennoise :

Histoire

Tradition et renouveau

Modèles et techniques

L'univers lyrique

Formes

Grandes œuvres

Giacomo Puccini,
Tosca

Rarement œuvre fut aussi décriée par les critiques lors de sa création, et aussi immédiatement populaire. Il fallut plus d'un demi-siècle pour que *Tosca* s'impose aux musiciens eux-mêmes. Comme *La Bohème* et *Madame Butterfly*, c'est l'opéra de l'amour sans lendemain.

● Giacomo Puccini (1858-1924)

■ Descendant d'une dynastie de musiciens, Puccini emporte un premier prix d'orgue à dix-sept ans. Il suit ses études musicales au conservatoire de Milan.

■ *La Villi* (1884) est un triomphe. *Manon Lescaut* (1893), *La Bohème* (1896) et *Tosca* (1900) sont des succès. Un accident d'automobile l'immobilise à l'âge de quarante-cinq ans. 1904 est l'année du désastre de *Madame Butterfly*. Puccini meurt à Bruxelles avant d'avoir achevé *Turandot*, qui sera terminé par Franco Alfano (1876-1954).

● Histoire de l'œuvre

■ Opéra en trois actes sur un livret de Giuseppe Giacosa et Luigi Illica d'après la pièce de Victorien Sardou, *Tosca*, créée au Teatro Costanzi de Rome le 14 janvier 1900, reste l'œuvre de Puccini la plus discutée.

■ L'accueil en France fut désastreux, l'œuvre violemment critiquée par l'élite musicale dont faisaient partie P. Dukas et C. Debussy : Puccini personnifiait la décadence de la musique italienne, sa commercialisation cynique, son réalisme cru et tissé d'invraisemblances.

■ Pourtant, G. Verdi ne s'y était pas trompé : « Puccini a un livret magnifique ! Heureux maître que celui qui a une chose pareille entre les mains ! » Victorien Sardou alla jusqu'à déclarer le livret supérieur à sa pièce – compliment inouï. Les qualités musicales triomphent du simple mélodrame : Puccini y apporte son immense talent de mélodiste lyrique, celui d'un grand écrivain pour la voix et d'un remarquable orchestrateur.

● Argument

L'action se déroule à Rome en 1800.

■ Acte I : dans l'église Sant'Andrea della Valle. Floria Tosca, cantatrice, est la maîtresse du peintre Mario Cavaradossi. Cesare Angelotti, consul de la République recherché par la police romaine, reconnaît en Cavaradossi un sympathisant politique. Survient Tosca, qui laisse échapper une indiscrétion sur la cachette d'Angelotti ; Mario est arrêté par le chef de la police, Scarpia.

■ Acte II : dans les appartements de Scarpia au palais Farnèse. Scarpia promet à Tosca la liberté de Mario si elle se donne à lui. Pour sauver son amant, Tosca feint de consentir à son désir ; il lui promet de faire simuler l'exécution du prisonnier. Après avoir poignardé Scarpia, Tosca s'empare du sauf-conduit de Cavaradossi.

■ Acte III : l'aube se lève sur la terrasse du château Saint-Ange où Cavaradossi va être exécuté. Dans l'ultime lettre qu'il écrit, il évoque le souvenir de Tosca. Paraît justement Tosca, qui lui montre le sauf-conduit. Elle lui annonce que l'exécution sera feinte : il devra tomber après la salve à blanc. Le peloton fait feu, Cavaradossi s'écroule. Lorsque Tosca demande à son amant de se relever, il ne bouge pas : Scarpia l'a trompée en ordonnant une véritable exécution. Désespérée, elle se jette dans le vide.

L'ŒUVRE EN QUESTION

Personnages

Type de voix	Personnage	Rôle
Soprano	Floria Tosca	Célèbre cantatrice
Contralto	Un berger	
Ténor	Mario Cavaradossi Spoletta	Peintre Policier
Baryton	Le baron Scarpia Un sacristain	Chef de la police
Basse	Cesare Angelotti Sciarrone Un geôlier	Prisonnier politique Gendarme

Tosca éternelle

• À l'acte II, au palais Farnese, Scarpia chante un passage d'une puissance extrême, « *Già, mi dicon venal* » (Oui, on me dit vénal) qui, lors de la création, fut appelé le *Cantabile di Scarpia*.

• Toujours à l'acte II, « *Vissi d'arte, vissi d'amore, non feci mai male ad anima viva* » (J'ai vécu pour l'art, j'ai vécu pour l'amour, sans faire de mal à âme qui vive) commence doucement et évolue peu à peu vers un éclat de douleur passionnée.

• L'acte III culmine avec l'air de Mario : une heure avant son exécution, il demande l'autorisation d'écrire une dernière lettre. Il évoque le souvenir de Tosca :

*E lucean le stelle... e olezzava
la terra... stridea l'uscio
dell'orto... e un passo
sfiorava la rena,
entrava ella, fragrante,
mi cadea fra le braccia.*
(Les étoiles brillaient... la terre
embaumait... la grille du jardin grinçait...
un pas effleurait le sable.
Elle entrait, parfumée,
elle tombait entre mes bras.)

Histoire

Tradition et renouveau

Modèles et techniques

L'univers lyrique

Formes

Grandes œuvres

Claude Debussy,
Pelléas et Mélisande

D'une beauté étrange et exceptionnelle, d'une imagination incroya-
blement perceptive, *Pelléas et Mélisande* marque un certain aboutissement dans la manière symboliste. Transformation de l'opéra en
poésie, l'œuvre suscita une violente hostilité à sa création en 1902.

Claude-Achille Debussy (1862-1918)

■ Élève de César Franck pour l'orgue et de Jules Massenet pour la composition au
conservatoire de Paris, premier Prix de Rome à vingt-deux ans avec sa cantate *L'Enfant
prodigue*, Debussy fréquente les mardis de Stéphane Mallarmé avant les mercredis de
Pierre Louÿs. Pendant ces années de bohème, il se rend deux fois à Bayreuth.

■ En 1894, le *Prélude à l'après-midi d'un faune* est donné avec succès à la Société
nationale de musique. Debussy rencontre Reynaldo Hahn, Léon Daudet, Marcel Proust
et compose les *Nocturnes*, les *Trois Chansons de Bilitis* sur des poèmes de Pierre
Louÿs, *Pour le piano*. Il travaille au manuscrit de *Pelléas et Mélisande*, mais se brouille
avec l'écrivain Maurice Maeterlinck qui veut lui imposer sa femme Georgette Leblanc
dans le rôle-titre.

■ En 1905, Debussy se lie avec Emma Bardac et compose *La Mer*. Il écrit surtout
pour le piano : *Estampes, Masques, L'Isle joyeuse, Images, Children's Corner* (1908).
Le Martyre de saint Sébastien n'obtient qu'un demi-succès au Châtelet. *Jeux* (1912),
pour les ballets de Serge de Diaghilev, est reçu avec indifférence. Debussy donne ses
dernières œuvres de musique de chambre et meurt au plus noir de la guerre.

Histoire de l'œuvre

■ Dès la fin de 1892, Debusssy se met au travail. La composition de *Pelléas et Mélisande* s'étendra de1892 à 1895. À la suite d'une audition de la partition déchiffrée à deux
pianos, le violoniste Eugène Ysaye, premier dédicataire de l'œuvre, est très impres-
sionné. Mais les critiques sévères qu'il émet amènent le compositeur à réviser la partition jusqu'en 1902, année de la création à l'Opéra-Comique.

■ Lors de la générale, l'œuvre est reçue avec hostilité et la représentation s'achève
dans le tumulte. L'atmosphère de la première est plus calme, mais les irréductibles et
les partisans de Debusssy s'y affrontent. Malgré les attaques des journalistes ennemis et
les farouches résistants, le succès s'affirme.

Argument

■ Dans ce drame lyrique en cinq actes (treize ou quatorze scènes), sur un livret du
compositeur d'après un texte de Maurice Maeterlinck (1892), l'action, située à l'époque
médiévale, est très simple : Golaud rencontre dans la forêt d'Allemonde une jeune fille
qu'il épouse. Son grand-père, le vieux roi Arkel, accepte le mariage et Mélisande est
reçue au château.

■ Entre Pelléas, demi-frère de Golaud, et Mélisande naît une irrésistible attirance.
Golaud épie les jeunes gens. Dévoré de jalousie, il tue Pelléas et blesse Mélisande.
Celle-ci donne le jour à une petite fille. Toujours jaloux, Golaud l'interroge sur son
amour pour Pelléas. Mélisande meurt sans lui avoir répondu.

L'ŒUVRE EN QUESTION

Personnages

Type de voix	Personnage	Rôle
Soprano lyrique	Mélisande	
Mezzo-soprano	Yniold	Fils du premier mariage de Golaud
Alto	Geneviève	Mère de Golaud et de Pelléas
Ténor ou baryton Martin	Pelléas	Petit-fils d'Arkel (premier mari de Geneviève)
Baryton	Golaud	Petit-fils d'Arkel (second mari de Geneviève)
Basse	Arkel Un médecin	Roi d'Allemonde

L'influence wagnérienne

Surtout marqué par Wagner à qui il avait voué un profond amour – il a fait le voyage de Bayreuth en 1888 et 1889 avant de changer radicalement d'opinion –, Debussy suit les voies de *Parsifal* ou de *Tristan*, où l'orchestre tient le véritable discours du drame et où la musique trouve dans l'utilisation du leitmotiv un moyen d'expression analogue au symbole littéraire. Innovation debussyste : le récitatif mélodique dans le respect du phrasé et de l'accentuation de la langue française.

Debussy et le leitmotiv

Alors que, chez Wagner, le leitmotiv n'illustre jamais un personnage, mais plutôt l'idée qui s'y rattache (ou un objet : épée, heaume, Sainte Lance) et son caractère symbolique, chez Debussy, le leitmotiv s'attache au contraire au personnage sans tenter d'en éclairer les méandres psychologiques.
• Dans le court prélude où sont exposés les principaux thèmes de l'opéra, les violoncelles et les basses créent le décor d'une forêt, belle, profonde, mélancolique :

• Les vents répondent avec ce qui deviendra le thème le plus important de l'œuvre, que l'on peut rattacher à Golaud :

• Le thème de Mélisande apparaît après une répétition variée de ces deux éléments et présente sa beauté lointaine, fragile et insaisissable :

• Dans la courte introduction du drame, les thèmes exposés séparément sont bientôt superposés :

• Enfin apparaît un thème lié à Pelléas, mais le véritable thème de Pelléas fait sa première apparition lors de son entrée, au second tableau :

Histoire

Tradition et renouveau

Modèles et techniques

L'univers lyrique

Formes

Grandes œuvres

Alban Berg, *Lulu*

Dernier opéra d'Alban Berg, *Lulu* est une œuvre dodécaphonique qui expose le caractère ambigu et complexe de l'héroïne : bourreau et victime des hommes. Approfondissement de *Wozzeck* par les formes orchestrales qui expriment une infinie richesse de nuances, d'un accès assez difficile, *Lulu* s'adresse surtout à l'esprit critique de l'auditeur et à sa culture musicale.

Histoire de l'œuvre

▬ Opéra en un prologue et deux actes d'Alban Berg (1885-1935), sur un livret de l'auteur d'après deux pièces de Frank Wedekind (*Der Erdgeist* et *Die Buchse der Pandora*), *Lulu* est donné pour la première fois le 2 juin 1937 au Stadttheater de Zurich.

▬ Alban Berg se consacra entièrement à *Lulu*, son second et dernier opéra, entre 1928 et 1935 et n'écrivit rien d'autre à l'exception d'un air de concert, *Der Wein (Le Vin)*, en 1929 et du *Concerto pour violon* (1935) ; l'acte III resta inachevé.

▬ Berg a tiré de l'opéra une suite symphonique des thèmes, la *Lulu Symphonie*, qu'il écrivit en très peu de temps et qui fut donnée en 1935, quelques jours avant sa mort.

Argument

Dans une ville allemande, à la fin du XIXe siècle.

▬ Prologue : présentation d'une troupe de cirque par un dompteur. Le plus beau numéro est Lulu, la vraie et belle bête domptée par le genre humain. Lulu est costumée en Pierrot.

▬ Acte I : Lulu pose dans l'atelier d'un peintre. Le docteur Schon, amant de Lulu, en compagnie de son fils Alwa, examine le tableau et se retire. Pris de désir pour Lulu, le peintre essaie d'enlacer la jeune femme tandis que le docteur Groll (mari de Lulu) survient et s'écroule, frappé d'une crise cardiaque. Lulu, qui a épousé le peintre, est très irritée par une lettre de Schon annonçant son mariage. Schigolch, un escroc qui se fait passer pour son père, vient extorquer de l'argent à Lulu. Schon demande à la jeune femme de lui rendre la liberté. Refus de Lulu. Schon révèle le passé dissolu de Lulu ; l'artiste se donne la mort. Plus tard, dans sa loge d'un théâtre, Lulu simule un évanouissement car elle a aperçu la fiancée de Schon dans la salle. Schon doit rompre ses fiançailles sous la dictée même de Lulu.

▬ Acte II : dans l'hôtel particulier de Schon que Lulu a épousé. La comtesse Geschwitz ne dissimule pas sa passion pour Lulu qui est surprise par son mari en compagnie d'Alwa, le fils de Schon. Lulu abat Schon avec un pistolet. La comtesse prend la place de Lulu en prison et Lulu prépare sa fuite à l'étranger avec Alwa. À Paris, Lulu est devenue prostituée. Elle fuit à Londres avec Schigolch, Alwa et la comtesse. Là, elle vit misérablement avec Alwa qui se meurt. Le dernier client de Lulu est Jack l'Éventreur. Il la tue et assassine également la comtesse Geschwitz qui, en mourant, crie une dernière fois le nom de Lulu.

■ Personnages

Type de voix	Personnage	Rôle
Soprano colorature	Lulu	La femme fatale
Mezzo-soprano	La comtesse Geschwitz	
Contralto	Une costumière Un écolier (*der Gymnasiast*)	
Ténor **Ténor lyrique**	Le Prince africain Le peintre	Voyageur en Afrique
Baryton héroïque	Dr Schon Alwa	Directeur d'un journal Fils de Schon, écrivain
Basse	Un dompteur Rodrigo Schigolch le mendiant Le directeur du théâtre	Athlète Vieillard
Rôle parlé	Le médecin	

■ Un traitement particulier de la voix

• Quatre types d'emploi vocal sont présents : le parlé (l'athlète), le parlé-chanté, sorte d'arioso monosyllabique ou Sprechgesang, le récitatif et la mélodie belcantiste.
• Bien que *Lulu* soit un ouvrage sériel, Berg utilise des formes fixes héritées de la musique tonale (passacaille, canon, variations de choral…) ainsi que des formes non traditionnelles (jazz).

S'y développe le personnage ambigu de Lulu qui gouverne le monde par le sexe ; pourtant, Berg laisse percer des lueurs de vie et d'espérance dans l'orchestre qui exprime une grande richesse de nuances.

Lulu d'Alban Berg,
mise en scène W. Decker,
Opéra de Paris 1998

Histoire

Tradition et renouveau

Modèles et techniques

L'univers lyrique

Formes

Grandes œuvres

Benjamin Britten, *Peter Grimes*

Peter Grimes, créé en 1945, marque le point de départ d'un nouvel essor de l'opéra anglais. Éclectisme du langage musical, musique extrêmement vivante et inventive, *Peter Grimes* est de tous les opéras anglais contemporains celui qui a obtenu le plus de succès.

Benjamin Britten (1913-1976)

Après des études musicales précoces, Britten travaille pour le cinéma documentaire, la radio et le théâtre. Il remporte un premier succès aux États-Unis (la *Sinfonia da Requiem*) et acquiert la célébrité avec *Peter Grimes*.

Suit une longue série d'œuvres scéniques : *The Rape of Lucretia* (*Le Viol de Lucrèce*, 1946), *Albert Herring* (1947), *Let's Make an Opera* (*Faisons un opéra*, 1949), *Billy Budd* (1951), *Gloriana* (1953), un opéra de chambre *The Turn of the Screw* (*Le Tour d'écrou*, 1954), *Noyes Fludde* (*L'Arche de Noé*, 1958), *A Midsummer Night's Dream* (*Le Songe d'une nuit d'été*, 1960) et un triptyque de paraboles à jouer dans une église : *The Curlew River* (*La Rivière aux courlis*, 1964), *The Burning Fiery* (*La Fournaise ardente*, 1966) et *The Prodipal Son* (*Le Fils prodigue*, 1968).

À son ouvrage pour la télévision *Owen Wingrave* (1970) succède *Death in Venice* (*Mort à Venise*, 1973). Britten a révisé *The Beggar's Opera* de John Gay et John Christoph Pepusch. Il a aussi contribué à la fondation de l'English Chamber Group.

Histoire de l'œuvre

Opéra en un prologue, trois actes et un épilogue, sur un livret de Montagu Slater d'après le poème de George Crabbe *The Burrough* (*Le Bourg*, 1783 ou 1810 ?), *Peter Grimes* a été présenté au théâtre de Sadier's Wells le 7 juin 1945 et accueilli avec enthousiasme. Composée pour la Kussewitzky Music Foundation, l'œuvre a relancé la musique anglaise dans le monde.

Argument

Au début du XIXe siècle. Dans le prologue, l'action se tient dans la salle des assemblées du bourg où l'on enquête sur la mort de l'apprenti du pêcheur Peter Grimes ; mort qui est déclarée accidentelle.

Acte I : Grimes ne pouvant s'occuper seul de son bateau, le pharmacien Ned Keene lui propose un autre mousse. Peter Grimes accepte l'offre. Un soir de tempête, il entre au pub où le pêcheur Boles le traite d'assassin d'enfants.

Acte II : quelques semaines plus tard, la maîtresse d'école Ellen accuse Grimes de maltraiter le garçon. Tout le village est bientôt au courant. Dans sa masure, le pêcheur essaye de consoler le garçon. On entend s'approcher les habitants. Accidentellement, le garçon fait une chute mortelle.

Acte III : la disparition du mousse et de Grimes a été remarquée. Les rumeurs colportées par Mrs Sedley font accuser Grimes d'un nouveau crime. Le lendemain, Grimes, épuisé, erre à demi fou dans le brouillard. Ellen et le capitaine Balstrode le retrouvent. Sur les conseils de ce dernier, Peter Grimes prend la mer ; le lendemain, quelqu'un annonce qu'une barque a coulé au large.

Personnages

Type de voix	Personnage	Rôle
Soprano	Ellen Orford	La maîtresse d'école
Mezzo-soprano	Mrs Sedley	Une riche veuve
Alto	Auntie	Propriétaire du Boar (le Sanglier)
Ténor	Peter Grimes	Un pêcheur
	Robert Boles (Bob)	Un pêcheur
	Rev. Horace Adams	Le Recteur
Baryton	Balstrode	Capitaine en retraite
	Ned Keene	Pharmacien
Basse	Swallow	Un juge
	Hobson	Voiturier

Le réalisme d'une musique de film

Dans *Peter Grimes*, la musique est extrêmement vivante et inventive, la partie vocale y est prédominante. Par son expérience de la musique destinée à des dramatiques radiophoniques, Britten a écrit une musique très originale. Par exemple la tempête, dont le rôle est tenu par l'orchestre, s'engouffre dans le pub chaque fois que sa porte s'ouvre pour laisser entrer un client (acte premier, scène 2). L'originalité tient aussi au choix d'un antihéros pris dans un contexte populaire alors que le sujet se prêterait bien au grand opéra traditionnel. Les thèmes de la cruauté de la mer et des hommes qui en vivent, de la solitude du marin, du conflit entre l'individu et la masse, de la persécution de l'enfance et de l'adolescence, sont chers à l'auteur. Britten commence chacun de ses trois actes par un

Benjamin Britten

interlude et relie les deux scènes de chaque acte par une pièce orchestrale. Il décrit admirablement le paysage marin dans ses interludes, tout particulièrement celui du lever du jour à l'acte premier.

Histoire

Tradition et renouveau

Modèles et techniques

L'univers lyrique

Formes

Grandes œuvres

George Gershwin, *Porgy and Bess*

Pour un premier opéra, la réussite de *Porgy and Bess* est incontestablement un succès qui place cette œuvre aux côtés de *Carmen* et de
Die Meistersinger (Les Maîtres chanteurs) sur les plus grandes scènes
lyriques du monde.

● George Gershwin (1898-1937)

■ Le plus connu des musiciens américains a débuté sa carrière par la composition de chansons pour Broadway. *Rhapsody in blue* (1924), le *Concerto en fa* (1925), *Un Américain à Paris* (1928) lui apportent notoriété et considération de la critique.

■ Toute sa vie, Gershwin s'est intéressé à toutes les formes de musique, dont le jazz. Dans sa jeunesse, il a assisté à de nombreux concerts de compositeurs contemporains (Igor Stravinski, Alexandre Scriabine). Seul ou avec quelques amis, il joue souvent du Jean-Sébastien Bach ou du Frédéric Chopin. Il a participé personnellement au financement d'enregistrements privés des quatuors à cordes d'Arnold Schoenberg. Il voue à Alban Berg une vive admiration, et a du reste assisté à une représentation de *Wozzeck* à Philadelphie.

● Histoire de l'œuvre

■ C'est un opéra en trois actes sur un livret de Du Bose Heyward et Ira Gershwin, d'après le drame *Porgy* de Du Bose et Dorothy Heyward. Pour réaliser son opéra, Gershwin eut à disputer une concurrence avec Jérôme Kern et Oscar Hammerstein II, qui se proposaient en effet de réaliser une adaptation musicale du drame pour Al Jolson ; mais ce projet ne vit jamais le jour.

■ De nombreux séjours à Charleston ont permis au compositeur de bien connaître la ville. Il y travaille avec Heyward et y séjourne même à l'été 1934. Il visite les églises de Caroline du Sud, ses maisons, ses night-clubs, s'imprégnant de l'ambiance musicale et sociale des lieux.

■ La création de *Porgy and Bess* a eu lieu à Boston le 30 septembre 1935. Malgré un accueil réservé de la critique, l'œuvre a connu un énorme succès populaire. Des compositeurs classiques comme Maurice Ravel ou Arnold Schoenberg n'ont pas hésité à lui témoigner toute leur admiration.

● Argument

Dans les années 1925, dans le quartier noir de Catfish Row à Charleston (Caroline du Sud).

■ Acte I : Crown, l'amant de Bess, commet un meurtre. Bess se réfugie auprès de Porgy, un infirme. Serena, veuve de la victime, se lamente sur la mort de son mari.

■ Acte II : Crown supplie Bess de revenir chez lui ; elle obtempère. Quelques jours plus tard, malade, elle retourne chez Porgy qui la soigne et la sauve.

■ Acte III : Crown veut récupérer Bess, mais Porgy le poignarde ; il est emprisonné. Bess part pour New York avec Sporting Life. Une semaine plus tard, Porgy, libéré, part à la recherche de Bess.

L'ŒUVRE EN QUESTION

■ Personnages

Type de voix	Personnage	Rôle
Soprano	Serena Bess Clara Lily	Femme de Robbins Amie de Crown Femme de Jacke Femme de Peter, marchande de fraises
Contralto	Maria	Patronne de restaurant
Ténor	Sporting Life Jacke Mingo Robbins Peter Nelson Le vendeur de crabes	Un trafiquant de drogue Un pêcheur Un habitant de Catfish Row Le vendeur de miel
Baryton	Porgy Jim Crown L'entrepreneur de pompes funèbres	Un infirme Un cueilleur de coton Un débardeur

■ Le premier opéra américain à succès

« Si je réussis, cela tiendra en même temps de *Carmen*, tout à la fois drame et idylle, et pour la beauté, des *Meistersinger*. »

George Gershwin, juillet 1934.

• Effectivement, comme *Carmen*, *Porgy and Bess* contient un certain nombre d'airs inoubliables et se déroule dans un décor exotique. Les grands ensembles en forme de chœur, le recours aux leitmotive, la grande difficulté des rôles principaux sont très proches de l'envergure wagnérienne des *Meistersinger* (*Les Maîtres chanteurs*). *Porgy and Bess* est le premier opéra américain à avoir connu un succès si important.

Non pas comédie musicale mais authentique opéra, l'œuvre exige des qualités musicales de très haut niveau, aussi bien pour les parties vocales que pour la partition musicale.

• Autre particularité, aucun rôle n'est secondaire : par exemple, *Summertime* est chanté par Clara et non par Bess. La peinture pittoresque d'une population bigarrée permet de définir parfaitement les individualités des protagonistes de la pièce. Si Gershwin mêle le jazz et une écriture musicale plus classique, il n'intègre jamais les deux genres. On peut seulement regretter que *Porgy and Bess* ait souffert de son propre succès : quand on évoque cet opéra, on pense plutôt à des extraits, « *Summertime* », « *My Man's Gone Now* » ou « *Oh, I Got Plenty* », qu'à l'ensemble de l'œuvre, qui reste une réussite absolue.

Choix d'œuvres

Cette discographie sélective – donc non exhaustive – propose, de l'avis intime des auteurs, des versions de référence, récentes ou historiques, des opéras analysés dans cet ouvrage ainsi que d'autres œuvres majeures.

▬ Le nom des principaux interprètes est mentionné entre parenthèses après le titre de l'œuvre, celui du chef d'orchestre, également entre parenthèses, après le nom de l'orchestre. Les références sont celles de l'enregistrement.

AP = Archiv Produktion - DG = Deutsche Grammophon
HM = Harmonia Mundi - HUNG = Hungaroton - PHI = Philips

Compositeurs	Première approche	Pour aller plus loin	Pour approfondir
Ludwig van BEETHOVEN (1770-1827)	*Léonore* (Martinpelto) Orch. Révolutionnaire et Romantique (Gardiner) AP 4 534 612	*Fidelio* (Norman, Moll) Staatskapelle Dresden (Haitink) PHI 4263082	
Vincenzo BELLINI (1801-1835)	*Norma* (Callas) Scala de Milan (Serafin) EMI 7 473 048	*La Somnambule* (Sutherland, Pavarotti) Orch. de Londres (Bonynge) DECCA 4174242	*Les Puritains* (Caballé) Philharmonia Orchestra (Muti) EMI 7696632
Alban BERG (1885-1935)	*Lulu* (Stratas) Orch. Opéra de Paris (Boulez) DG 4 154 892	*Wozzeck* (Grundheber) Orch. de Vienne (Abbado) DG 4 235 872	
Hector BERLIOZ (1803-1869)	*La Damnation de Faust* (Gedda) Orch. de Londres (Davis) PHI 4 163 952	*Les Troyens* (Vickers, Veasey) Orch. Covent Garden PHI 4164322	
Georges BIZET (1838-1875)	*Carmen* (Norman) Orch. national de France (Ozawa) PHI 4 223 662	*Les Pêcheurs de perles* (Hendricks) Orch. Capitole Toulouse (Plasson) EMI 7 498 372	*La Jolie Fille de Perth* (Anderson) Nouv. Orch. Philharm. (Prêtre) EMI 7475598
Benjamin BRITTEN (1913-1976)	*Peter Grimes* (Pears) Orch. Covent Garden (Britten) DECCA 4 145 772		
Marc-Antoine CHARPENTIER (1643-1704)	*Médée* (Feldman) Les Arts florissants (Christie) HM 901 139.41		
Luigi CHERUBINI (1760-1842)	*Médée* (Callas) Scala de Milan (Serafin) RICORDI CL201		

Compositeurs	Première approche	Pour aller plus loin	Pour approfondir
Claude DEBUSSY (1862-1918)	*Pelléas et Mélisande* (Stilwell, von Stade) Orch. de Berlin (Karajan) EMI 749 350		
Gaetano DONIZETTI (1797-1848)	*Lucia di Lammermoor* (Sutherland) Royal Opera House (Bonynge) DECCA 4 101 932	*Don Pasquale* (Bruscantini, Freni) Philharmonia Orchestra (Muti) EMI 7 470 682	*L'Élixir d'amour* (Pavarotti, Sutherland) Orch. de chambre anglais (Bonynge) DECCA 4144612
George GERSHWIN (1898-1937)	*Porgy and Bess* (Dale, Ray Albert) Orch. de Houston (DeMain) RCA 82 109		
Chr.-Willibald GLUCK (1714-1787)	*Alceste* (Norman, Gedda) Orch. Radio bavaroise (Baudo) ORFEO 027 823	*Iphigénie en Tauride* (Montague, Aler) Orch. Opéra de Lyon (Gardiner) PHI 4 161 482	*Orfeo ed Euridice* (McNair, Lee Ragin) English Baroque Soloists (Gardiner) PHI 4340932
Charles GOUNOD (1818-1893)	*Faust* (Gedda, de Los Angeles) Orch. Opéra de Paris (Cluytens) EMI 7 699 832	*Mireille* (Doria, Sénéchal) Orch. symphonique de Paris (Etcheverry) ACCORD 149 527	
Georg Friedrich HAENDEL (1685-1759)	*Il Pastor Fido* (Esswood) Orch. Capella savaria (McGegan) HUNG 12 912,13	*Tamerlano* (Ragin) English Baroque Soloists (Gardiner) ERATO 88 220	*Giulio Cesare* (Baker, Masterson) Opéra national anglais (Mackerras) EMI 7697602
Jean-Baptiste LULLY (1632-1687)	*Armide* (Laurens) La Chapelle royale (Herreweghe) HM 901456.57	*Atys* (De Mey) Les Arts florissants (Christie) HM 901257.59	
Claudio MONTEVERDI (1567-1643)	*Orfeo* (Rolfe Johnson) English Baroque Soloists (Gardiner) AP 4 192 502	*Le Couronnement de Poppée* (Visse) La Grande Écurie et la Chambre du Roy (Malgoire) CBS 39 728	
Modeste MOUSSORGSKY (1839-1881)	*Boris Godounov* (Verdemikov) Orch. Radio-Telévision de l'URSS (Fedosseiev) PHI 4 122 812		

Compositeurs	Première approche	Pour aller plus loin	Pour approfondir
Wolfang Amadeus MOZART (1756-1791)	*Don Giovanni* (Taddei, Schwarzkopf, Sutherland, Waechter) Orch. Philharmonia (Giulini) EMI 7 472 608	*Les Noces de Figaro* (Van Dam, Raimondi, Popp, Hendricks) St. Martin-in-the-Fields (Marriner) PHI 4 163 702	*La Flûte enchantée* (Burrows, Lorengar, Prey, Fischer-Dieskau) Orch. de Vienne (Solti) DECCA 4 145 682
Jacques OFFENBACH (1819-1880)	*La Belle Hélène* (Norman, Aler) Capitole de Toulouse (Plasson) EMI 7 471 578		
Giacomo PUCCINI (1858-1924)	*Tosca* (Callas) Scala de Milan (De Sabata) EMI 7 471 758	*La Bohème* (Hendricks, Carreras) Orch. national de France (Conlon) ERATO 75 450	*Madame Butterfly* (Huang, Troxell) Orch. de Paris (Conlon) SONY 69 528
Henry PURCELL (1659-1695)	*King Arthur* (Argenta) The English Concert (Pinnock) AP 4 354 902	*Didon et Énée* (Murray) Concentus musicus de Vienne (Harnoncourt) TELDEC 842 919	
Jean-Philippe RAMEAU (1683-1764)	*Les Indes galantes* (McFadden, Piau, Poulenard) Les Arts florissants (Christie) HM 901 367.69	*Les Boréades* (Smith, Rodde, Langridge, Aler, Laffont, Le Roux) English Baroque Soloists (Gardiner) ERATO 455 722	*Platée* (Brewer, Poulenard) La Grande Écurie et la Chambre du Roy (Malgoire) CBS 44982
Gioacchino ROSSINI (1792-1868)	*Le Barbier de Séville* (Prey, Berganza) Orch. de Londres (Abbado) DG 415 695	*Guillaume Tell* (Milnes, Pavarotti, Freni, Ghiaurov) National Philharmonic (Chailly) DECCA 4 171 542	*L'Italienne à Alger* (Horne, Palacio, Ramey, Battle, Trimarchi) I Solisti veneti (Scimone) ERATO 88 200
Richard STRAUSS (1864-1949)	*Le Chevalier à la rose* (Tomowa-Sintow, Perry, Baltsa, Moll) Orch. de Vienne (Karajan) DG 4 137 182	*Ariane à Naxos* (Norman, Gruberova, Varady, Fischer-Dieskau) Gewandhaus de Leipzig (Masur) PHI 4 220 842	
Giuseppe VERDI (1813-1901)	*La Traviata* (Cotrubas, Domingo) Orch. de Bavière (Carlos Kleiber) DG 4 151 322	*Rigoletto* (Bruson, Gruberova, Shicoff, Lloyd) Orch. acad. Ste-Cécile de Rome (Sinopoli) PHI 4 125 922	*Le Trouvère* (Domingo, Plowright, Fassbaender) Orch. acad. Ste-Cécile de Rome (Giulini) DG 4 133 552
Richard WAGNER (1813-1883)	*Parsifal* (Hoffman, Meier, Sotin, Estes) Orch. fest. Bayreuth (Levine) PHI 4 168 422	*Tétralogie* (Wingassen, Greindl, Neidlinger, Streich) Orch. fest. Bayreuth (Krauss) RODOLPHE C32503-09	

Les grandes salles de France et d'ailleurs

À partir du XIXᵉ siècle, l'opéra se répand en Europe selon deux modes de production très différents :
• le « répertoire » : une compagnie permanente de chanteurs est créée au sein d'un lieu conçu pour l'accueillir. S'y adjoignent un chœur, un orchestre, des chefs, des agents techniques. On donne plusieurs fois par semaine des ouvrages en alternance et le public est composé d'habitués. Ce système se rencontre surtout en Allemagne et Autriche, mais aussi en Russie et en Europe de l'Est. L'opéra de Paris l'a pratiqué jusqu'à l'arrivée de Rolf Liebermann en 1973 ;
• la *stagione*. Ici, la troupe n'est plus un ensemble stable, car la production est marquée par sa fugacité. Tout se passe au cours d'une « saison » pour laquelle chanteurs, chefs, instrumentistes, choristes, machinistes sont recrutés ponctuellement. Le programme change en permanence et ne se retrouve pas d'une année sur l'autre. Ce type de présentation se trouve en France, en Italie, aux États-Unis et au Canada. L'intérêt de la *stagione* est d'être moins coûteuse que le répertoire, car elle ne fonctionne qu'une partie de l'année et le personnel est rémunéré à la prestation.

Si la grande majorité des théâtres fonctionnent selon le système du répertoire, de nombreuses salles, en particulier en Europe, s'orientent désormais vers la *stagione*.

■ Le lecteur trouvera ici les coordonnées des maisons d'opéra en France. Pour une information sur les maisons d'opéra dans le monde régulièrement mise à jour, il pourra consulter deux sites Internet :
• Operabase (www.operabase.com), base de données spécialisée qui offre des liens vers les sites des différents théâtres ;
• Altamusica (www.altamusica.com), qui propose des programmes exhaustifs en cours dans le monde entier.

FRANCE

Paris

■ *Opéra national de Paris (Garnier et Bastille)*
120, rue de Lyon, 75 012 Paris
Tél. : 08 36 69 78 68

■ *Théâtre des Champs-Élysées*
15, avenue Montaigne, 75 008 Paris
Tél. : 01 49 52 50 50

■ *Théâtre du Châtelet*
2, rue Édouard-Colonne, 75 001 Paris
Tél. : 01 40 28 28 40

■ *Opéra-Comique*
5, rue Favart, 75 002 Paris
Tél. : 01 42 44 45 46

Bordeaux

■ *Grand-Théâtre*
Place de la Comédie, BP 95
33 025 Bordeaux cedex
Tél. : 05 56 48 30 30

Toulouse

■ *Théâtre du Capitole*
Place du Capitole, 31 000 Toulouse
Tél. : 05 61 63 13 13

Index

A

Abu Hassan 20, 76
Acis et Galatée 74, 113
ADAM (ADOLPHE) 28-30, 119
ADAM DE LA HALLE 4
Aïda 27, 35, 68, 89, 95
Albert Herring 108, 148
Alceste 18, 19, 64, 65, 74, 79,
114, 153
alto 66
Anneau du Nibelung (L') 31, 63
APPIA (ADOLPHE) 90, 94, 95
Arabella 89, 140
aria 70
aria da capo 70
aria di bravura 70
Arianna 7, 75, 84
Ariane à Naxos 9, 30, 54, 75,
86, 109, 140, 154
Ariane et Barbe-Bleue . . 43, 63, 115
arietta 70
arioso 70
Armida 16, 18, 45, 74, 153
atonalité 31, 56, 140
Atys 153
AUBER (DANIEL-FRANÇOIS ESPRIT) . . .
22, 28, 30, 35, 84, 106

B

BACH (JEAN-SÉBASTIEN) 25, 81
BALAKIREV (MILI) 36, 37
Barbier de Séville (Le) 24, 26,
68, 70, 77, 89, 100, 128, 154
BARTÓK (BÉLA) 45, 47, 54, 119
baryton 68
basse 68
Bastien et Bastienne 17, 104,
105, 107
Béatrice et Bénédict 23, 77
BEETHOVEN (LUDWIG VAN) 20,
22, 29, 35, 41, 64, 68, 79,
89, 104, 106, 119, 152

Beggar's Opera (The) 32, 104,
112, 113, 148
bel canto 24-27, 54, 62,
69, 102
Belle Hélène (La) 40, 84,
111, 154
BELLINI (VINCENZO) 24, 26, 35,
77, 84, 152
Benvenuto Cellini 23, 80
BERG (ALBAN) . . . 41, 56, 57, 64, 65,
71, 82, 86, 89, 146, 152
BERIO (LUCIANO) 58, 73, 109
BERLIN (IRVING) 111, 116, 117
BERLIOZ (HECTOR) 20, 22,
23, 29, 63, 64, 70, 76, 77,
80, 81, 118, 152
BERNSTEIN (LEONARD) . . 52, 117, 119
BIZET (GEORGES) 34, 35, 64, 68,
89, 106, 107, 134, 152
Bohème (La) 34, 35, 44, 45, 68,
87, 89, 107, 142, 154
BOIELDIEU (FRANÇOIS-ADRIEN) . . . 20,
24, 48, 84, 106
BOITO (ARRIGO) . . 76, 77, 84, 86, 87
BONONCINI (GIOVANNI BATTISTA) . . .
9, 32, 70
Boréades (Les) 124, 154
Boris Godounov 37, 64, 68,
76, 115, 138, 153
BORODINE (ALEXANDRE) 36,
37, 86
BRITTEN (BENJAMIN) 32, 54, 68,
77, 89, 108, 112, 119, 148, 152
BUSONI (FERRUCCIO) 76, 109

C

cabaletta 70
CACCINI (GIULO) 84, 108, 114
CALDARA (ANTONIO) 9, 74, 83
Callas (Maria) 92, 93,
94, 98, 130
CAMPRA (ANDRÉ) 6, 12, 68, 74,
103, 118
cantabile 62

cantilène 62
canzone 70
Capriccio 30, 54, 70, 115
Carmen 34, 35, 64, 68, 89, 98,
99, 106, 107, 134, 151, 152
Castor et Pollux 12, 124
castrat 6, 8, 9, 25, 26, 69, 92
CATALANI (ALFREDO) 87
Cavalleria rusticana 34, 87, 89,
107, 115
CAVALLI (FRANCESCO) 7, 8
cavatine 70
CESTI (ANTONIO) 8, 10
CHABRIER (EMMANUEL) 42, 43,
55, 110
CHARPENTIER (MARC-ANTOINE) . . . 6,
74, 152
CHARPENTIER (GUSTAVE) 34,
86, 87
CHAUSSON (ERNEST) . . 43, 65, 86, 136
Chauve-Souris (La) 40, 111
CHERUBINI (LUIGI) . . . 20, 22, 26, 28,
35, 74, 75, 93, 107, 152
Chevalier à la rose (Le) . . . 30, 54,
66, 71, 75, 86, 89, 140, 154
chœur 60, 64, 103
CHOSTAKOVITCH (DIMITRI) 38,
39, 86, 89, 119, 138
CIMAROSA (DOMENICO) 26, 84,
100
Clémence de Titus (La) . . . 83, 103
coloratura 66
Contes d'Hoffmann (Les) 40,
95, 106, 107
contralto 66
contre-ténor 68
Così fan tutte 17, 66, 85,
100, 105
Couronnement de Poppée (Le) . . . 7,
120, 153
Crépuscule des Dieux (Le) 31,
62, 86
crescendo 62
CUI (CÉSAR) 36, 37, 115, 139

D

da capo 62
Da Ponte (Lorenzo) 17, 82, 84, 85, 126
Dafne 4, 9, 10, 108
DALAYRAC (NICOLAS) . . . 22, 48, 106
Dame de Pique (La) 38, 76, 118
Damnation de Faust (La) . . . 23, 70, 76, 80, 118, 152
DARGOMYJSKI (ALEXANDRE) . 36, 115
DEBUSSY (CLAUDE ACHILLE) 42, 43, 54, 55, 63, 64, 65, 68, 71, 80, 107, 114, 115, 119, 144, 153
DELALANDE (MICHEL-RICHARD) . . 12, 14
DELIBES (LÉO) . . . 106, 107, 119, 136
Dialogues des carmélites . 54, 71, 89
Didon et Énée 6, 32, 122, 154
dodécaphonisme 56, 140, 146
Don Carlos 27, 76, 79
Don Giovanni 17, 28, 39, 68, 70, 78, 85, 89, 94, 95, 98, 99, 126, 154
Don Pasquale 24, 100, 153
Don Quichotte 34, 98
DONIZETTI (GAETANO) . . . 24, 26, 35, 66, 77, 84, 89, 100, 153
dramma giocoso 100, 114, 126
dramma per musica 4, 108, 114
DUKAS (PAUL) . 36, 43, 63, 115, 119
DVORÁK (ANTONIN) 44, 45, 75

E

Elektra 30, 86, 98, 115
Élixir d'amour (L') . . 24, 77, 84, 153
Enlèvement au sérail (L') 17, 20, 85, 89, 104, 105
Eugène Onéguine 38, 76, 118
Euridice 4, 5, 82, 84, 114, 120

F

Falstaff . 27, 30, 66, 77, 86, 87, 100
Farinelli (Carlo Broschi) 69
FAURÉ (GABRIEL) . . . 42, 43, 65, 115

Faust 23, 28, 29, 34, 35, 58, 66, 68, 76, 89, 95, 106, 114, 132, 153
FAVART (CHARLES-SIMON) 104, 106, 107
Favola di Dafne (La) 82, 84
Femme sans ombre (La) 54, 86, 115, 140
Fidelio 20, 35, 64, 68, 79, 89, 106, 152
Fille du régiment (La) 24, 106
final 64
Flûte enchantée (La) 17, 66, 68, 82, 89, 94, 98, 99, 105, 154
Fra Diavolo 22, 28, 84, 106
Freischütz (Le) 20, 21, 63, 68, 78, 89

G

Gay (John) 104, 112, 113, 148
Geneviève (Genoveva) 28, 86
GERSHWIN (GEORGE) . . . 52-54, 111, 116, 117, 150, 153
Gioconda (La) 77, 93
GIORDANO (UMBERTO) . . 34, 87, 93
Giulio Cesare 12, 153
GLINKA (MICHAËL) 36, 38, 76
GLUCK (CHRISTOPH WILLIBALD) 14, 16, 18, 19, 22, 23, 64, 65, 69, 71, 74, 75, 79, 83, 84, 92, 94, 102, 103, 114, 153
GOSSEC (FRANÇOIS-JOSEPH) 18, 20, 22, 106
GOUNOD (CHARLES) 29, 34, 35, 66, 68, 76, 77, 106, 114, 132, 153
GRÉTRY (MODESTE) 18, 22, 51, 63, 70, 106
Guerre et Paix 39
Guillaume Tell 22, 76, 128, 154

H

HAENDEL (GEORG FRIEDRICH) . . . 6, 9, 12, 25, 32, 64, 75, 80, 82, 83, 102, 112, 113, 153
HAHN (REYNALDO) 40, 111

HALÉVY (JACQUES FROMENTAL) . . 24, 28, 35, 68, 84
Halévy (Ludovic) 84, 134
Hänsel et Gretel 30, 89
HASSE (JOHANN ADOLF) 12, 74, 83, 102
Haute-contre 68
HAYDN (JOSEPH) 9, 12, 16, 41, 74, 75, 80, 84, 102, 114
HÉROLD (FERDINAND) 28, 106
HERVÉ (FLORIMOND RONGER) . . . 40, 110, 111
Hippolyte et Aricie 12-14, 124
Hofmannsthal (Hugo von) . . 75, 86, 140, 141
HONEGGER (ARTHUR) 45, 58, 74, 111
Huguenots (Les) 28, 84
HUMPERDINCK (ENGELBERT) 30, 89, 104

I J K

Idoménée 69, 85, 103
Il Pastor fido 153
Indes galantes (Les) 12, 118, 124, 154
intermezzo 100, 101
Iphigénie en Aulide 18, 79, 103
Iphigénie en Tauride . . . 18, 23, 153
Italienne à Alger (L') 35, 154
JANÁCEK (LEOS) 44, 45, 54, 89
Jeu de Robin et de Marion (Le) . . 4, 106
Jolie Fille de Perth (La) . . . 134, 152
JOMMELLI (NICCOLO) 9, 74, 83, 102
Juive (La) 28, 35, 68, 84
KERN (JÉRÔME) . . 111, 116, 117, 150
Khovanchtchina (La) 37, 138
King Arthur 32, 122, 154
KODÁLY (ZOLTÁN) 45, 47, 54

L

Lady Macbeth de Mtsensk 39, 86, 89

Lakmé 106, 107
LALO (ÉDOUARD) 43, 119
lamento 70
LANDI (STEFANO) 8, 84
LEHAR (FRANZ) 40, 111
leitmotiv 20, 31, 34, 43, 63, 65, 137, 145
LEONCAVALLO (RUGGERO) 34, 35, 87, 107, 111
Léonore 20, 79, 152
LISZT (FRANZ) 23, 63, 71, 136
LOCKE (MATTHEW) 6, 32
Lombardi (I) 27, 79
Lohengrin ... 31, 62, 66, 68, 79, 89
Louise 34, 86, 87
Lucia di Lammermoor 24, 35, 66, 89, 153
Lucrèce Borgia 77, 84
Luisa Miller 27, 76
LULLY (JEAN-BAPTISTE) 6, 8, 13, 14, 22, 64, 68, 71, 74, 75, 80, 81, 82, 86, 118, 153
Lulu 56, 57, 82, 86, 89, 95, 146, 152

M

Madame Butterfly 34, 87, 89, 107, 142, 154
Maîtres chanteurs de Nuremberg (Les) 31, 62, 68, 95, 150
MALHER (GUSTAVE) 41, 81, 94
Mamelles de Tirésias (Les) 109
Manon 34, 35, 68, 106, 107
Manon Lescaut 34, 35, 87, 142
marche 62
MARTINU (BOSHUSLAV) 44, 45
MASCAGNI (PIETRO) ... 34, 87, 107, 111, 115
MASSENET (JULES) ... 34, 35, 68, 75, 76, 89, 106, 107, 114, 144
Médée 6, 18, 20, 22, 35, 74, 93, 98, 152
MÉHUL (ÉTIENNE) ... 22, 28, 48, 107
MENDELSSOHN (FÉLIX) 81, 132
MENOTTI (GIAN CARLO) .. 54, 89, 109

MESSAGER (ANDRÉ) 34, 40, 110, 111, 119
MESSIAEN (OLIVIER) 45, 58, 59
Métastase 69, 74, 82-84
MEYERBEER (GIACOMO) .. 24, 28, 84
mezzo soprano 66, 67
Mignon 106, 107, 114
MILHAUD (DARIUS) 74, 75, 108
Mireille 132, 153
Moïse 89, 95
MONSIGNY (PIERRE-ALEXANDRE) 106, 110, 114
MONTEVERDI (CLAUDIO) 6, 7, 31, 64, 69, 70, 74, 75, 80, 82, 84, 108, 120, 153
MOUSSORGSKY (MODESTE) 36, 37, 38, 64, 68, 76, 115, 138, 153
MOZART (WOLFGANG AMADEUS) ... 12, 16, 17, 20, 22, 25, 28, 30, 35, 41, 44, 65, 66, 68-70, 77, 78, 80, 82-85, 89, 92, 102-105, 110, 114, 126, 154
Muette de Portici (La) 35, 84

N

Nabucco 27, 64
Noces de Figaro (Les) 17, 65, 68, 70, 77, 82, 85, 89, 95, 100, 105, 154
NONO (LUIGI) 58, 71
Norma 24, 35, 84, 95, 152

O

Oberon 20
Œdipus Rex 39, 54, 64, 82
OFFENBACH (JACQUES) 28, 30, 40, 41, 74, 84, 89, 106, 107, 110, 111, 154
opera buffa 16, 17, 18, 24, 54, 82, 100, 102, 106
opera seria 16, 17, 18, 20, 26, 75, 82, 83, 84, 100, 102, 103, 114
Opéra de Quat'sous (L') ... 58, 113
Or du Rhin (L') 31, 64, 66, 68, 94, 95, 115

Orfeo 6, 64, 69, 74, 80, 84, 108, 120, 153
Orphée 18, 69, 74, 79, 95
Orphée aux enfers 40, 74, 95
Orphée et Eurydice 18, 153
Otello 24, 27, 35, 68, 77, 80, 86, 87, 98, 114
ouverture 64

P

Padmâvâti 54, 119
Paillasse 34, 35, 89, 98, 107
PAISIELLO (GIOVANNI) 20, 26, 100, 102, 114, 128
parlando 70, 121
Parsifal 30, 31, 63, 68, 95, 99, 136, 145, 154
Pêcheurs de perles (Les) 34, 134, 152
Pelléas et Mélisande 43, 54, 63-65, 68, 80, 107, 114, 115, 144, 153
PENDERECKI (KRZYSZTOF) 46, 47, 71
Pénélope 43, 115
PEPUSCH (JOHN CHRISTOPH) ... 104, 112, 113, 148
PERGOLÈSE (GIOVANNI BATTISTA) 9, 13, 83, 101, 102
PERI (JACOPO) 4, 5, 82, 84, 108, 120
Peter Grimes .. 32, 54, 89, 148, 152
PHILIDOR (FRANÇOIS-ANDRÉ DANICAN) 18, 22, 106, 110
Piave (Francesco Maria) 76, 77, 82, 84, 130
PICCINNI (NICCOLO) 14, 18, 22, 75, 84, 114
Pie voleuse (La) 80, 102
Pierrot lunaire 25, 56, 57, 70
Platée 12, 124, 154
Porgy and Bess 53, 54, 116, 117, 150, 153
PORPORA (NICOLA) .. 9, 69, 83, 102
POULENC (FRANCIS) .. 54, 71, 89, 109
prime donne 9, 69, 92, 102

PROKOFIEV (SERGE) 38, 39, 119
prologue. 64
PUCCINI (GIACOMO) 34, 35,
65, 66, 68, 76, 77, 87,
89, 107, 142, 154
PURCELL (HENRY) 6, 23, 32, 64,
77, 108, 112, 122, 154
Puritains (Les) 24, 93, 152

R

Rake's Progress (The) 54, 82, 89
RAMEAU (JEAN-PHILIPPE) 6, 12,
13, 14, 22, 43, 64, 68, 70,
80, 118, 124, 154
Rape of Lucretia (The) 32,
108, 148
RAVEL (MAURICE) 42, 54, 55,
62, 107, 109, 119, 138
récitatif. 4, 70, 71
recitativo secco 71
Rigoletto 27, 68, 77, 79, 84,
89, 154
RIMSKI-KORSAKOV (NICOLAÏ) 36,
37, 76, 115, 138, 139
Ring (Le) 31, 71, 94
RINUCCINI (OTTAVIO) 5, 10, 75,
82, 84, 108
Roméo et Juliette . . 64, 77, 119, 132
ROSSINI (GIOACCHINO) 24, 25,
26, 35, 64, 68, 69, 70, 75, 76,
77, 80, 84, 89, 92, 100, 102,
110, 128, 154
ROUSSEL (ALBERT) . . 45, 54, 55, 119

S

Saint François d'Assise 58, 59
SAINT-SAËNS (CAMILLE). 43, 136
SALIERI (ANTONIO) . . 18, 22, 84, 114
Salomé 30, 64, 77, 95, 115
SCARLATTI (ALESSANDRO) 8, 32,
50, 74, 83, 102
SCHOENBERG (ARNOLD). 25, 41,
56, 57, 70, 71, 89

SCHUBERT (FRANZ) 12, 28, 29,
41, 119
SCHUMANN (ROBERT) . . . 28, 29, 81,
86, 100
SCHÜTZ (HEINRICH) 10, 50
Scribe (Eugène) 22, 77, 84
sérénade. 70
Serva padrona (La) . . 9, 13, 100, 101
Siegfried. 31
Simon Boccanegra 87
Singspiel. 12, 16, 17, 20, 21,
30, 42, 100, 104, 105
SMETANA (BEDRICH) 44, 45
Somnambule (La) 24, 84, 152
soprano 66
SPOHR (LUDWIG) 28, 29,
30, 76, 104
SPONTINI (GASPARO) 20-22, 26
Sprechgesang . . 25, 56, 70, 71, 147
STOCKHAUSEN (KARLHEINZ) 58,
64, 71
STRAUSS (JOHANN) . . 40, 41, 110, 111
STRAUSS (RICHARD) 30, 54, 64,
66, 70, 71, 74, 75, 77, 86, 89,
100, 109, 115, 140, 154
STRAVINSKI (IGOR) . . . 38, 39, 54, 64,
76, 82, 89, 109, 113, 119
strette 62
SZYMANOWSKI (KAROL) . . 46, 54, 55

T

Tannhäuser. 31, 62
TCHAÏKOVSKI (PIOTR ILITCH) 38,
76, 118, 119
ténor 68
tessiture 67, 68
Tétralogie (La) 31, 64, 68, 80,
95, 115, 154
THOMAS (AMBROISE) . . 106, 107, 114
timbre 67, 69
tonadilla 48, 49, 104
Tosca . . . 34, 35, 66, 68, 77, 87, 89,
107, 142, 154

Traviata (La) 27, 35, 66, 70, 76,
84, 89, 95, 98, 118, 130, 154
Tristan et Isolde 31, 63, 65, 66,
89, 95, 114, 145
Trouvère (Le). 27, 70, 89, 154
Troyens (Les) 23, 80, 118, 152
Turandot 34, 76, 87, 142
Turn of the Screw (The) 32,
108, 148

V W Z

Vaisseau fantôme (Le) 31
Vêpres siciliennes (Les) 27,
79, 118
Vera Costanza (La) 16, 102
VERDI (GIUSEPPE) 25-27, 30, 35,
64, 66, 68, 70, 76, 77, 79,
80, 82, 84, 86, 87, 89, 100,
114, 118, 130, 142, 154
vérisme 25, 34, 54, 82, 87, 115
Véronique. 34, 40, 111
Vestale (La) 20, 22
Veuve Joyeuse (La) 40, 111
vibrato 67
Vie parisienne (La) 40, 84
Vie pour le tsar (Une) 36, 37
VILLA-LOBOS (HEITOR) 52, 53
VIVALDI (ANTONIO) 75, 82, 83
WAGNER (RICHARD) . . 20, 29-31, 34,
42, 43, 63-66, 68, 71, 72, 76, 79,
80, 82, 86, 89, 90, 94, 114, 115,
119, 136, 140, 154
Walkyrie (La) 31, 95, 98, 115
WEBER (CARL MARIA VON) . . 20, 21,
28, 30, 63, 68, 76, 78, 89, 104
WEBERN (ANTON) 41, 55
WEILL (KURT) 58, 89, 109,
112, 113, 119
Werther 34, 76, 114
Wozzeck 56, 57, 64, 65, 71,
82, 86, 89, 95, 152
zarzuela 48, 49, 104

Crédits photographiques

Couverture : Bernand – Colette Masson / Enguerand.

p. 5 : Pineider / Archives Larbor ; p. 7 : Fondazioni Veneziane per la cultura, Venise ; p. 11 : Archives Larbor ; p. 15 : Ph. Rémy / Archives Larbor ; p. 17 : Archives Larbor ; p. 19 g : BNF ; p. 19 d : Ph. Erwin Meyer / Archives Larbor ; p. 21 : Ph. Coqueux / Specto ; p. 23 : Bernand ; p. 25 : Colette Masson / Enguerand ; p. 31 : Giraudon ; p. 33 : Giraudon ; p. 35 : Masson / Kipa ; p. 37 : Giraudon ; p. 39 : Ph. Coqueux / Specto ; p. 41 : Roger-Viollet ; p. 43 : Brigitte Enguerand ; p. 45 : Giraudon ; p. 49 : Enguerand ; p. 51 : Drottningholms teatermuseum, Stockholm ; p. 53 : Colette Masson / Enguerand ; p. 55 : Giraudon ; p. 57 : Brigitte Enguerand ; p. 59 : Ph. Coqueux / Specto ; p. 61 : RMN ; p. 67 : Ph. Coqueux / Specto ; p. 69 : Dagli Orti ; p. 71 : Bildarchiv Bayreuther Festpiele ; p. 75 : Ph. Coqueux / Specto ; p. 79 : Ph. Coqueux / Specto ; p. 81 : Bernand ; p. 83 : Roger-Viollet ; p. 87 : Colette Masson / Enguerand ; p. 91 h : Sonia Halliday ; p. 91 b : Hémisphère ; p. 93 : Roger-Viollet ; p. 97 : M. Enguerand ; p. 99 : Christophe L. ; p. 101 : Colette Masson / Enguerand ; p. 107 : Colette Masson / Enguerand ; p. 109 : P. Fabris / C. Masson / Enguerand ; p. 113 : M. Enguerand ; p. 115 : Colette Masson / Enguerand ; p. 119 : Ph. Coqueux / Specto ; p. 147 : Ph. Coqueux / Specto ; p. 149 : Archives Larbor.

Cartographie : J.-P. Magnier
Maquette intérieur : T. Méléard
Maquette de couverture : E. Audureau, A. Lefèvre
Illustration de couverture : G. de Montrond et A. Vuarnesson
Composition : Compo 2000
Fabrication : L. Davesnes

N° projet 10166636 - (I) - 7 - CSB - 80° - C2000 - août 2010
Imprimé par Clerc s.a.s. - 18200 Saint-Amand-Montrond - N° imprimeur : 10148